MÉMOIRES

HISTORIQUES ET CRITIQUES.

De l'Imprimerie de NICOLAS (Vaucluse)
et BOUTONET.

MÉMOIRES
HISTORIQUES ET CRITIQUES

SUR

LA CIVILISATION

DES DIFFÉRENTES NATIONS DE L'EUROPE,

AUX DIX-SEPTIÈME ET DIX-HUITIÈME SIÈCLES;

PAR

FRÉDÉRIC-LE-GRAND.

A PARIS,

Chez LÉOPOLD COLLIN, Libraire,
rue Cit-le-Cœur, N.º 4.

1807.

Autres Ouvrages du Grand FRÉDÉRIC, *qui paroîtront incessamment.*

CONSIDÉRATIONS, PHILOSOPHIQUES ET MORALES, sur la science de Dieu, de l'Homme et de la Nature ; les sciences physiques et mathématiques, et l'art militaire ; les langues, la littérature et la philosophie ; les talens et les gens-de-lettres. Un vol. in-8°.

MÉMOIRES, HISTORIQUES ET CRITIQUES, sur les Personnages les plus marquans dans les affaires politiques de l'Europe, aux dix-septième et dix-huitième siècles. Un vol. in-8°.

Le premier de ces deux ouvrages servira de suite aux MÉMOIRES SUR LA CIVILISATION DES DIFFÉRENTES NATIONS de notre Continent ; et le second, de complément aux matières, qui ont été recueillies par l'Editeur, dans les OEuvres du monarque prussien.

Personne n'ignore, que ces OEUVRES, dont la collection est d'environ trente volumes, sont, pour la plupart, et sur-tout ceux de la correspondance de l'Auteur avec les d'Argens, les d'Alembert et les Voltaire, remplis de principes affreux et de déclamations blasphématoires contre la Religion et la foi chrétiennes.

Les Ouvrages, que nous annonçons, et celui, qui vient de paroître, préserveront, à l'avenir, notre jeunesse de tous les dangers, auxquels elle s'exposoit jusqu'ici, en se livrant, aveuglément et sans guide, à la lecture de pareilles productions, et telles que les Editeurs prussiens les ont transmises à la postérité, après la mort de Frédéric. Puissent-ils les faire oublier à jamais ! On y trouvera tout ce que le Grand-Homme a écrit de plus vrai, de plus sage, de plus instructif, sans aucun mélange d'erreurs et d'impiétés ; et c'étoit un service important à rendre à la saine philosophie et aux lettres.

PRÉFACE.

De tous les princes, dont les annales du dix-huitième siècle consacreront à jamais les rares talens et les vertus éminentes, et dont le règne a été, pour les peuples qu'ils ont gouvernés, une époque de bonheur et de gloire, Frédéric II, roi de Prusse, est celui, à qui toutes les nations de l'Europe assignent le premier rang.

Il fut, depuis l'instant qu'il monta sur le trône, l'idole de tous ses sujets. Il excita, dans le monde entier, l'admiration la plus vive et l'enthousiasme le plus universel, par la profondeur et la force de son génie, par les prodiges de son courage et de son habileté dans l'art militaire; et, ce qui le rend plus admirable encore, par la sagesse de son administration; de sorte que la perte de ce grand homme fut, pour ses Etats, une calamité générale.

Il eût été digne de partager, avec Louis XIV, la gloire de donner son nom à son siècle; et ses contemporains, en lui décernant le surnom de

PRÉFACE.

Grand, n'ont fait que devancer le jugement impartial et libre de la postérité.

Des censeurs sévères (et de ce nombre est l'auteur célèbre de l'Histoire des Européens dans les deux Indes) se sont permis de le blâmer avec aigreur, d'avoir adopté quelques faux principes. Mais que leurs reproches soient plus ou moins fondés ; car ce n'est pas ici qu'un pareil examen pourroit avoir lieu :

Quel homme est sans erreur, et quel roi sans foiblesse ?

Frédéric ne fut pas un Dieu ; et s'il fut doué d'un vaste et puissant génie, il ne reçut point en partage le privilège de l'infaillibilité. Ses conceptions furent presque toujours grandes. Ses entreprises eurent, pour l'ordinaire, tout le succès qu'il s'en étoit promis. Mais il put ne pas être quelquefois exempt des imperfections de notre nature et payer ce tribut à l'humanité.

Summi homines, homines tamen, disoit autrefois un sage (Quintilien), en parlant des plus fameux orateurs de la Grèce et de Rome ; et cet adage est également applicable au héros prussien, au plus illustre monarque du siècle dernier.

Quel grand capitaine s'étoit fait, avant lui et

depuis les Alexandre et les César, une réputation plus brillante et moins contestée? Une armée formidable par le nombre, et beaucoup plus encore par son audace et l'habileté de ses manœuvres, devint, sous son règne, par ses soins et par son génie, l'exemple et le modèle de toutes les autres troupes de l'Europe. Il fit trembler ses ennemis pendant la guerre : il les enchaîna jusqu'à sa mort par le respect, autant que par la terreur de ses armes, pendant la longue paix, qui couronna ses triomphes.

Son application constante et infatigable, soit dans les travaux relatifs à ses goûts personnels et à ses plaisirs, soit dans la direction ou la surveillance des affaires économiques et politiques de ses Etats, l'élève fort au-dessus de tous les princes qui l'ont précédé.

Ce grand caractère sur-tout, qu'il ne démentit jamais par ses actions publiques, et qu'il conserva même jusqu'aux derniers momens de sa vie, malgré la caducité de l'âge et les infirmités inséparables de la vieillesse, ravit l'admiration et les suffrages de tous ceux qui sont capables de l'apprécier.

Que ne devoit pas à sa sagesse, à ses combinaisons politiques, à son activité, cette monarchie prussienne, qu'il avoit trouvée si foible à son avènement au trône, et qu'il laissa, en mourant, déjà si pleine de vigueur et de force? Il conquit la Silésie, qui, par sa situation, ses richesses, son industrie, son commerce, sa population, donnoit à son royaume toute la stabilité des premières puissances de l'Europe. Il soumit à sa domination, par le premier partage de la Pologne, une des plus belles provinces de cette malheureuse République, dont la constitution vicieuse, ou plutôt l'anarchie, ne pouvoit que consommer tôt ou tard la ruine. Il fit solemnellement reconnoître et garantir ses droits de succession sur les margraviats d'Anspach et de Bareuth. Enfin, de nombreuses colonies, solidement établies; l'agriculture, puissamment encouragée; les manufactures, rendues florissantes, au prix des plus grands sacrifices; des villes et des villages sans nombre, formés ou agrandis; Berlin et Potzdam, embellis par une foule de monumens et d'édifices magnifiques; les savans et tous les citoyens, utiles par leur génie et leurs connoissances, constamment protégés: tous ces divers objets d'administration réunis, fixeront les regards de la postérité sur le règne de ce prince, comme sur l'époque la plus brillante et la plus instructive de l'Histoire de la Monarchie prussienne.

Il est, chez toutes les nations éclairées, une multitude d'hommes, qui ne suivent, avec intérêt, le cours des événemens publics, et ne font une étude approfondie des ressorts secrets des gouvernemens, que pour soumettre à leurs profonds calculs le sort à venir des Empires. Quel spectacle pour ces politiques observateurs, que celui que leur offrit long-tems, dans le nord de l'Allemagne, un prince, qui, avec les plus foibles moyens de puissance, opéroit journellement les plus grandes choses, et qui faisoit, d'une simple *langue de terre* de plusieurs centaines de lieues, mais sans concentration et d'un sol stérile et sablonneux, une monarchie puissante et redoutable!

De-là, cet empressement si universel dans tous les pays, et qui paroît même s'accroître de jour en jour, à connoître tous les détails de l'administration de ce grand homme; à apprécier les différentes productions de son vaste génie; à découvrir enfin, dans les divers ressorts, qu'il sut faire mouvoir avec tant d'art durant un règne de quarante-six ans, les causes de la puissance de son royaume, et du rôle, qu'il étoit destiné à jouer par la suite, si ses successeurs étoient assez sages pour ne pas s'écarter de la route qu'il leur avoit tracée.

Il ne s'est pas borné à ne leur offrir, tant qu'il a régné, que de grands exemples à suivre : il a déposé, dans ses nombreux et savans écrits, tout ce qu'il a cru pouvoir servir, dans tous les tems, à étendre la sphère de leurs connoissances, et à les enflammer de l'amour de la patrie et de tous les devoirs de la royauté.

Que de sujets il a traités, soit en vers, soit en prose ! On oseroit presque dire, qu'il n'est aucun objet de quelque importance, dans les sciences et dans les arts, sur lequel il n'ait profondément réfléchi, et qu'il a parcouru, en quelque sorte, le cercle entier des connoissances humaines.

Conçoit-on, que, livré sans relâche, et à toutes les heures du jour, à une infinité d'occupations sérieuses, indispensables, et souvent même à des détails, que des hommes ordinaires auroient repoussés comme peu dignes de leur attention, ce monarque ait pu trouver encore des instans à consacrer au développement de ses pensées, à la rédaction méthodique et régulière de ses méditations ?

PRÉFACE.

Sans les monumens précieux, que nous a transmis son génie, la postérité ne croiroit jamais, qu'un tel prince ait fait, de nos jours, l'étonnement et l'admiration de toute la terre; et l'histoire d'une aussi belle vie ne seroit, aux yeux des générations qui nous succéderont, qu'un tissu de fables et de mensonges.

Quel dommage pour les lettres, que le grand Frédéric n'ait pu s'appliquer assez fortement à se former le goût, à épurer son style, à mettre plus d'ordre, plus de concision et plus de netteté dans l'expression de ses pensées! Mais il étoit impossible, que cet homme extraordinaire, sous tant de rapports, portât ses productions philosophiques et littéraires au degré de perfectionnement qu'il leur eût donné, si sa destinée ne l'avoit pas placé sur le trône.

Tous ses ouvrages, il est vrai, fourmillent de fautes: mais si le style en est souvent incorrect, les lecteurs judicieux peuvent toujours y recueillir cette foule d'idées grandes et sublimes, que le génie de ce prince produisoit sans effort sur tous les objets de ses conceptions.

Ils sont peu lus; et cette indifférence, si générale parmi nous, naît principalement du trop grand nombre de volumes, dont en est composée la collection. La plupart des lecteurs n'ont ni le tems, ni le courage de parcourir une immense carrière; et quand on sait d'ailleurs, que les ouvrages d'un écrivain renferment, comme ceux du monarque prussien, une multitude de choses triviales, superflues, d'un médiocre intérêt, et souvent même moins attachantes encore par l'élocution, ou l'on ne conçoit pas l'idée de s'en occuper, ou l'on abandonne bientôt avec dédain une lecture, que l'ennui et la lassitude accompagnent, pour n'y plus revenir.

J'ai donc cru devoir faire un choix dans les œuvres du grand Frédéric, et resserrer, dans le plus petit espace possible, ce qu'elles m'ont offert de plus instructif et de plus piquant sur tout ce qui intéresse les sociétés politiques, les diverses formes de gouvernement, la civilisation des peuples et des Empires, le gouvernement intérieur des grands et des petits Etats, les différentes branches de la politique, l'art de la guerre, la situation actuelle des plus puissans royaumes et des principales républiques de l'Europe, le caractère distinctif des cours et des nations les plus influentes, enfin l'état progressif de prospérité ou de décadence de la plupart de nos Empires modernes dans les sciences, la littérature, les beaux-arts, les arts utiles et mécaniques.

L'Ouvrage, que je donne au public, fait partie des matières importantes et vraiment curieuses que j'y ai recueillies. Je m'y suis borné à l'objet de la *Civilisation des différentes nations de l'Europe aux dix-septième et dix-huitième siècles;* et je l'ai divisé en deux parties.

On verra dans la première, quelles étoient les grandes vues d'administration et de politique, qui dirigeoient, dans toutes ses entreprises, ce *philosophe des rois* et ce *roi des philosophes*, comme le qualifioit M. d'Alembert; et, dans la seconde, ce que ce grand homme pensoit, d'après ses principes, sur le caractère, les mœurs et les lumières des divers Etats de l'Europe.

Ses jugemens sur les puissances étrangères, sur les différens peuples, et principalement sur les individus, sont bien souvent d'une sévérité excessive. Il en est même un très-grand nombre, qui paroissent ne lui avoir été dictés que par le ressentiment ou la prévention; et tels sont, entre autres, ceux qu'il portoit sur les Autrichiens.

Il n'aimoit pas plus la cour de Vienne, 'il

n'en étoit aimé, depuis l'envahissement et la
conquête de la Silésie; et les guerres, que cette
cour ne cessa de lui susciter, pour recouvrer cette
riche province dont il l'avoit dépouillée, les menaces qu'elle lui faisoit en toute occasion, les dangers imminens qu'elle lui fit courir pendant une
lutte de sept années entières, n'étoient pas propres (il faut en convenir) à présenter à ses yeux,
sous l'aspect le plus avantageux, un ennemi aussi
irréconciliable.

Ce n'étoit pas du même ton qu'il parloit de la
France, lors même qu'il croyoit avoir à se plaindre d'elle. On apperçoit toujours, à travers ses
censures mêmes les plus amères, le penchant ir-
résistible, qui l'entraînoit vers cette puissance, la
seule de l'univers dont il ambitionnât l'estime;
et sa politique lui montrant la cour de Versailles,
comme essentiellement intéressée à ne devoir jamais séparer ses intérêts de ceux de la cour de
Berlin, il n'est pas étonnant que son attachement
pour la nation française, quoique peut-être né
d'un principe d'amour-propre, ait été inaltérable
pendant tout son règne.

Il relève tous nos défauts, tous nos écarts,
toutes nos foiblesses : mais il nous voit toujours

comme le peuple le plus aimable, le plus poli, le plus instruit, le plus spirituel, et comme le plus digne de servir d'exemple et de modèle à toutes les autres nations de la terre.

Il faut, en lisant ses ouvrages, savoir distinguer le langage de l'homme passionné, de celui du penseur et du philosophe; et ce discernement est sur-tout nécessaire, quand on parcourt ses nombreux volumes de correspondance : car, sans cela, on se feroit la plus fausse idée des vrais sentimens et des opinions constantes de ce grand homme.

Ecrivoit-il aux Voltaire et autres philosophes, qui se glorifioient de marcher sous sa bannière? ne voulant pas heurter de front ces hérauts de la renommée, qu'il jugeoit convenable de ménager, il paroissoit adopter leurs principes, se plier aux desirs qu'ils avoient de l'avoir pour chef ou pour protecteur dans leurs controverses philosophiques; et rarement il exprimoit avec franchise et naïveté ce qui se passoit au fond de son ame.

Etoit-il, au contraire, mécontent de quelques opinions de ces philosophes, ou de certains traits satiriques, dont il soupçonnoit qu'il étoit l'objet? il ridiculisoit leurs projets et leurs prétentions;

répondoit à leurs recommandations par des sarcasmes, déprimoit durement et les personnes et les choses, dont ils lui avoient fait le plus bel éloge.

Il faut donc, pour bien connoître ce monarque, s'attacher essentiellement à approfondir celles de ses productions, qui ont été enfantées dans le silence et le calme des passions, dans l'oubli de toute secte philosophique et de tout parti. C'est là, que toutes ses observations sont profondes et d'une justesse admirable, que tous ses principes émanent de la saine raison et de l'amour du bien général de la société, que tous ses jugemens enfin méritent d'être les prototypes et la règle des nôtres.

Puissé-je ne m'être jamais fait illusion! et, au milieu de la moisson la plus abondante et la plus précieuse, avoir toujours réussi à séparer le bon grain de l'ivraie!

En composant cet ouvrage des seuls matériaux que m'a fourni le monarque prussien, je n'ai voulu offrir au public que ce qui peut instruire; que ce qui porte l'empreinte du génie étonnant de cet homme aux regards perçans, à qui rien n'échappe, qui a fait du gouvernement des Etats l'objet des méditations de sa vie entière,

PRÉFACE.

que la passion a pu faire dévier quelquefois des principes d'une exacte justice ; mais dont l'ame forte et courageuse n'a jamais cessé de se tracer à lui-même et à tous les princes les règles immuables de la bienveillance universelle et de la vertu.

Quel moraliste pénètre plus profondément dans le cœur humain ; déchire avec plus de hardiesse les voiles épais, dont a toujours si grand soin de s'envelopper l'amour-propre, pour surprendre la crédulité ; présente avec moins de déguisement, aux hommes de tous les états, et principalement aux maîtres du monde, les lois inaltérables de la nature, d'après lesquelles ils doivent se juger, et dont la violation les feroit décheoir de la place, qui leur est assignée dans l'ordre social !

C'est la maxime qui fait les grands hommes, a dit l'éloquent Bossuet. Cette vérité n'aura jamais été mieux sentie, que lorsqu'on aura médité cet ouvrage, où, sur tant d'objets importans, se trouvent réunies les vastes et sublimes pensées de Frédéric. Eparses dans l'immensité de ses *œuvres*, et, pour ainsi dire, étouffées sous le mélange de tant de matières diverses, elles n'étoient apperçues que confusément et presque sans intérêt, par les observateurs même les plus attentifs. Ici elles se renforcent, s'éclaircissent, se développent par leur rapprochement; et elles donneront à tous les lecteurs, dignes de s'en occuper ou d'en faire l'application, une bien plus juste et plus haute idée de l'illustre auteur qui les a conçues, que celle qu'ils s'étoient faite jusque-là de son caractère et de son génie.

Mais je crois nécessaire de les prévenir d'avance, que, malgré tout le soin que j'ai pris de mettre une suite continue dans les raisonnemens et les vues des différens chapitres de cet ouvrage, ils y remarqueront par-tout des interruptions, des lacunes, de fréquens passages, aussi brusques qu'inattendus, d'un objet à l'autre.

Un ordre constamment suivi, un rapprochement complet des matières eût été impossible dans l'exécution du plan que je m'étois tracé; car, ce n'est pas un simple abrégé des *œuvres* du monarque prussien, mais un choix de ses plus belles, de ses plus intéressantes conceptions, que je me suis proposé d'offrir à la méditation de tout Etre pensant; et, dans ce dessein, j'ai dû m'appliquer à ne rien faire entrer dans les chapitres, qui

PRÉFACE.

ne tienne de près ou de loin à ce qui en fait le sujet.

Chaque pensée doit donc être prise séparément, et comme absolument détachée de celle, qui la précède ou qui la suit. Une liaison plus intime eût, sans doute, rendu une pareille lecture plus agréable : mais le défaut que j'observe (si toutefois c'en est un bien réel), par cela même qu'il fixera davantage l'attention, sera peut-être compensé par une impression plus forte et plus durable dans tous les bons esprits.

Les lecteurs vertueux, et à qui l'audace des sophistes modernes inspire une juste horreur, verront avec satisfaction, que j'ai mis à l'écart tous les faux principes, qu'on pourroit reprocher à ce prince, en matière de religion et de foi, ainsi que tous ses paradoxes métaphysiques sur l'erreur et la vérité, l'esprit et la matière, la fatalité et la liberté, et mille autres sujets d'un genre aussi dangereux, et sur lesquels il se plaisoit tant à discourir, sans jamais rien résoudre.

Il se glorifioit d'être, avec Cicéron, de la secte des académiciens; et toujours vacillant dans ses assertions, il s'est peint lui-même dans cette phrase : *J'ai dit de Dieu tout ce que je sais, et même ce que je ne sais pas.*

Du reste, si, sur quelque matière que ce puisse être, les maximes de Frédéric étoient jugées repréhensibles, on voudra bien ne pas oublier que le devoir de l'Editeur est de les présenter sans altération, et qu'il n'est responsable d'aucune.

BORRELLY,

Ancien membre de l'Académie royale des sciences et belles-lettres de Prusse, de celle de Marseille, et de plusieurs autres sociétés littéraires.

A Paris, le 15 mai 1807.

MÉMOIRES
HISTORIQUES ET CRITIQUES
SUR
LA CIVILISATION
DES DIFFÉRENTES NATIONS DE L'EUROPE.

PREMIÈRE PARTIE.
CHAPITRE PREMIER.
DE LA CIVILISATION EN GÉNÉRAL.

Intérêt, que doit inspirer l'étude de la civilisation des Peuples.

Le grand nombre des hommes, distrait par la variété infinie des objets, regarde sans réflexion la lanterne magique de ce monde. Il s'apperçoit aussi peu des changemens successifs, qui se font dans les usages, que l'on passe légèrement dans une grande ville sur les ravages, que la mort y fait journellement, pourvu qu'elle y épargne le petit cercle de personnes, avec lesquelles on est le plus lié. Cependant, après une courte absence, on trouve, à son retour, d'autres habitans et des modes nouvelles.

Qu'il est instructif et beau de passer en revue tous les siècles, qui ont été avant nous, et de voir par quel enchaînement ils tiennent à nos temps !

Prendre une nation dans sa stupidité grossière, la suivre dans ses progrès et la conduire jusqu'au tems où elle s'est civilisée, c'est étudier, dans toutes ses métamorphoses, le ver à soie devenu chrysalide et enfin papillon.

Il n'y a pas de meilleur moyen de se faire une idée juste et exacte des choses qui arrivent dans le monde, que d'en juger par comparaison, de choisir dans l'histoire des exemples, d'en faire le parallèle avec les faits qui arrivent de nos jours, et d'en remarquer les rapports et la ressemblance. Rien de plus digne de la raison humaine, de plus instructif et de plus capable d'augmenter nos lumières.

Barbarie de toutes les nations dans leur origine : combien sont lents les progrès de la raison humaine.

Une loi immuable de la nature oblige les hommes à passer par bien des inepties, pour arriver à quelque chose de raisonnable. Remontons à l'origine des nations : nous les trouverons toutes également barbares.

Les unes sont arrivées, par une allure lente et par bien des détours, à un certain degré de perfection. Les autres y sont parvenues par un essor rapide. Toutes ont tenu des routes différentes ; et encore, la politesse, l'industrie et tous les arts, ont-ils pris dans les divers pays, où ils ont été transplantés, un goût de terroir, qu'ils ont reçu du caractère indélébile de chaque nation.

Tout sert à nous convaincre, qu'il y a peu de suite dans les actions des hommes, et que notre espèce n'est pas aussi raisonnable, qu'on voudroit se le persuader.

Qu'est-elle, cette raison, de laquelle les hommes tirent un si orgueilleux avantage ? et qui est-ce, qui la possède ?

Ses progrès sont plus lents, qu'on ne le croit. Presque tout le monde se contente d'idées vagues des choses : peu d'individus ont le tems de les examiner et de les approfondir.

Les uns, garottés, dès leur enfance, par les chaînes de la superstition, ne veulent ou ne peuvent les briser. D'autres, livrés aux frivolités, n'ont pas un mot de géométrie dans la tête, et jouissent de la vie, sans qu'aucun moment de réflexion interrompe leurs plaisirs. Ajoutez à cela les ames timides, les femmes peureuses; et ce total compose la société des hommes. Si, sur mille, il se trouve un homme, qui pense, c'est beaucoup.

Comment détruire tant de préjugés, sucés avec le lait de la nourrice? Comment lutter contre la coutume, qui est la raison des sots? La voix des précepteurs du genre humain est peu entendue, et ne s'étend pas hors d'une sphère très - resserrée.

Il n'y a rien à gagner sur cette belle espèce, à deux pieds et sans plumes, qui, probablement, sera toujours le jouet des frippons, qui voudront la tromper.

Le peu de bon sens, dont notre espèce est capable, ne peut résider, que dans la moindre partie d'une nation : le reste n'en est pas susceptible. Le nombre des philosophes sera petit dans tous les âges. Une superstition quelconque dominera toujours l'univers.

Mon occupation principale est de combattre l'ignorance et les préjugés dans les contrées, que le hasard me fait gouverner; d'éclairer les esprits; de cultiver les mœurs; et de rendre les hommes aussi heureux, que le comporte la nature humaine, et que le permettent les moyens que je puis employer (1).

Si l'on vouloit, qu'un homme, très-fort et ro-

---

(1) Aucun prince n'a fait autant d'efforts et de sacrifices que Frédéric, pour retirer le Brandebourg et la Prusse de la barbarie, dans laquelle ces Etats avoient été plongés pendant tant de siècles. Le grand Electeur et Frédéric I, ou plutôt la reine Sophie-Charlotte, sa seconde femme, avoient beaucoup avancé leur civilisation : mais le règne de Frédéric-Guillaume I les ramenoit insensiblement à la grossiéreté, à l'ignorance, aux mœurs ignobles et révoltantes des anciens habitans de ces contrées septentrionales ; et si, à la mort de ce monarque, la nation prussienne se regardoit encore comme la première de l'Allemagne, c'est qu'elle prévoyoit d'avance, à quel éclat alloit l'élever l'illustre successeur, que la Providence lui avoit destiné.

Comme prince royal, Frédéric se montroit, aux yeux de l'Europe, avec toutes les qualités, qui peuvent honorer, embellir le trône, et faire le bonheur des sujets. Il joignoit, à beaucoup d'amabilité, une ardeur infatigable pour l'étude et le travail. Il étoit enthousiaste des grands talens, protégeoit le vrai mérite en tout genre, ne laissoit voir en lui, que la passion de répandre, de plus en plus, les lumières dans son pays, et d'y faire fleurir tous les arts.

Ce doux espoir remplissoit les cœurs de tous les Prussiens ; et tandis que le roi régnant étouffoit, en quelque sorte, le génie de tous ses sujets, le jeune prince, par ses exemples, et l'émulation qu'il leur inspiroit, les empêchoit de s'abandonner au découragement, et leur offroit en perspective, l'époque du plus beau des règnes.

buste, renversât le Louvre, en y appuyant fortement les épaules, il n'en viendroit pas à bout : mais si on le chargeoit de soulever un poids de cent livres, il pourroit y réussir. Il en est de même de la raison. Elle peut vaincre des obstacles, proportionnés à ses forces : mais il en est de tels, qui l'obligent à céder.

Notre raison doit nous servir à modérer tout

L'attente nationale ne tarda point à se réaliser. Frédéric fut à peine roi, et libre de diriger les esprits vers les objets, qui lui sembloient les plus propres à adoucir les mœurs et à développer les talens, qu'il fit, de ces soins paternels, le sujet habituel de ses méditations et ses plus chères délices. Il veilla à l'éducation de la jeunesse, réforma les écoles existantes, en fonda de nouvelles sur de meilleurs principes. Il attira une foule d'étrangers de toutes les professions, pour aiguillonner ses sujets et leur servir de modèles. Il voulut, sur-tout, que des savans, des littérateurs et des artistes, qui s'étoient faits, dans d'autres Etats, une réputation brillante, vinssent les enflammer de l'amour de la gloire, et du desir de partager, un jour, avec eux, les mêmes distinctions et la même célébrité. Il renouvela son académie des sciences et belles-lettres, ce foyer des lumières, et mérita, à ce titre comme à tant d'autres, la dénomination glorieuse, que lui déféra d'Alembert, et que l'Europe entière a depuis consacrée, de *philosophe des rois* et de *roi des philosophes* (1).

(*Note de l'Editeur*).

(1) Voyez sa lettre du 22 août 1772.

ce qu'il y a d'excessif en nous, et non pas à détruire l'homme dans l'homme. L'inclination des hommes les porte au mal : ils ne sont bons, qu'à proportion, que l'éducation ou l'expérience a pu modérer la fougue de leur tempérament.

Chez les nations, que les lettres ont le plus polies, nous voyons encore des restes de l'ancienne férocité de leurs mœurs. Il est bien difficile de rendre le genre humain bon, et d'achever d'apprivoiser cet animal le plus sauvage de tous.

Quels ont été les hommes, avant que d'être réunis en corps de société.

En remontant à l'antiquité la plus reculée, nous trouvons, que les peuples, dont la connoissance nous est parvenue, menoient une vie pastorale et ne formoient point de société. Ce que la Genèse rapporte de l'histoire des patriarches, en est un témoignage suffisant.

Avant le petit peuple juif, les Egyptiens devoient être de même dispersés dans les contrées, que le Nil ne submergeoit pas; et il s'est écoulé bien des siècles, sans doute, avant que ce fleuve, dompté, leur permit de se rassembler par bourgade.

Nous apprenons, par l'histoire grecque, le nom des fondateurs des villes et celui des législateurs, qui, les premiers, les rassemblèrent en corps. Cette nation fut long-temps sauvage, comme le furent tous les habitans de notre globe.

Si les annales des Etrusques, des Samnites, des Sabins, nous étoient parvenues, nous apprendrions assurément, que ces peuples vivoient isolés, par familles, avant que de s'être rassemblés et réunis.

Les Gaulois formoient déjà des associations, du tems que Jules-César les dompta. Mais il paroît, que la Grande-Bretagne n'étoit pas perfectionnée à ce point, lorsque ce conquérant y passa, pour la première fois, avec les troupes romaines.

Les Germains, alors, ne pouvoient se comparer qu'aux Iroquois, aux Algonquins, et autres pareilles nations sauvages. Ils ne vivoient que de la chasse, de la pêche et du lait de leurs troupeaux. Un Germain croyoit s'avilir, en cultivant la terre : il employoit à ces travaux les esclaves, qu'il avoit faits à la guerre. Aussi la forêt d'Hercynie, couvroit-elle, presque entièrement, cette vaste étendue de pays, qui compose maintenant l'Allemagne. La nation ne pouvoit pas être nombreuse, faute de nourriture suffisante ; et c'est-là, sans doute, la véritable cause de ces émigrations prodigieuses des peuples du septentrion, qui se précipitoient vers le midi, pour chercher des terres toutes défrichées, et un climat moins rigoureux.

Ce qui détermina les hommes, sauvages, à se rassembler en corps de nation et à se lier par un pacte social.

On est étonné, quand on se représente le genre humain, vivant si long-tems dans un état d'abrutissement et sans former de société; et l'on recherche avidement, quelle raison a pu le porter à se réunir en corps de peuple.

Les violences et les pillages d'autres hordes voisines ont, sans doute, fait naître à ces peuplades isolées l'idée de se joindre à d'autres familles, pour s'assurer leurs possessions par leur mutuelle défense.

De-là, sont nées les lois, qui enseignent aux sociétés à préférer l'intérêt général au bien particulier. Dès-lors, personne, sans craindre de châtiment, n'osa s'emparer du bien d'autrui : personne n'osa attenter à la vie de son voisin. Il fallut respecter sa femme et ses biens, comme des objets sacrés; et si la société entière se trouvoit attaquée, chacun devoit accourir, pour la sauver.

Cette grande vérité, *qu'il faut agir envers les*

autres, comme nous voudrions qu'ils se comportassent envers nous, devint le principe des lois et du pacte social.

Mais comme ces lois ne pouvoient, ni se maintenir, ni s'exécuter, sans un surveillant, qui s'en occupât sans cesse, le peuple élut des magistrats, auxquels il se soumit.

Qu'on s'imprime bien, que la conservation des lois fut l'unique raison, qui engagea les hommes à se donner des supérieurs, puisque c'est la vraie origine de la souveraineté.

Le magistrat étoit le premier serviteur de l'Etat. Quand ces sociétés naissantes avoient à craindre les entreprises de leurs voisins, le magistrat armoit le peuple, et voloit à la défense des citoyens.

Obligations, qui résultent du pacte social.

Le pacte social est proprement une convention tacite de tous les citoyens d'un même gouvernement, qui les engage à concourir avec une ardeur égale au bien général de la communauté.

De là dérivent les devoirs des individus, qui, tous, selon leurs moyens, leurs talens et leur naissance, doivent s'intéresser et contribuer au bien de leur patrie commune. La nécessité de subsister et l'intérêt, qui opèrent sur l'esprit du peuple, l'obligent, pour son propre avantage, à travailler pour le bien de ses concitoyens.

De là, la culture des terres, des vignes, des jardins, le soin des bestiaux, les manufactures, le négoce.

De là, le nombre des vaillans défenseurs de la patrie, qui lui dévouent leur repos, leur santé et leurs jours.

Le pacte social a été formé par le besoin mutuel, qu'ont les hommes de s'assister; et puisqu'aucune communauté ne peut subsiter sans mœurs vertueuses, il a fallu, que chaque citoyen sacrifiât une partie de son intérêt à celui de son semblable.

Il en résulte, que, si vous ne voulez pas qu'on vous trompe? vous ne devez tromper personne. Vous ne voulez pas, qu'on vous vole? ne volez point vous-même. Vous voulez, qu'on vous assiste dans vos besoins? soyez toujours prêt à servir les autres. Vous voulez, que l'on vous défende? contribuez-y de votre argent, et mieux encore de votre puissance. Vous desirez la paix publique? ne la troublez donc point vous-même; et si vous voulez, que votre patrie prospère? évertuez-vous, servez-la de tout votre pouvoir.

Pour réunir tous les intérêts particuliers, il falloit trouver un tempérament, pour les contenter tous ; et l'on convint qu'on ne se déroberoit point réciproquement son bien, qu'on n'attenteroit point à la vie de ses semblables, et qu'on se prêteroit mutuellement à tout ce qui pourroit contribuer au bien commun.

Qualités, qui constituent le bon citoyen et le vrai patriote.

Le bon citoyen est un homme, qui s'est fait une règle invariable d'être utile, autant qu'il dépend de lui, à la société, dont il est membre.

Les peuples civilisés, que le pacte social réunit, se doivent mutuellement des secours : leur propre intérêt le veut : le bien général l'exige ; et sitôt qu'ils cesseroient de s'entr'aider et de s'assister, il s'ensuivroit, d'une façon ou d'une autre, une confusion totale, qui entraîneroit la perte de chaque individu.

Un royaume, bien gouverné, doit être comme une famille, dont le souverain est le père, et les citoyens, les enfans. Les biens et les maux sont communs entr'eux : car, le monarque ne sauroit être heureux, lorsque ses peuples sont misérables. Quand cette union est bien cimentée, le devoir de la reconnoissance produit de bons citoyens, parce que leur union avec l'Etat est trop intime, pour qu'ils puissent s'en séparer : ils auroient tout à perdre et rien à gagner.

Le gouvernement de Sparte étoit oligarchique; et il a produit une multitude de grands hommes, dévoués à la patrie.

Rome, après même qu'elle eut perdu sa liberté, fournit des Agrippa, des Thrasca-Petus, des Helvidius-Priscus, un Corbulon, un Agricola, des empereurs Tite, Marc-Aurèle, Trajan, Julien, enfin un grand nombre d'ames mâles et viriles, qui préféroient l'avantage du public au leur propre.

L'amour de la patrie n'est pas une vertu idéale : cet amour a produit de grandes choses, en élevant des hommes véritablement sublimes au-dessus de l'humanité, et en leur inspirant les plus nobles et les plus fameuses entreprises.

Le bien de la société est le nôtre. Nous ne pouvons nous isoler, ni nous séparer d'elle. Si le gouvernement est heureux, nous prospérons avec lui. S'il souffre, le contre-coup de son infortune rejaillit sur nous. De même, si les citoyens jouissent d'une opulence honnête, le souverain est dans la prospérité; et si les citoyens sont accablés de misère, la situation du souverain est digne de compassion.

Ce ne sont pas ces maisons, ces murailles, ces

bois, ces champs, que j'appelle votre patrie, mais vos parens, votre femme, vos enfans, vos amis, et ceux qui travaillent pour votre bien dans les différentes branches de l'administration, et qui vous rendent des services journaliers, sans que vous vous donniez seulement la peine de vous informer de leurs travaux. Ce sont-là les liens qui nous unissent à la société.

Le zèle pour le bien public a servi de principe à tous les bons gouvernemens, anciens et modernes. Il a fait la base de leur grandeur et de leur prospérité. Les conséquences incontestables qui en dérivent, ont produit de bons citoyens et de ces ames magnanimes et vertueuses, qui ont été la gloire et le soutien de leurs compatriotes.

Que ne peut point l'amour de la patrie sur l'ame énergique et généreuse d'un bon citoyen? Le génie, plein de cet heureux enthousiasme, ne trouve rien d'impossible : il s'élève rapidement à l'héroïsme. Mais il semble que l'espèce de ces ames mâles, de ces hommes remplis de nerf et de vertu, soit épuisée. La mollesse a remplacé l'amour de la gloire : la fainéantise a succédé à la vigilance ; et un misérable intérêt personnel a détruit l'amour de la patrie.

Etes-vous riche? vous êtes plus obligé qu'un autre d'en témoigner votre attachement et votre reconnoissance à votre patrie, en la servant avec zèle et avec ardeur. Moins vous avez de besoins, plus vous avez de mérite. Le service des uns dérive de l'indigence : les travaux des autres sont gratuits.

Aimez votre patrie comme votre mère : consacrez-lui vos talens. En vous rendant utile, vous vous acquittez envers elle de tout ce qu'elle a droit d'exiger de vous.

Il n'est rien de plus sage ni de plus vertueux, que d'aimer véritablement sa patrie. Les vieillards eux-mêmes, les personnes infirmes doivent conserver pour elle ce tendre attachement, que des fils ont pour leur père, partager ses pertes et ses succès, et faire au moins des vœux pour sa prospérité.

Mourir pour elle, c'est vivre éternellement dans la mémoire des hommes. On ne peut la servir, sans se combler de gloire. L'homme de lettres, en instruisant le public ; le philosophe, en lui enseignant la vérité ; le financier, en administrant fidèlement ses revenus ; le jurisconsulte, en sacrifiant la forme à l'équité ; le soldat, en défendant sa patrie avec zèle et avec courage ; le politique, en combinant sagement et en raisonnant avec justesse ; l'ecclésiastique, en prêchant la saine morale ; l'agriculteur, l'artisan, les manufacturiers, les négocians, en perfectionnant, chacun, la partie à laquelle ils se sont consacrés. Tout citoyen, en pensant, en agissant ainsi, travaille pour le bien public. Ces différentes branches, réunies, et aspirant au même but, font naître la félicité des Etats, le bonheur, la durée et la gloire des Empires.

Réfutation de quelques écrivains encyclopédistes sur l'amour de la patrie.

J'ai lu, dans les ouvrages des encyclopédistes, que l'amour de la patrie est un préjugé, que les gouvernemens avoient tâché d'accréditer; mais qu'en un siècle éclairé comme le nôtre, il étoit tems de se désabuser de ces anciennes chimères. Ces sortes d'assertions doivent être réfutées pour le bien de la société.

Ils disent que le sage est citoyen de l'Univers. Je suis de leur avis, s'ils entendent, par là, que les hommes sont tous frères, et qu'ils doivent tous s'aimer. Mais je cesse de penser comme eux, si leur intention est de former des vagabonds, des gens qui, ne tenant à rien, courent le monde par ennui, deviennent fripons par nécessité, et finissent, soit dans un lieu, soit dans un autre, par être punis de la vie désordonnée qu'ils ont menée.

De semblables idées entrent et s'impriment facilement dans des têtes légères. Les suites qu'elles produisent, sont toujours opposées au bien de la société, parce qu'elles mènent à dissoudre l'union sociale, en déracinant insensiblement de l'esprit des citoyens, le zèle et l'attachement qu'ils doivent à leur patrie.

Les encyclopédistes ont jeté tout le ridicule, qu'ils ont pu, sur l'amour de la patrie, tant recommandé par l'antiquité, et qui, de tout tems, a été le principe des plus belles actions. Ils raisonnent aussi pitoyablement sur ce sujet que sur bien d'autres : ils disent doctoralement, qu'il n'y a point d'Etre qui s'appelle patrie ; que c'est une idée creuse de quelque législateur, qui a créé ce mot, pour gouverner des citoyens, et que ce qui n'existe pas réellement, ne sauroit mériter notre amour. Cela s'appelle pitoyablement argumenter.

Le pays, où nous avons reçu la lumière, est notre patrie. Ce n'est point un Etre de raison ; elle est composée d'une multitude de citoyens, qui tous vivent dans la même société, sous les mêmes coutumes ; et comme nos intérêts et les siens sont étroitement unis, nous lui devons notre attachement, notre amour et nos services.

Par quelle progression les Etats se civilisent et se policent.

Tous les Etats ont eu un certain cercle d'événemens à parcourir, avant que d'atteindre à leur plus haut degré de perfection. Les monarchies y sont arrivées par une allure, plus lente que les républiques, et s'y sont moins soutenues ; et s'il est vrai de dire, que la forme de gouvernement la plus parfaite est celle d'un royaume bien administré, il n'est pas moins certain que les républiques ont rempli plus promptement le but de leur institution, et se sont le mieux conservées, parce que les rois meurent et que les sages lois sont immortelles.

Les beaux siècles s'annoncent par le nombre de grands hommes en tout genre, qui naissent à-la-fois.

Mais comme les sciences ont besoin d'un terrein propre pour leur développement, de même les nations demandent un concours de conjonctures heureuses, pour sortir de leur engourdissement, et recevoir, pour ainsi dire, une nouvelle vie.

Heureux sont les princes, qui viennent au monde dans des conjonctures aussi favorables Les vertus, les talens, le génie les emportent d'un mouvement commun, aux choses grandes et sublimes.

Les princes n'ont jamais totalement changé la façon de penser des peuples. Ils n'ont jamais pu forcer la nature à produire de grands hommes, lorsqu'elle s'y refusoit. Quoique le travail des mines soit soumis à leurs ordres, les veines fécondes ne le sont pas : elles s'ouvrent tout-à-coup, en fournissant des richesses abondantes, et se perdent dans le tems qu'on les poursuit avec plus d'activité.

Ils donneront un certain vernis de politesse à leur nation. Ils maintiendront les lois dans leur vigueur et les sciences dans leur médiocrité : mais ils n'altèreront jamais l'essence des choses. Ils n'ajouteront que quelques nuances passagères à la couleur dominante du tableau.

Ce n'est pas l'ouvrage d'un jour, que de civiliser une nation qui a été sauvage pendant des siècles. Il faut bien du tems, pour que la douceur du commerce des sciences se communique à tout un peuple.

Les siècles où les nations produisent des Turenne, des Condé, des Colbert, des Bossuet, des Bayle et des Corneille, ne se suivent pas de proche en proche. Tels furent ceux des Périclès, des Cicéron, des Louis XIV. Il faut que tout prépare les esprits à cette effervescence. Il semble, que ce soit un effort de la nature, qui se repose, après avoir prodigué, tout-à-la-fois, sa fécondité et son abondance.

Aucun souverain ne peut contribuer à l'existence d'une époque aussi brillante. Il faut que la nature place les génies de telle sorte, que ceux qui les auront reçus, puissent les employer dans la place qu'ils auront à occuper dans le monde ; et, très-souvent, les génies déplacés sont comme des semences étouffées, qui ne produisent rien.

Nous avons vu des monarchies naître et mourir. Des peuples, de barbares qu'ils étoient, se policer et devenir le modèle des nations. Ne pourrions-nous pas conclure, que les nations ont une révolution semblable, si on ose le dire, à celle des planètes, qui, après avoir parcouru, en dix mille ans, tout l'espace des cieux, se retrouvent au point d'où elles étoient parties ?

Nos beaux jours arriveront donc, comme ceux des autres. Nos prétentions sont d'autant plus justes, que nous avons payé le tribut à la barbarie(1).

---

(1) Tacite, pour animer ses compatriotes à la vertu, leur proposoit, pour modèle de frugalité et de candeur, nos anciens Germains, qui, certainement, ne méritoient pas alors d'être imités de personne.

Le destin des choses humaines est de changer. La Grèce et l'Egypte sont barbares : mais la France, l'Angleterre et l'Allemagne, qui commencent à s'éclairer, nous dédommageront bien du Péloponèse. Les marais de Rome ont inondé les jardins de Lucullus. Peut-être que, dans quelques siècles, il faudra puiser les belles connoissances chez les Russes. Tout est possible; et ce qui n'est pas, peut arriver encore.

Caractère d'un peuple qui se civilise, et de celui qui est déjà civilisé.

Lorsqu'un peuple veut sortir de la barbarie, un mélange de férocité et de magnificence entre dans toutes les coutumes qu'il adopte. Il cherche le bon chemin, et le manque. Sa grossièreté confond les cérémonies avec la politesse, la magnificence avec la dignité, les débauches avec le plaisir, la pédanterie avec le savoir, et les platitudes grossières des bouffons avec les ingénieuses saillies de l'esprit.

CHAPITRE II.

DE L'ANCIENNE BARBARIE DE L'EUROPE.

Idolâtrie générale chez tous les peuples.

Il n'est malheureusement que trop vrai, que l'erreur et la superstition sont, pour ainsi dire, le partage de l'humanité. Tous les peuples ont eu la même pente pour l'idolâtrie; et, comme ils ont tous, à-peu-près, les mêmes passions, les effets n'ont pas manqué d'y répondre.

La crainte donna le jour à la crédulité; et l'amour-propre intéressa bientôt le ciel au destin des hommes. De-là nâquirent tous les cultes différens, qui n'étoient, à proprement parler, que des soumissions, modifiées en cent façons extravagantes, pour appaiser la colère céleste dont on redoutoit les effets.

La raison humaine, altérée et abrutie par la terreur, que toutes sortes de calamités lui inspiroient, ne savoit à qui se prendre pour se rassurer contre ses craintes; et comme les malades ont recours à tous les remèdes, pour essayer s'ils n'en trouveront point un qu'les guérisse, le genre humain supposa, dans son aveuglement, une essence divine et une vertu secourable dans tous les objets de la nature.

Depuis les plus sublimes jusqu'aux plus abjects, tout fut adoré. L'encens fuma pour des champignons. Le crocodile eut des autels. Les statues des grands hommes, qui, les premiers, avoient gouverné les nations, eurent des temples et des sacrificateurs; et dans les tems où des afflictions générales désoloient un pays, la superstition redoubloit.

La superstition est la même, sans doute, chez toutes les nations : mais quoiqu'elle soit en général une suite de la crédulité, elle se manifeste cependant sous des nuances variées à l'infini, et proportionnées au génie des nations.

Ce que l'histoire nous apprend sur les divers pays qu'embrasse aujourd'hui la monarchie prussienne, et jusqu'au règne du Grand-Electeur.

1°. *Du Brandebourg.* Des nations, qu'un océan immense sépare et qui habitent sous les tropiques opposés, ne diffèrent pas plus dans leurs usages, que les Brandebourgeois d'eux-mêmes, si nous les comparons du tems de Tacite au tems de Henri l'oiseleur; ceux de Henri l'oiseleur à ceux de Jean-le-Cicéron; enfin, ceux-là, aux habitans de l'électorat sous Frédéric I.

Le Brandebourg a suivi les cultes différens des divers peuples qui l'ont habité.

Le Teutons, qui furent ses plus anciens habitans, adoroient un dieu nommé Tuiston. César dit que c'est le *Dispater* engendré par la terre, et qui avoit lui-même un fils nommé *Man*.

Le culte que les Germains rendoient à leurs dieux, étoit proportionné à leurs mœurs simples, mais sauvages et grossières. Ils s'assembloient dans des bois sacrés, chantoient des hymnes en l'honneur de leurs idoles, et leur sacrifioient même des victimes humaines.

Il n'y avoit point de contrée qui n'eût son dieu particulier. Les Vandales en avoient un nommé *Triglaf*. On en trouva encore un à Harlungerberg, auprès du Brandebourg. Il étoit représenté avec trois têtes : ce qui marquoit qu'il régnoit au ciel, sur la terre et dans les enfers.

Tacite rapporte, que les Germains avoient un certain nombre de chevaux blancs, qu'ils croyoient être instruits des mystères de leurs dieux; et qu'on nourrissoit, pour la déesse *Herta*, un cheval noir, qui passoit pour l'interprète de ses volontés.

Ces peuples adoroient aussi des serpens; et l'on punissoit de mort ceux qui en tuoient.

Les Saxons, qui, revenant d'Angleterre, firent une descente à l'embouchure de l'Elbe et prirent possession de ces contrées entre l'Elbe, la Sprée et l'Oder, que les naturels du pays avoient abandonnées, établirent leurs dieux et leur religion dans le Brandebourg. La principale de leurs idoles étoit *Irmansœule*, ce qui signifie *colonne d'Irman*.

Irmansœule n'étoit pas le seul dieu des Saxons: on trouva sous une de leurs idoles l'inscription suivante : *je fus autrefois le duc des Saxons : j'en suis devenu le dieu*.

Angelus soutient, qu'ils adoroient le soleil sous la forme d'une tête radieuse, et que cette idole donna son nom à la ville de Sonnenbourg, où elle étoit placée. Il prétend encore, qu'ils adoroient une *Vénus*, représentée à demi-nue, ayant la mammelle gauche percée par une flèche, et trois *Grâces*, plus petites qu'elle, qui l'entouroient. Ces peuples la nommoient *Magda*, ce qui veut dire *fille*. Angelus assure qu'elle donna son nom à Magdebourg, où elle avoit ses autels.

Ce qu'il y avoit de plus remarquable dans le culte que les Saxons rendoient à cette divinité, c'étoient les jeux qu'ils célébroient en son honneur. Ils consistoient en des tournois, que faisoient tous les jeunes gens des bourgades voisines. Ils déposoient une somme d'argent entre les mains des juges, pour doter une jeune fille, qui étoit donnée en mariage, comme le prix, à celui qui l'avoit emporté à la joûte.

Charlemagne défendit aux Saxons d'adorer des chênes et de les arroser du sang des victimes.

Toute l'Allemagne étoit encore attachée au culte des idoles, quand Charlemagne, et, après lui, Henri l'oiseleur entreprirent de convertir ces peuples. Après bien des efforts inutiles, ils n'y réussirent qu'en noyant l'idolâtrie dans des torrens de sang humain.

On ne découvre aucune trace de christianisme dans le Brandebourg avant le tems de Charlemagne. Mais cet empereur, après avoir remporté sur les Saxons et les Brandebourgeois différentes victoires, vint établir son camp auprès de Magdebourg, et n'accorda la paix à ces provinces qu'à condition qu'elles embrasseroient le christianisme.

L'impuissance de résister à un ennemi aussi redoutable, et la crainte de ses menaces, conduisirent ces peuples au baptême, qui leur fut administré dans le camp de l'empereur. Mais la sécurité les ramena tous à l'idolâtrie, dès que ce prince se fut éloigné de leur voisinage avec son armée.

L'empereur Henri l'oiseleur triompha ensuite, à l'exemple de Charlemagne, des habitans des bords de l'Elbe et de l'Oder; et après bien du sang répandu, ces peuples furent subjugués et convertis.

Les Chrétiens détruisirent les idoles du paganisme, de sorte qu'il n'en resta plus de vestiges. Les niches de ces idoles, vacantes, furent remplies de saints de toute espèce; et de nouvelles erreurs succédèrent aux anciennes.

Le peuple ne tarda pas à regretter ses idoles, qui étoient des objets palpables de son culte. L'amour de la liberté, la force d'un ancien préjugé, tout le ramena à ses faux-dieux. Mistévoïus, roi des Vénèdes, se mit à la tête du paganisme renaissant, et rétablit l'ancien culte.

Le christianisme ayant été rétabli, dans le Brandebourg, pour la troisième fois, la religion catholique parut triomphante et sans contrainte: mais elle entraîna après elle les plus grands scandales.

Les évêques étoient ignorans, cruels, ambitieux et guerriers: ils portèrent les armes en personne contre les margraves et contre d'autres voisins, pillant, ravageant, brûlant les contrées et s'arrogeant un pouvoir absolu sur les consciences.

L'ignorance crasse, où vivoient ces peuples, pendant le treizième siècle, étoit un terrain où la superstition devoit fructifier. Aussi ne manqua-t-on pas de miracles, ni d'aucune supercherie, capable d'affermir l'autorité des prêtres. Les vierges miraculeuses, les images secourables et les reliques des saints, avoient alors une vertu toute singulière.

La cour de Rome, toujours attentive à étendre sa domination, à l'ombre des autels, ne négligeoit aucun des moyens, qui pouvoient l'y conduire.

Quand enfin le christianisme eut poussé de profondes racines, on vit des fanatiques de toute espèce (1). On baptisa des juifs par force. On en brûla d'autres. On fit des processions et des vœux aux images miraculeuses; et l'imagination, échauffée par tant d'inventions folles ou bizarres, enfanta l'ordre des flagellans.

---

(1) C'est calomnier la religion chrétienne, que de lui imputer des crimes. Il ne faut jamais confondre la loi et l'abus; et quand on se récrie contre la religion, il faut désigner le tems dont on parle, et distinguer les abus de l'institution.

Le pape Jean XXII établit des bureaux d'indulgence dans le Brandebourg. Les Augustins trafiquoient de ces indulgences, et en envoyoient le produit à Rome.

C'est ainsi, que la religion catholique, humble et douce sous les persécutions, mais fière après son établissement, persécuta à son tour, et que les ecclésiastiques, abusant de la crédulité des hommes, et menant la vie la plus scandaleuse, se servirent de la religion pour s'enrichir.

Tous les Chrétiens étoient soumis au pape, qu'ils croyoient infaillible; ce qui rendoit son pouvoir plus étendu, que celui du souverain le plus despotique.

Un misérable moine s'éleva contre une puissance, si solidement établie ; et la moitié de l'Europe secoua le joug de Rome.

Tout préparoit les esprits à ce dénouement. La religion chrétienne étoit si dégénérée, qu'on n'y reconnoissoit plus les caractères de son institution. Rien ne surpassoit, dans son origine, la sainteté de sa morale : mais la pente du cœur humain à la corruption en pervertit bientôt l'usage.

Cette religion, qui enseignoit l'humilité, la charité et la patience, s'établit par le fer et par le feu. Les prêtres des autels, dont la sainteté et la pauvreté devoient être le partage, acquirent des ri-

4

chesses, devinrent ambitieux, et quelques-uns furent des princes puissans. Le pape, qui originairement relevoit des empereurs, s'arrogea le pouvoir de les faire et de les déposer. Il fulmina des excommunications : il mit des royaumes en interdit; et il outra si prodigieusement les choses, qu'il falloit bien que le monde se révoltât à la fin contre tant d'abus.

Les Vaudois, les Wiclésites et les Hussites avoient déjà commencé à remuer : mais Luther et Calvin, plus audacieux et nés dans des conjonctures plus favorables, consommèrent l'ouvrage. Les Augustins déclamèrent contre le pape. Luther, qui étoit de leur ordre, attaqua avec véhémence les abus de l'église. Il devint bientôt chef de parti; et comme sa doctrine dépouilloit les évêques de leurs bénéfices et les couvens de leurs richesses, les souverains suivirent en foule le nouveau convertisseur.

La religion prit alors une forme toute nouvelle. Joachim II fut le premier électeur du Brandebourg, qui se fit luthérien. Sa mère, qui étoit une princesse du Danemarck, lui communiqua ses sentimens : car la nouvelle doctrine avoit pénétré en Danemarck, avant que d'être reçue en Brandebourg. Le pays suivit l'exemple de ce prince.

2.º *De la Prusse royale.* La Prusse fut habitée

originairement par des Slaves, des Sarmates, des Russes et des Vénèdes. Tous ces peuples étoient plongés dans l'idolâtrie la plus grossière.

Ils adoroient les dieux des forêts, des lacs, des rivières, et même des serpens et des élans. Leur dévotion rustique et sauvage ne connoissoit pas la somptuosité des temples.

Leurs principales idoles, *Potrimpos*, *Percunos* et *Picollos*, avoient leur culte établi sous des chênes, où elles étoient placées à Romowa et à Heiligenbeil.

Les Prussiens sacrifioient à leurs dieux, jusqu'à leurs ennemis prisonniers.

Combien la superstition et l'erreur sont encore par-tout répandues : inutilité des efforts de la philosophie, pour les détruire ou les empêcher de se reproduire.

Les philosophes ne parviendront jamais à corriger le genre humain de la superstition, à laquelle il tient. La nature a mis cet ingrédient dans la composition de l'espèce. C'est une crainte, c'est une foiblesse, c'est une crédulité, une précipitation de jugement, qui, par un penchant ordinaire, entraîne des hommes dans le système du merveilleux.

Il est peu d'ames philosophiques, et d'une trempe

assez forte, pour détruire en elles les profondes racines, que les préjugés de l'éducation y ont jetées.

La superstition est une foiblesse de l'esprit humain : elle est inhérente à cet Etre. Elle a toujours été, et sera toujours. Les objets d'adoration pourront changer, comme les modes de France. Mais qu'importe? le choix n'en vaut pas la peine. La superstition est la même; et la raison n'y gagne rien.

Croyez, que, si des philosophes fondoient un gouvernement, au bout d'un demi-siècle, le peuple se forgeroit des superstitions nouvelles, et attacheroit son culte à des objets quelconques, qui frapperoient les sens. Ou il se feroit de petites idoles; ou il révéreroit les tombeaux de ses fondateurs; ou il invoqueroit le soleil; ou quelque absurdité pareille l'emporteroit sur le culte de l'Etre-Suprême.

Il ne suffit donc pas, à mon sens, de détromper les hommes : il faudroit pouvoir leur inspirer le courage de l'esprit; ou la sensibilité et la terreur triompheront toujours des raisonnemens les plus forts et les plus méthodiques.

Les superstitieux l'emportent toujours sur les philosophes, parce que le gros des hommes n'a l'esprit, ni cultivé, ni juste, ni géométrique.

Le nord n'est pas purifié de superstitieux et de

bigots. Nous avons une secte de béats, qui ne ressemblent pas mal aux presbitériens d'Angleterre, et qui sont d'autant plus insupportables, qu'ils sont d'une aigreur et d'une roideur inflexible envers tous ceux qui ne sont pas de leur avis. On est obligé de cacher ses sentimens, pour ne pas se faire d'ennemis. L'on vous condamne, sans vous entendre; et l'on vous persécute, sans vous connoître.

En Espagne, le peuple sait, qu'avec des présens on appaise ceux, qu'on a offensés. Il croit, qu'il en est de même à l'égard de la Divinité; et qu'en lui donnant à flairer la fumée, qui s'élève d'un bûcher, où l'on brûle un hérétique, c'est un moyen infaillible de lui plaire. Ajoutez à cela des cérémonies, les déclamations des moines, les applaudissemens des amis, et la dévotion de la multitude; et vous trouverez, qu'il n'est pas surprenant, que les Espagnols aveuglés aient encore de l'attachement pour ce culte, digne des antropophages.

J'envisage les travaux de nos philosophes comme très-utiles; parce qu'il faut faire honte aux hommes de l'intolérance et du fanatisme; et que c'est servir l'humanité, que de combattre ces folies atroces et cruelles, qui ont transformé nos ancêtres en bêtes carnassières.

Les hommes se croient tout permis, quand ils pensent combattre pour la gloire de Dieu. Ils souillent les autels d'un Dieu bienfaisant du sang de victimes innocentes. Si ces horreurs peuvent s'excuser, c'est dans l'effervescence de quelque nouveau fanatisme : mais ces fureurs deviennent plus atroces encore, quand elles se commettent dans le silence des passions.

Détruire le fanatisme, c'est tarir la source la plus funeste des divisions et des haines, présentes à la mémoire de l'Europe, et dont on découvre des vestiges sanglans chez tous les peuples

Dans la superstitieuse Bohême, en Autriche, ancien siège du fanatisme, les personnes de mise commencent à ouvrir les yeux. Quelques barrières que la cour oppose à l'entrée des bons ouvrages, la vérité perce ; et quoique ses progrès ne soient pas rapides, c'est un grand point, qu'un certain monde déchire le bandeau de la superstition.

Dans nos pays protestans, on va plus vite ; et peut-être ne faudra-t-il plus qu'un siècle, pour que les animosités, qui naquirent des partis, soient entièrement éteintes.

De ce vaste domaine du fanatisme, il ne reste plus que la Pologne et la Bavière, où la crasse ignorance et l'engourdissement des esprits maintiennent encore la superstition (1).

---

(1) Si le jugement, que porte Frédéric de la Pologne et

Peu d'hommes raisonnent et sont capables de raisonner.

Les sciences sont pour tout le monde : mais l'art de penser est le don le plus rare de la nature. Entre cent personnes, qui croient penser, il en est à peine une qui pense par elle-même. Les autres n'ont que deux ou trois idées, qui roulent dans leur cerveau, sans s'altérer et sans acquérir de nouvelles formes ; et la centième pensera peut-être ce qu'une autre a déjà pensé : mais son imagination ne sera pas créatrice.

C'est cet esprit créateur, qui fait multiplier les idées, qui saisit des rapports entre des choses, que l'homme inattentif n'apperçoit qu'à peine. C'est cette force de bon sens, qui, selon moi, fait la partie essentielle de l'homme de génie.

Peu d'hommes raisonnent ; et tous veulent décider : il en est presque par-tout de même.

Quelles contradictions ne s'allient pas dans l'es-

---

de la Bavière, n'a rien d'outré, nous sommes arrivés à l'heureuse époque, où les Sarmates vont enfin se régénérer, et où les Bavarois, sous le gouvernement d'un excellent prince, commencent à se distinguer, entre les différens peuples de l'Allemagne, par leurs connoissances et leurs lumières.   (*Note de l'Editeur*).

prit humain ? Qu'un fripon se propose de tromper les hommes, il ne manquera pas de dupes. L'homme est fait pour l'erreur : elle entre comme d'elle-même dans son esprit ; et ce n'est que par des travaux immenses, qu'il découvre quelques vérités.

Les bons esprits sont propres à tous les emplois. Un raisonnement juste, des idées nettes et un peu de travail, servent également d'instrumens pour les arts, pour la guerre, pour les finances et pour le commerce.

Que de bêtes dans le monde ! qui ne pensent point, que le raisonnement fatigue ! Que d'ambitieux, occupés de leurs projets ! Sur ce grand nombre, combien peu de personnes aiment à s'instruire et à s'éclairer ! Les brouillards épais, qui aveuglent l'humanité, du dixième au treizième siècle, sont dissipés. Cependant, la plupart des yeux sont myopes. Quelques-uns ont les paupières collées. Il y aura de ces espèces-là, tant que le monde durera, comme il se trouve des chênes stériles dans les forêts et des frélons près des abeilles.

Une mauvaise dialectique est la plus mortelle de toutes les maladies, quand elle entre dans un cerveau, qui regimbe contre la déraison. Quoi de plus dégoûtant, que les plates absurdités d'auteurs, qui pensent être philosophes, et qui ne sont que des visionnaires entêtés de leurs folles illusions ?

Le rapport des sens est ce que nous avons presque de plus sûr : mais il n'est pas exempt d'incertitudes. Nos yeux nous trompent, lorsqu'ils nous peignent ronde, de loin, une tour que nous trouvons quarrée en nous approchant. Nous croyons quelquefois entendre des sons, qui n'ont lieu que dans notre imagination, et qui ne consistent que dans une impression sourde, faite sur nos oreilles. L'odorat n'est pas moins infidèle que les autres sens. Il semble quelquefois qu'on sente des odeurs de fleurs dans des prairies ou dans des bois, qui n'y sont pas cependant; et à présent, je m'apperçois, au sang qui coule de ma main, qu'un moucheron m'a piqué. La chaleur du discours m'a rendu insensible à cette douleur. L'attouchement m'a fait faux-bond.

Sans organes nous penserions aussi peu, qu'un clavecin pourroit rendre de sons sans cordes.

De la vérité et de l'erreur.

L'erreur seroit-elle notre partage ? Il paroît que le Créateur ne nous a pas destinés pour posséder beaucoup de science, et pour faire un grand chemin dans le pays des connoissances. Il a placé les vérités dans des abîmes, que nos foibles lumières ne sauroient approfondir; et il les a entourées d'une épaisse haie d'épines.

La route de la vérité offre des précipices de tous côtés. On ne sait quel sentier suivre, pour éviter ces dangers; et si l'on est assez heureux pour les avoir franchis, on trouve sur son chemin un labyrinthe, où le fil merveilleux d'Ariadne n'est d'aucun usage, et dont on ne peut jamais se tirer.

Les uns courent après un fantôme imposteur, qui les trompe par ses prestiges, et leur donne pour bonne monnoie ce qui est de faux-aloi.

D'autres devinent ces vérités si secrètes. Ils croyent arracher le voile de la nature. Ils font des conjectures; et c'est un pays, où il faut avouer que les philosophes ont fait de grandes conquêtes.

Les vérités sont placées si loin de notre vue, qu'elles deviennent douteuses, et prenent de leur éloignement même un air équivoque. Il n'en est presque aucune, qui n'ait été combattue. C'est qu'il n'en est aucune, qui n'ait deux faces. Prenez-la d'un côté, elle paroit incontestable; prenez-la d'un autre, c'est la fausseté même.

Rassemblez tout ce que votre raisonnement vous

a fourni pour ou contre : réfléchissez, délibérez, pesez bien : vous ne saurez à quoi vous déterminer ; tant il est vrai qu'il n'y a que le nombre des vraisemblances qui donne du poids à l'opinion des hommes. Si la vraisemblance leur échappe pour ou contre, ils prenent le mauvais parti ; et comme leur imagination ne peut leur offrir, avec la même force, le pour et le contre, ils se détermineront toujours par foiblesse, et la vérité se dérobe à leurs yeux.

Pour arriver à la connoissance d'une vérité importante, il faut auparavant avoir fait une provision préliminaire de vérités simples, qui conduisent ou qui servent d'échelons, pour atteindre à la vérité composée qu'on cherche.

A prendre les choses dans un sens philosophique, nous ne connoissons rien du tout. Nous nous doutons de certaines vérités. Nous nous en formons une notion vague ; et nous modifions, par les organes de la voix, de certains sons, que nous appelons des termes scientifiques, dont le résonnement contente nos oreilles, que notre esprit croit comprendre, et qui, bien pis, n'offrent à l'imagination que des idées confuses et embrouillées ; de sorte que notre philosophie se réduit à l'habitude, que nous nous faisons, de nous servir d'expressions obscures, de termes que nous ne comprenons guères, et à une profonde méditation sur des effets, dont les causes nous restent bien inconnues et bien cachées.

L'amas pitoyable de ces rêveries est honoré du beau nom d'excellente philosophie, que l'auteur annonce avec l'arrogance d'un charlatan, comme la découverte la plus rare et la plus utile au genre humain.

Il y a des vérités éternelles : cela est incontestable. Mais, pour bien comprendre ces vérités, pour en connoître jusqu'aux moindres raisons, il faudroit un million de fois plus de mémoire que n'en a l'homme. Il faudroit pouvoir se livrer entièrement à la connoissance d'une vérité. Il faudroit une vie de Mathusalem, et plus longue encore, une vie spéculative, fertile en expériences. Il faudroit enfin une attention, dont nous ne sommes pas capables.

Un autre obstacle nous empêche de parvenir à la connoissance de la vérité : il consiste dans les préjugés de l'éducation. La plus grande partie des hommes est dans des principes évidemment faux. Leur physique est très-fautive. Leur métaphysique ne vaut rien. Leur morale consiste dans un intérêt sordide, dans un attachement sans bornes aux biens de la terre. Ce qui est chez eux une grande vertu, c'est une sage prévoyance, qui les fait songer à l'avenir, et qui pourvoit de loin à la subsistance de leur famille. La logique de ces sortes de gens est sortable au reste de leur philosophie; aussi est-elle pitoyable. Chez eux, l'art de raisonner consiste à décider de tout et à ne point souffrir de replique.

Ces petits législateurs de famille s'intriguent d'abord extrêmement des idées, qu'ils veulent imprimer à leur progéniture. Père, mère, parens, travaillent à éterniser leurs erreurs. On prend bien des soins, pour donner aux enfans, à peine sortis du berceau, une idée du *moine bourru* et du *loup-garou*.

Ces belles connoissances sont, pour l'ordinaire, suivies d'autres qui les valent. L'école y contribue de son côté. Il vous faut passer par les visions de Platon, pour arriver à celles d'Aristote; et, d'un saut, on vous initie aux mystères des tourbillons. Vous sortez de l'école la mémoire bien chargée de mots, l'esprit plein de superstition, et rempli de respect pour les anciennes billevesées.

L'âge de la raison arrive. Ou vous secouez le joug de l'erreur, ou vous renchérissez sur vos parens. Ont-ils été borgnes? vous devenez aveugles. Ont-ils cru de certaines choses, parce qu'ils s'imaginoient de les croire? vous les croirez par opiniâtreté.

Ensuite, l'exemple de tant d'hommes, qui adhèrent à un sentiment, vous entraîne. Leurs suffrages sont pour vous une autorité suffisante : ils donnent du poids par leur nombre. L'erreur populaire fait des prosélites et triomphe.

Enfin, les erreurs invétérées deviennent formidables par la suite des tems. L'opiniâtreté se mêle souvent à la prévention ; et une certaine barbarie, que l'on appelle le faux-zèle, ne manque jamais d'étaler ses tyranniques maximes.

Voilà les effets, qui suivent les préjugés de l'enfance : ils prennent, à cet âge tendre, une plus profonde racine, à cause de la flexibilité du cerveau. Les premières impressions sont les plus vives ; et tout ce que peut la force du raisonnement, ne paroît que froid en comparaison.

Tout homme, qui pense, doit faire des efforts, pour connoître la vérité. Ces efforts sont dignes de nous, quand même ils surpasseroient notre capacité. C'est un assez grand malheur pour nous, que les vérités soient impénétrables. Il ne faut pas l'augmenter par notre mépris pour ceux, qui font naufrage à la découverte de ce nouveau monde. Ce sont des Argonautes généreux, qui s'exposent pour le salut de leurs compatriotes.

Ayons du support pour l'erreur. C'est un poison subtil, qui se glisse dans nos cœurs, sans que nous nous en appercevions. Ne donnons point dans le ridicule orgueil de ces savans infaillibles, dont les paroles doivent passer pour autant d'oracles. Soyons pleins d'indulgence pour les erreurs les plus palpables; et ayons de la condescendance pour les opinions de ceux, avec lesquels nous vivons en société. Pourquoi troublerions-nous la douceur des liens, qui nous unissent, pour l'amour d'une opinion, sur laquelle nous manquons nous-mêmes de conviction?

Pour extirper l'erreur de l'Univers, il faudroit exterminer tout le genre humain.

Ce n'est pas notre façon de penser sur des matières spéculatives, qui peut influer sur le bonheur de la société; mais c'est notre façon de penser.

Soyez partisan du système de Tycho-Brahé ou de celui des Malabares, je vous le pardonnerai sans peine, pourvu que vous soyez humain : mais fussiez-vous le plus orthodoxe de tous les docteurs, si votre caractère est cruel, dur et barbare, je vous abhorrerai toujours.

En vain les philosophes combattent-ils l'erreur. Cette hydre ne se laisse point abattre. Il y paroît toujours de nouvelles têtes, à mesure qu'on en a coupé quelqu'une ; et souvent il arrive, que des cendres d'une erreur en renaissent de nouvelles.

Ce n'est qu'à force de réflexions et de raisonnemens, que l'erreur se filtre et se sépare de la vérité. Peu de personnes donnent leur tems à un examen aussi pénible et qui demande une attention suivie. Avec quelque clarté qu'on leur expose leurs erreurs, elles pensent qu'on veut les séduire : et en observant les vérités, qu'on leur expose, elles détestent l'auteur qui les annonce.

Les hommes ont toujours penché vers le faux. Je ne sais, par quelle bizarrerie la vérité les a toujours moins frappés. La prévention, les préjugés, l'amour-propre et l'esprit superficiel, seront, je crois, pendant tous les siècles, les ennemis, qui s'opposeront au progrès des sciences.

Le caractère de la vérité est bien différent de celui de l'imposture et du mensonge. Elle n'a pas besoin d'armes, pour se défendre, ni de violence, pour engager les hommes à la croire. Elle n'a qu'à paroître ; et dès que sa vive lumière a dissipé les nuages, qui la cachoient, son triomphe est assuré.

Le témoignage de quelques vérités découvertes et de quelques erreurs détruites, est, à mon avis, le plus beau trophée, que la postérité puisse ériger à la gloire d'un grand homme.

Le plaisir le plus vif, qu'un homme raisonnable puisse avoir dans le monde, c'est de découvrir de nouvelles vérités.

Des erreurs populaires.

Dans ce siècle éclairé, on est revenu de ces stupides erreurs, qui faisoient croire à des jours heureux ou sinistres. La vie des hommes ne tient qu'à un cheveu. Le gain ou la perte d'une bataille ne dépend que d'une bagatelle. Nos destins sont une suite de l'enchaînement général des causes secondes, qui, dans la foule des événemens qu'elles amènent, en doivent nécessairement produire d'avantageux et de funestes.

Lorsqu'en 1740, le 21 décembre, le roi arriva à Crossen en Silésie, une corde, apparemment usée, à laquelle la cloche de la cathédrale étoit suspendue, se rompit. La cloche tomba, et cela fut pris pour un sinistre présage; car il régnoit encore dans l'esprit de la nation des idées superstitieuses. Pour détourner ces mauvaises impressions, le roi expliqua ces signes avantageusement. Cette cloche tombée signifioit, selon lui, l'abaissement de ce qui est élevé; et comme la maison d'Autriche l'étoit infiniment plus que celle de Brandebourg, cela présageoit clairement les avantages qu'on remporteroit sur elle. Quiconque connoît le public sait que de telles raisons sont suffisantes pour le convaincre.

Si l'on vouloit recueillir tous les préjugés qui gouvernent le monde, ce catalogue rempliroit un gros *in-folio*. Contentons-nous de combattre ceux qui nuisent à la société; et ne détruisons pas les erreurs utiles autant qu'agréables.

Fontenelle disoit : si j'avois la main pleine de vérités, j'y penserois plus d'une fois avant de l'ouvrir. Le vulgaire ne mérite pas qu'on l'éclaire.

Ce qui a perpétué et propagé les superstitions populaires, dans la plupart de nos Empires modernes.

Dans le treizième siècle se formèrent la plupart des ordres religieux. Les misantropes, les fainéans, les paresseux et toutes sortes de gens qui s'étoient déshonorés dans le monde, se réfugièrent dans ces asyles sacrés. Ils appauvrirent l'Etat de sujets, qui, en se séquestrant de la société, renoncèrent à la bénédiction que Dieu donna à nos premiers parens. Ils furent à la charge des citoyens, ne se nourrissant que d'aumônes ou faisant des acquisitions illicites; et quoique ces établissemens fussent également contraires aux lois de la société et de la politique, ils se répandirent dans toute l'Europe. Les peuples alors étoient abrutis et les princes foibles.

Quelques solitaires fondèrent des ordres religieux, et rendirent toute spéculative une vie qui doit se passer en action pour le bien de la société. Les couvens se multiplièrent à l'infini ; et une grande partie du genre humain y fut ensevelie. Enfin, toutes sortes de supercheries s'inventèrent, pour surprendre la bonne foi du vulgaire ; et les faux miracles devinrent presque communs.

Un moine, méprisable par lui-même, ne peut jouir, dans l'Etat, d'autre considération que de celle que lui donne le préjugé de son saint monastère. La superstition le nourrit ; la bigoterie l'honore, et le fanatisme le canonise.

Toutes les villes les plus remplies de couvens sont celles où il règne le plus de superstition et d'intolérance. Détruisez ces réservoirs de l'erreur ; et vous boucherez les sources corrompues, qui entretiennent les préjugés.

L'ignorance étoit parvenue à son comble dans le quatorzième et le quinzième siècles. Les ecclésiastiques n'étoient pas même assez instruits, pour être pédans. Le relâchement dans les mœurs et la vie licencieuse des moines faisoient que l'Europe ne poussoit qu'un cri, pour demander la réforme de tant d'abus.

Ces siècles de l'ignorance étoient le règne des fanatiques et des réformateurs. Il semble que l'esprit humain se soit enfin rassasié de disputes et de controverses. On laisse argumenter les théologiens et les métaphysiciens sur les bancs de l'école; et depuis que, dans les pays protestans, les ecclésiastiques n'ont plus rien à perdre, les chefs des nouvelles sectes n'ont plus rien à gagner.

Je me sens porté à croire que tout l'univers a été imbécille, depuis Constantin jusqu'à Luther, se disputant dans un jargon inintelligible, et l'épiscopat établissant sa puissance temporelle, à l'aide de la crédulité et de la sottise des princes et des nations.

L'histoire de la religion, considérée en ce sens, présente un grand tableau aux yeux d'un philosophe, et devient une leçon instructive pour quiconque pense et réfléchit sur l'esprit humain.

CHAPITRE III.

DES PREMIERS PROGRÈS DE L'ORDRE SOCIAL.

En Allemagne.

Ce n'est ni à l'esprit, ni au génie de la nation, qu'il faut attribuer le peu de progrès que nous avons faits dans les arts : nous ne devons nous en prendre qu'à une suite de conjonctures fâcheuses, à un enchaînement de guerres, qui nous ont ruinés et appauvris en hommes et en argent.

Nos pères ont commencé par s'appliquer à l'économie rurale, à remettre en valeur des terres, qui, faute de bras, étoient demeurées sans culture. Ils ont relevé les maisons détruites ; ils ont encouragé la population. On a défriché par-tout les terres abandonnées. Une population plus nombreuse a donné naissance à l'industrie. Le luxe même, ce fléau des petites provinces et qui augmente la circulation dans les grands Etats, s'est introduit.

Enfin voyagez maintenant en Allemagne ; traversez-la d'un bout à l'autre : vous trouverez par-tout, sur votre chemin, des bourgades changées en cités florissantes. Là, c'est Munster ; plus loin, c'est Cassel ; ici, c'est Dresde et Géra.

Allez dans la Franconie : vous trouverez Wursbourg, Nuremberg. Si vous approchez du Rhin : vous passerez par Fulde et Francfort sur le Mein, pour aller à Manheim ; de là, à Mayence et à Bonne.

Chacune de ces cités présente, au voyageur surpris, des édifices, qu'il ne croyoit pas trouver dans le fond de la forêt Hercynienne. La mâle activité de nos compatriotes ne s'est pas bornée à réparer les pertes causées par nos calamités passées : elle a su aspirer plus haut, et perfectionner ce que nos ancêtres n'avoient fait qu'ébaucher.

Depuis que ces changemens avantageux se sont opérés, nous voyons l'aisance devenir plus générale. Le tiers-état ne languit plus dans un honteux avilissement. Les pères fournissent à l'étude de leurs enfans, sans s'obérer : voilà les prémices de l'heureuse révolution que nous attendons.

Les entraves, qui lioient le génie de nos aïeux, sont brisées et détruites. Déjà on s'apperçoit que la semence d'une noble émulation germe dans les esprits. Nous avons honte qu'en certains genres nous ne puissions nous égaler à nos voisins. Nous desirons de regagner, par des travaux infatigables, le tems que nos désastres nous ont fait perdre ; et en général, le goût national est si décidé pour tout ce qui peut illustrer notre patrie, qu'il est presque évident, qu'avec de telles dispositions, les muses nous introduiront, à notre tour, dans le temple de la gloire.

L'an 1740, l'industrie et le commerce, plus raffinés, avoient rendu l'Allemagne partie copartageante des trésors que les Indes versent annuellement en Europe. Ces sources de l'opulence avoient amené avec elles les plaisirs, l'aisance, et peut-être les désordres des mœurs, qui en sont une suite. Tout avoit augmenté, les habitans, les équipages, les meubles, les livrées, les carrosses et la somptuosité des tables.

Dans les cours d'Allemagne.

Dans les tems passés, les cours d'Allemagne paroissoient des temples, où l'on célébroit des Bacchanales. Actuellement cette débauche, indigne de la bonne société, a été reléguée en Pologne, où elle est devenue l'amusement de la populace.

Il n'est encore que quelques cours ecclésiastiques, où le vin console les prêtres d'une passion plus aimable, à laquelle ils sont obligés de renoncer par état.

Autrefois, il n'y avoit pas de cour qui ne fût remplie de bouffons : la grossièreté de leurs plaisanteries suppléoit à l'ignorance des convives ; et l'on entendoit dire des sottises, faute de pouvoir dire de bonnes choses. Cet usage, qui est l'opprobre éternel du bon sens, a été aboli.

Le cérémonial, dans lequel l'imbécillité de nos aïeux plaça jadis la science des souverains, paroît essuyer un sort égal à celui des bouffons. L'étiquette souffre journellement des brèches ; quelques cours l'ont entièrement abolie.

Dans les Etats prussiens.

Du tems de Joachim Nestor, les jeunes gens faisoient quelques études : mais les hommes d'un âge mûr demeuroient attachés à leurs anciens usages et à leur grossièreté. Les nobles voloient encore sur les grands chemins. La dépravation des mœurs étoit si générale, que la diète de l'Empire, assemblée à Trèves, défendit de blasphémer, et de s'abandonner à ces excès de débauche, qui ravalent l'humanité et rendent les hommes inférieurs aux animaux.

Au mariage de Joachim II avec Hedwidge, fille

de Sigismond, roi de Pologne, l'Electeur coucha, la nuit de ses noces, armé de toutes pièces, auprès de sa jeune épouse. Un mélange de férocité et de magnificence entroit dans toutes les coutumes de ces tems.

Pendant la régence du grand Electeur, les villes commencèrent à se policer. On pava les rues, et l'on plaça, de distance en distance, des lanternes pour les éclairer.

Cette police étoit d'une nécessité indispensable: car, les courtisans étoient obligés d'aller, montés sur des échasses, au château de Potzdam, lorsque la cour s'y tenoit, à cause des boues qu'il falloit traverser dans les rues.

Les guerres continuelles et le mélange des nouveaux habitans avoient déjà fait changer les anciennes mœurs. Beaucoup d'usages des Hollandais et des Français devinrent les nôtres.

Les vices dominans étoient l'ivrognerie et l'intérêt. La débauche avec les femmes étoit ignorée de la jeunesse; et les maladies, qui en sont les suites, étoient alors inconnues.

La cour aimoit les pointes, les équivoques, les bouffons.

Les enfans des nobles se remettoient aux études; et l'éducation de la jeunesse tomba insensiblement entre les mains des Français, à qui nous devons plus de douceur dans le commerce et des manières plus aisées.

Les modes de cette nation passèrent chez nous comme dans le reste de l'Allemagne. L'Europe, enthousiasmée du caractère de grandeur que Louis XIV imprimoit à toutes ses actions; de la politesse qui régnoit à sa cour; et des grands hommes qui illustroient son règne, vouloit imiter la France qu'elle admiroit. Toute l'Allemagne y voyageoit. Un jeune homme passoit pour imbécille, s'il n'avoit séjourné quelque tems à la cour de Versailles.

Le goût des Français régla nos cuisines, nos habillemens, et toutes les bagatelles, sur lesquelles la tyrannie de la mode exerce son empire. Cette passion dégénéra en fureur : elle fut portée à l'excès. Les femmes, qui outrent souvent les choses, la poussèrent à l'extravagance.

L'Etat changea presqu'entièrement de forme, sous Frédéric Guillaume I. La cour fut congédiée; et les grosses pensions souffrirent une réduction. Beaucoup de personnes, qui avoient entretenu carrosse, allèrent à pied ; ce qui fit dire au public, que le roi avoit rendu l'usage des jambes aux perclus.

Sous Frédéric I, Berlin étoit l'Athènes du nord: sous Frédéric-Guillaume I, elle en devint la Sparte. Quand ce dernier prince monta sur le trône, la magnificence, le luxe, les plaisirs disparurent. L'esprit d'épargne s'introduisit dans tous les états, chez le riche comme chez le pauvre.

Sous le règne précédent, beaucoup de nobles vendoient leurs terres, pour acheter du drap d'or et des galons. Cet abus cessa.

On ne s'attacha qu'à réprimer les dépenses inutiles. Les deuils avoient été autrefois ruineux pour les familles. On donnoit des festins aux enterremens. La pompe funèbre étoit même coûteuse. Toutes ces coutumes furent abolies. On ne drapa plus les maisons, ni les carrosses. On ne donna plus de livrées noires; et depuis, on mourut à fort bon marché.

Ce gouvernement, tout militaire, influa dans les mœurs, et régla même les modes. Le public avoit pris par affectation un air aigrefin. Personne, dans les Etats prussiens, n'avoit plus de trois aunes de drap dans son habit, ni moins de deux aunes d'épée, pendues à son côté.

Les femmes fuyoient la société des hommes; et ceux-ci s'en dédommageoient entre le vin, le tabac et les bouffons.

Enfin, nos mœurs ne ressembloient plus, ni à

celles de nos ancêtres, ni à celles de nos voisins. Nous étions originaux ; et nous avions l'honneur d'être copiés de travers par quelques petits princes d'Allemagne.

Telles ont été les mœurs du Brandebourg sous tous ces différens gouvernemens.

Du tems de Joachim Nestor, tout le monde étoit habillé à l'allemande ; ce qui répond, à peu près, à l'ancien habillement espagnol. Les hommes portoient des pourpoints et de larges fraises. Les princes, les comtes et les chanceliers portoient des chaînes d'or au cou. Il n'étoit permis aux gentilshommes, que d'avoir trois anneaux d'or à la cravate. L'habillement des femmes ressembloit à celui des Augsbourgeoises ou des filles de Strasbourg.

On commença enfin à connoître un certain luxe, proportionné à ces tems : mais comme on ne trouve point, que l'industrie et le commerce du Brandebourg fissent des progrès à proportion des dépenses, l'augmentation des richesses et leur cause demeurent un problème difficile à résoudre.

Dès l'année 1560, on s'apperçoit d'une grande différence dans les dépenses des électeurs. Lorsque Joachim II se rendit à la diète de Francfort

(en 1562); il eut soixante-huit gentilshommes à sa suite, et quatre cents cinquante-deux chevaux dans ses équipages.

Le grand jeu s'introduisit à Berlin, au retour de ce voyage. Cette mode passa de la cour à la ville, où l'on fut obligé de la défendre, quelques bourgeois ayant perdu plus de mille écus dans une séance.

Les dépenses allèrent toujours en augmentant. Jean-George fit des obsèques superbes à son père : c'est la première pompe funèbre, accompagnée de magnificence, dont l'histoire de Brandebourg fasse mention.

Le goût des fêtes étoit la passion de ce prince : il aimoit à donner sa grandeur en spectacle. Il célébra la naissance de l'aîné de ses princes par des fêtes, qui durèrent quatre jours.

Ces divertissemens consistoient dans des tournois, des combats de barques, des feux d'artifice et des courses de bagues. Les seigneurs, qui composoient les quatre quadrilles, étoient vêtus en velours, richement brodé en or et en argent. Mais le caractère du siècle perçoit à travers toute cette magnificence. A la tête de chaque quadrille, étoit un bouffon, qui sonnoit du cor d'une façon ridicule, en faisant cent extravagances; et la cour monta au donjon du château, pour voir tirer le feu d'artifice.

Au passage de Christian, roi de Danemarck, par Berlin, l'électeur lui fit une réception superbe. Il alla au-devant du roi, accompagné d'un nombre de princes, de comtes, de seigneurs, et d'une garde de trois cents chevaux. Le roi fit son entrée dans un char de velours noir, galonné en or, tiré par huit chevaux blancs, dont les mords et les caparaçons étoient d'argent. On l'accabla de fêtes dans le goût des précédentes.

Peut-être poussa-t-on le luxe trop loin : car Joachim-Frédéric fit des lois somptuaires.

Il manquoit encore, sous la régence de Jean-Georges, beaucoup d'inventions qui contribuent à la commodité de la vie. L'usage commun des carrosses ne remonte pas plus haut qu'à Jean-Sigismond. Il en est parlé, à l'occasion de l'hommage de la Prusse, que ce prince rendit à Varsovie. Il eut à sa suite trente-six carrosses à six chevaux, outre un cortège de quatre-vingt chevaux de main.

L'ambassade, qui se rendit à la diète de l'Empire, pour l'élection de l'empereur Mathias, eut trois carrosses avec elle : c'étoient de mauvais coches, composés de quatre ais grossièrement joints ensemble. Qui eût dit alors, que cet art se perfectionneroit, dans le dix-huitième siècle, au point qu'on feroit des carrosses pour vingt mille écus, et qu'ils trouveroient des acheteurs ?

Après la révocation de l'édit de Nantes, Berlin eut des orfévres, des bijoutiers, des horlogers, des sculpteurs.

Le grand Electeur, quoique généreux et magnifique pour sa personne, fit des lois somptuaires. Sa cour étoit nombreuse; et sa dépense se faisoit avec dignité.

Aux fêtes, qu'il donna au mariage de sa nièce, la princesse de Courlande, cinquante-six tables de quarante couverts furent servies à chaque repas.

La cour de Frédéric I etoit nombreuse et brillante. Les espèces y devenoient abondantes par les subsides étrangers. Le luxe parut dans les livrées, les habits, les tables, les équipages et les bâtimens.

Cette cour ne donnoit pas tant dans les modes étrangères que la ville. La magnificence et l'étiquete y décoroient l'ennui. On s'enivroit même en cérémonie.

Changemens opérés dans le militaire.

La manière dont on faisoit autrefois la guerre, étoit différente de celle dont on la fait à présent. Il étoit rare que les princes fissent de grands efforts pour lever des troupes (1). Ils entretenoient, en temps de guerre, une ou plusieurs armées, selon leur puissance. Le nombre de chacune ne passoit pas d'ordinaire vingt-quatre mille hommes. Ces troupes vivoient aux dépens du pays, où elles étoient employées. Elles cantonnoient le plus souvent, et ne campoient que lorsqu'elles vouloient donner bataille : ce qui leur rendoit les subsistances faciles.

Lorsqu'un prince ou un général en chef se disposoit à exécuter quelque grand projet, il réunissoit deux armées, au moyen desquelles il gagnoit la supériorité. Les généraux, dont les corps étoient les plus foibles, ayant comparé les forces des ennemis avec les leurs, se retiroient sans combattre ; et comme ils vivoient également par-tout à discrétion, il leur étoit indifférent d'abandonner le pays où ils étoient, parce qu'ils en trouvoient toujours un autre à piller.

---

(1) Ces troupes n'étoient guères qu'un amas de bandits, qui ne vivoient, pour l'ordinaire, que de violences et de rapines. On ne connoissoit point ce que c'étoient que des troupes, continuellement sous le drapeau en tems de paix, des étapes, des casernes, et mille autres réglemens, qui assurent un Etat pendant la paix, et contre ses voisins, et même contre les soldats, payés pour le défendre.

Cette méthode prolongeoit la guerre, ne décidoit de rien, consommoit plus de monde par sa durée que celles d'à-présent. La rapine, le brigandage des troupes dévastoient totalement les provinces qui servoient de théâtre aux armées; et comme les armées étoient petites, les généraux, qui les conduisoient, trouvoient les moyens de s'enrichir, en prolongeant la guerre.

Au commencement du dix-huitième siècle, l'usage des piques fut aboli; et on y substitua des chevaux-de-frise. Les piques n'étoient utiles, que pour défendre les gens à pied contre la cavalerie. Dans des sièges, dans des retranchemens et dans cent autres occasions pareilles, les piquiers ne servoient à rien.

Les vieux officiers eurent bien de la peine à quitter cette arme, pour laquelle ils avoient les préjugés d'une longue habitude. Mais comme la guerre perfectionne la guerre, on se défit encore des mousquets, les mèches s'éteignant souvent par la pluie; et on les remplaça par les fusils.

Les fantassins étoient prodigieusement chargés en campagne. Ils portoient, outre leurs armes et leur manteau, leur tente, leur havre-sac et des chevaux-de-frise.

Toutes les troupes avoient des habits d'ordonnance. Ceux, qui vouloient servir dans la cavalerie, payoient, pour être reçus. Mais ils étoient habillés et armés, aux dépens de la couronne.

Dans l'art des fortifications.

L'art de fortifier régulièrement les places, ainsi que celui de l'attaque et de la défense, étoit entièrement inconnu, en Prusse, du tems de Frédéric-Guillaume. L'Electeur n'avoit pas même un ingénieur médiocre à son service. Il s'amusa six mois devant Stettin, quoique la place fût très-mauvaise. Il ne prit Stralsund qu'en la brûlant par ses bombes. Les ouvrages, dont il contoura Berlin, étoient mal construits, ayant de longues courtines et des bastions, avec des faces plates, de sorte qu'aucun ouvrage ne se flanquoit. Mais tant d'officiers furent employés dans des pays de places fortes, où l'on ne faisoit qu'assiéger et défendre des villes, qu'ils nous enrichirent enfin de l'art de la fortification. Beaucoup acquirent assez d'intelligence, pour conduire habilement les attaques et les tranchées, ou pour défendre une forteresse assiégée.

Ce fut l'électeur Frédéric II, qui, en 1555, fit bâtir la forteresse de Spandau. L'ingénieur, qui la construisit, s'appeloit Giromela.

Le margrave Jean, frère de l'Electeur, fit en même tems travailler aux ouvrages de Kustrin et de Peitz.

Frédéric I fit fortifier Magdebourg et Wesel, selon la méthode de Vauban et de Cohorn. Il avoit à son service le général Sehdning, commandant de Magdebourg, qui entendoit bien cette partie du militaire, et Bot, qu'on accusa cependant d'être plus habile maçon que savant ingénieur.

Pendant le règne de Frédéric Guillaume I, les fortifications de Magdebourg et de Wesel s'achevèrent; et celles de Stettin furent commencées sous la conduite du colonel Walrave, mais dirigées par le prince d'Anhalt.

CHAPITRE IV.

Des principales formes de gouvernement, établies.

L'INSTINCT général des hommes, qui les porte à se procurer le plus grand bonheur possible, donna lieu à la formation des différens genres de gouvernement.

Les uns crurent, qu'en s'abandonnant à la conduite de quelques sages, ils trouveroient ce bonheur : de-là le gouvernement *aristocratique*.

Athènes, et la plupart des républiques grecques, choisirent la *démocratie*.

La Perse et l'Orient plioient sous le *despotisme*.

Les Romains eurent quelque tems des *rois*. Mais las des violences des Tarquins, ils tournèrent la forme du gouvernement en *aristocratie*. Bientôt, fatigué de la dureté des patriciens, qui l'opprimoient par leurs usures, le peuple s'en sépara, et ne retourna à Rome, qu'après que le sénat eut autorisé les *tribuns*, que ce peuple avoit élus pour le soutenir contre la violence des grands. Depuis, il devint presque le dépositaire de l'autorité suprême.

On appeloit *tyrans* ceux qui s'emparoient avec violence du gouvernement, et qui, ne suivant que leurs passions et leurs caprices pour guides, renversoient les lois et les principes fondamentaux que la société avoit établis pour sa conservation.

Du gouvernement républicain.

Il n'y a point de sentiment plus inséparable de notre Être, que celui de la liberté. Depuis l'homme le plus policé jusqu'au plus barbare, tous en sont également pénétrés. Nous naissons sans chaînes : nous prétendons vivre sans contrainte.

C'est cet esprit d'indépendance et de fierté qui a produit tant de grands hommes dans le monde, et qui a donné lieu aux gouvernemens républicains (1), lorsqu'ils établissent une espèce d'éga-

---

(1) Le système républicain est, sans doute, admirable, en spéculation : mais il devient, tous les jours, plus impraticable. Il exige des mœurs pures, un ardent amour du bien public, le plus parfait désintéressement, un grand attachement aux lois, une vertu, capable de tout sacrifier à la prospérité et à la gloire de sa patrie. Dans quel coin de

lité entre les hommes, et les rapprochent de l'état naturel.

Il est jaloux à l'excès, et prend ombrage de

---

la terre, la masse des citoyens réunit-elle ces qualités précieuses ? Quelques individus les possèdent, peut-être : oseroit-on les supposer dans la très-grande majorité ? La corruption infecte plus ou moins tout le corps social. L'égoïsme, l'amour des richesses et des plaisirs, la soif des honneurs et de la domination, sont le caractère distinctif du siècle où nous vivons ; et toute loi, qui gêne nos penchans, qui contrarie nos passions, n'est plus regardée que comme un frein odieux et insupportable. Or, les mœurs étant aujourd'hui aussi généralement corrompues, tout système républicain n'est qu'une chimère.

Le funeste et cruel essai, qu'on a fait, en France, dans les derniers tems, du républicanisme, devroit en dégoûter, pour jamais, toutes les nations éclairées. On ne parloit avec emphase que de liberté et d'égalité : a-t-on jamais été plus esclave ? A qui ce fantôme de république a-t-il été favorable ? aux intrigans, qui aspiroient à jouer un rôle et à parvenir; aux brigands, qui ne vouloient que faire naître les occasions de s'emparer des biens, des places et de la fortune d'autrui ; aux scélérats, enfin, à qui les troubles publics pouvoient fournir des prétextes plausibles ou des moyens, pour se venger de leurs ennemis et pour les perdre : mais il a fait la ruine d'un nombre incalculable d'hommes honnêtes, qui ne connoissoient d'autre ambition, que celle de jouir paisiblement des avantages de leur condition, sous la protection des lois et du gouvernement.

(*Note de l'Editeur*).

tout ce qui peut lui donner des entraves. On connoît en Europe des peuples qui ont secoué le joug de leurs tyrans pour jouir de l'indépendance : mais on n'en connoît point qui, de libres qu'ils étoient, se soient assujettis à un esclavage volontaire.

Jamais on ne persuadera à des républicains, vraiment libres, de se donner un maître et le meilleur des maîtres. Ils vous diront toujours : « Il vaut mieux dépendre des lois, que du caprice » d'un seul homme. Les lois sont justes de leur » nature ; et l'homme est né injuste. Elles sont » le remède à nos maux ; et ce remède peut aisé- » ment se tourner en poison mortel entre les » mains de celui qui n'a qu'à le vouloir. Enfin, » la liberté est un bien qu'on apporte en nais- » sant : par quelles raisons nous dépouillerions- » nous de ce bien ? Autant il est criminel de se » révolter contre un souverain, établi par les lois, » autant l'est-il de vouloir asservir une répu- » blique ».

Il y a de l'unité dans le but que les républiques se proposent, et dans les moyens qu'elles employent pour y parvenir ; ce qui fait qu'elles ne le manquent presque jamais.

Du gouvernement monarchique.

Il n'y a que trois manières légitimes, pour devenir maître d'un pays, ou par succession, ou par l'élection des peuples qui en ont le pouvoir, ou lorsque, par une guerre justement entreprise, on fait la conquête de quelques provinces sur l'ennemi.

Les hommes ont, pour tout ce qui est ancien, un certain respect qui va jusqu'à la superstition; et quand le droit d'héritage se joint à ce pouvoir, que l'antiquité a sur les hommes, il n'y a point de joug plus fort et qu'on porte plus aisément.

Machiavel a raison de dire, que les royaumes héréditaires sont les plus faciles à gouverner. Les princes sont fortifiés dans leur possession par la liaison intime qui est entr'eux et les plus puissantes familles de l'État, dont la plupart sont redevables de leurs biens et de leur grandeur à la maison souveraine, et dont la fortune est tellement inséparable de celle du prince, que les membres de ces familles ne pourroient la laisser tomber, sans voir que leur chûte en seroit la suite certaine et nécessaire.

C'est pour éviter les guerres intestines, mille fois plus dangereuses que les guerres étrangères, que l'ordre de succession a été adopté et établi dans plusieurs Etats de l'Europe. On s'est apperçu du trouble que les élections entraînent après elles ; et l'on a craint, comme de raison, que des voisins jaloux ne profitassent d'une occasion aussi favorable, pour subjuguer ou dévaster le royaume.

En Pologne, chaque élection de roi est l'époque d'une guerre civile et étrangère : aussi la plupart des peuples ont autorisé l'ordre de succession dans les familles régnantes.

Le mal, qui résulte de cette institution, consiste en ce qu'il est impossible que, dans une famille, les talens et le mérite soient transmis, sans interruption, de père en fils, pendant une longue suite d'années ; et qu'il arrive quelquefois, que le trône est occupé par des princes qui sont indignes de le remplir. Mais, dans ce cas-là même, reste la ressource d'habiles ministres, qui peuvent réparer, par leur capacité, ce que l'ineptie du souverain gâteroit sans doute.

Un prince qui est sûr que ses enfans lui succéderont, croyant travailler pour sa famille, s'appliquera, avec bien plus de zèle, au vrai bien de l'Etat, qu'il envisage comme son patrimoine : au lieu que, dans les Etats électifs, les souverains ne pensent qu'à eux, à ce qui peut durer pendant leur vie, et à rien de plus. Ils tâchent d'enrichir leur famille, et laissent tout dépérir dans un

Etat, qui, à leurs yeux, est une possession précaire, à laquelle il faudra renoncer un jour.

Il me semble, qu'en général, la seule occasion où un particulier peut, sans crime, s'élever à la royauté, c'est lorsqu'il est né dans un royaume électif, ou lorsqu'il délivre sa patrie. Sobieski en Pologne, Gustave-Vaza en Suède, les Antonins à Rome, voilà les héros de ces deux espèces.

Un homme, élevé à l'Empire par son courage, n'a plus de parens : on songe à son pouvoir et non à son extraction. Puppien étoit fils d'un maréchal de village; Probus, d'un jardinier; Dioclétien, d'un esclave; Valentinien, d'un cordier; ils furent tous respectés. Le Sforce, qui conquit Milan, étoit un paysan. Cromwel, qui assujettit l'Angleterre et fit trembler l'Europe, étoit un simple citoyen. Le grand Mahomet, fondateur de l'Empire le plus florissant de l'Univers, avoit été garçon marchand. Samon, premier roi d'Esclavonie, étoit un marchand français. Le fameux Piast, dont le nom est si révéré en Pologne, fut élu roi, ayant encore aux pieds ses sabots; et il vécut respecté jusqu'à cent ans.

Des Etats ecclésiastiques.

Je ne vois guères, dans l'antiquité, que des

prêtres soient devenus souverains. Il me semble, que, de tous les peuples, dont il nous est resté quelque foible connoissance, il n'y a que les juifs, qui aient eu une suite de pontifes despotiques. Par-tout ailleurs, les prêtres n'étoient que les chefs de la religion, et ne se mêloient que de leurs fonctions. Ils sacrifioient, ils recevoient un salaire, ils avoient des prérogatives : mais ils ne gouvernoient jamais.

Mais lorsque l'Europe, dans la décadence de l'Empire Romain, fut une anarchie de barbares, tout fut divisé en mille petites souverainetés. Beaucoup d'évêques se firent princes ; et ce fut l'évêque de Rome, qui donna l'exemple.

Il semble, que, sous les gouvernemens ecclésiastiques, les peuples devroient être heureux : car, des princes électifs, dont les Etats sont très-bornés, doivent ménager leurs sujets, sinon par religion, au moins par politique.

Aucun pays ne fourmille plus de mendians. C'est-là, qu'on peut voir un tableau de toutes les misères humaines, non pas de ces pauvres, que la libéralité et les aumônes des souverains y attirent, de ces insectes, qui s'attachent aux riches et qui rampent à la suite de l'opulence, mais de ces faméliques, privés du nécessaire et des moyens de se le procurer. On diroit, que les peuples de ces pays vivent sous les lois de Sparte, qui défendoient l'or et l'argent. Il n'y a guères que leurs souverains exceptés de la loi.

La raison générale en est, que, parvenus tard au gouvernement, ayant peu d'années à jouir et des héritiers à enrichir, ils ont rarement la volonté, et jamais le tems d'exécuter des entreprises longues et utiles. Les grands établissemens, le commerce, et tout ce qui exige des commencemens lents et pénibles, ne sont point faits pour eux. Ils se regardent comme des passagers, reçus dans une maison d'emprunt. Leur trône leur est étranger : ils ne l'ont point reçu de leurs pères : ils ne le laissent point à leur postérité. Ils ne peuvent avoir, ni les sentimens d'un roi, père de famille, qui travaille pour les siens, ni d'un républicain, qui immole tout à sa patrie ; qu si quelqu'un d'eux pense en père du peuple, il meurt, avant de fertiliser le champ, que ses prédécesseurs ont laissé couvrir de ronces et d'épines.

On a murmuré long-tems contre quelques souverains ecclésiastiques, qui engraissoient de la substance des peuples, leurs maîtresses, leurs neveux ou leurs bâtards. L'histoire des chefs de l'église ne devroit fournir que des monumens de vertu.

On sait ce qu'on y trouve; on sait, combien ce qui devroit être si pur, a été quelquefois corrompu.

La religion a beaucoup contribué à retenir les peuples sous le joug, à souffrir avec patience l'oppression de cette espèce de souverains. Un mauvais pape étoit haï : mais son caractère étoit révéré. Le respect, attaché à sa place, alloit jusques à sa personne. Il est venu, cent fois, dans l'esprit des nouveaux Romains, de changer de maître : mais ce maître portoit, entre ses mains, une arme sacrée, qui les arrêtoit.

On s'est révolté contre les papes : il n'y a jamais eu dans Rome, soumise à la thiare, la centième partie des révolutions de Rome payenne : tant les mœurs des hommes peuvent changer !

Caractère du gouvernement monarchique.

Les citoyens n'ont accordé la prééminence à un de leurs semblables, qu'en faveur des services, qu'ils attendoient de lui. Ces services consistent à maintenir les lois, à faire exactement observer la justice, à s'opposer de toutes ses forces à la corruption des mœurs, à défendre l'Etat contre ses ennemis.

Le magistrat doit avoir l'œil sur la culture des terres. Il doit procurer l'abondance des vivres à la société, encourager l'industrie et le commerce.

Il est comme une sentinelle permanente, qui doit veiller sur les voisins et sur la conduite des ennemis de l'Etat.

On demande, que sa prévoyance et sa prudence forment à tems les liaisons, et choisissent les alliés les plus convenables aux intérêts de l'association.

Il faut, qu'il joigne une étude approfondie du local du pays, qu'il gouverne ; et qu'il connoisse bien le génie de sa nation. En péchant par ignorance, il se rend aussi coupable, que par les fautes, qu'il auroit commises par malice. Le mal, qui en résulte, est le même pour la société.

C'est la justice, qui doit faire le principal objet d'un prince : c'est le bien des peuples, qu'il gouverne, qu'il doit préférer à tout autre intérêt. Il est, si j'ose le dire, comme le ciel, qui répand chaque jour ses rosées et ses pluies, et qui en a toujours un fonds inépuisable, destiné à la fertilité de la terre.

Le soin de bien gouverner, de rendre son Etat florissant, de protéger, de voir le succès de tous les arts, doit être le plus grand plaisir pour un prince : malheur à celui, à qui il en faut d'autres !

Machiavel dit, qu'un prince trouve mieux son compte en se faisant craindre qu'en se faisant aimer, puisque la plupart des hommes sont portés à l'ingratitude et au changement. Mais j'avance que tout roi, dont la politique n'aura pour but que de se faire craindre, ne régnera que sur de vils esclaves ; qu'il ne pourra s'attendre à de grandes actions de la part de ses sujets ; que tout ce qui se fait par crainte en porte toujours le caractère ; que, si ce prince a le don de se faire aimer, il régnera sur les cœurs, puisque ses sujets trouveront leur propre intérêt à l'avoir pour maître.

Heureux sont les princes qui connoissent les douceurs de l'amitié ! plus heureux sont ceux qui méritent l'amour et l'affection des peuples !

Le paganisme représentoit Janus avec deux visages ; ce qui signifioit la connoissance parfaite qu'il avoit du passé et de l'avenir. L'image de ce dieu, prise en un sens allégorique, peut très-bien s'appliquer aux princes. Ils doivent, comme Janus, voir derrière eux dans l'histoire des siècles qui se sont écoulés, et qui leur fournissent des leçons salutaires de conduite et de devoirs. Ils doivent, comme Janus, voir en avant par leur pénétration, et par cet esprit de force et de jugement, qui combine tous les rapports, et qui lit, dans les conjonctures présentes, celles qui doivent les suivre.

Il faut que dans les monarchies, les établissemens, qui doivent braver les vicissitudes des siècles, aient des racines si profondes qu'on ne puisse les arracher, sans ébranler en même tems les plus solides fondemens du trône.

De nos jours les bonnes monarchies, dont l'administration est sage et pleine de douceur, forment un gouvernement qui approche plus de l'oligarchie que du despotisme. Les personnes employées dans le conseil, à l'administration de la justice, à celle des finances, dans les missions étrangères, dans le commerce, dans les armées, dans la police intérieure; celles qui ont leur voix dans les provinces d'Etat, participent toutes plus ou moins à l'autorité souveraine. Le prince n'est donc pas un despote, qui n'a pour règle que son caprice. On doit l'envisager comme étant le point central, où aboutissent toutes les lignes de la circonférence.

Liens indissolubles entre les souverains et leurs sujets.

Le souverain est attaché par des liens indissolubles au corps de l'Etat. Par conséquent, il ressent, par répercussion, tous les maux, qui affligent ses sujets; et la société souffre également des malheurs, qui touchent son souverain.

Il n'y a qu'un bien, qui est celui de l'Etat en général. Si le prince perd des provinces, il n'est plus en état, comme par le passé, d'assister ses sujets. Si le malheur l'a forcé de contracter des dettes, c'est aux pauvres citoyens à les acquitter. En revanche, si le peuple est peu nombreux, s'il croupit dans la misère, le souverain est privé de toute ressource.

Le souverain représente l'Etat. Lui et ses peuples ne forment qu'un corps, qui ne peut être heureux, qu'autant que la concorde les unit. Le prince est à la société, qu'il gouverne, ce que la tête est au corps : il doit voir, penser et agir pour toute la communauté, afin de lui procurer tous les avantages, dont elle est susceptible.

Le mal est à son comble dans un Etat, quand des ames perverses parviennent à persuader au souverain, que ses intérêts sont différens de ceux de ses sujets : il devient, alors, l'ennemi de ses peuples : il est dur, sévère, inhumain par malentendu.

Un prince est, par rapport à son peuple, ce que le cœur est à l'égard de la structure méchanique du corps. Il reçoit le sang de tous les membres; et il le repousse jusqu'aux extrémités. Il reçoit la fidélité et l'obéissance de ses sujets;

et il leur rend l'abondance, la prospérité, la tranquillité, et tout ce qui peut contribuer au bien et à l'accroissement de la société.

Ces maximes me semblent devoir naître d'elles-mêmes dans le cœur de tous les hommes. Cela se sent, pourvu qu'on raisonne ; et l'on n'a pas besoin de faire un long cours de morale, pour l'apprendre. La compassion et le desir de soulager une personne, qui a besoin de secours, sont des vertus innées dans la plupart des hommes. Nous nous représentons nos infirmités et nos misères, en voyant celles des autres ; et nous sommes aussi prompts à les secourir, que nous desirerions, qu'on le fut envers nous, si nous étions dans le même cas.

Si M. le Landgrawe de Hesse, auteur du catéchisme des souverains, étoit sorti de mon école, il n'auroit pas vendu ses sujets aux anglais (en 1778), comme on vend du bétail, pour le faire égorger. Ce trait ne s'assimile pas avec le caractère d'un prince, qui s'érige en précepteur des souverains. La passion d'un intérêt sordide est l'unique cause de cette démarche. Je plains les pauvres Hessois, qui termineront, aussi malheureusement qu'inutilement, leur carrière en Amérique.

Ce qui fait la force de l'Etat monarchique.

Rien ne contribue plus à la force d'une monarchie, que l'union intime et inséparable de tous ses membres; et le but d'un prince sage doit être de l'établir.

Il y a des princes, qui croyent la désunion de leurs ministres, nécessaire pour leurs intérêts; ils pensent être moins trompés par des hommes, qu'une haine mutuelle tient réciproquement en garde. Mais si ces haines produisent cet effet, elles en produisent aussi un fort dangereux : car, au lieu que ces ministres devroient concourir au service du prince, il arrive, que, par des vues de se nuire, ils se contrecarrent continuellement, et qu'ils confondent, dans leurs querelles particulières, l'avantage du prince et le salut du peuple.

Un prince n'est respecté, qu'autant qu'il se rend redoutable par sa puissance.

Inconvéniens du gouvernement monarchique.

Le gouvernement vraiment monarchique est le pire ou le meilleur de tous, selon qu'il est administré : car, ainsi que les rois ont le pouvoir de faire le bien, lorsqu'ils en ont la volonté, de même dépend-til d'eux de faire du mal lorqu'ils l'ont résolu.

Combien n'est pas déplorable la situation des peuples, lorsqu'ils ont tout à craindre de l'abus du pouvoir souverain ! lorsque leurs biens sont en proie à l'avarice du prince, leur liberté à ses caprices, leur repos à son ambition, leur sûreté à sa perfidie, et leur vie à ses cruautés !

Un prince, adonné aux femmes, se laissera gouverner par ses maîtresses et par ses favoris ; lesquels, abusant du pouvoir qu'ils ont sur leur esprit, se serviront de cet ascendant pour commettre des injustices, protéger des gens perdus de mœurs, vendre des charges, et autres infamies pareilles.

Si le prince, par fainéantise, abandonne le gouvernail de l'Etat à des mains mercenaires, je veux dire à ses ministres, alors l'un tire à droite, l'autre à gauche : personne ne travaille sur un plan général. Chaque ministre renverse ce qu'il a trouvé établi, quelque bonne que soit la chose, pour devenir créateur de nouveautés, et pour réaliser ses fantaisies, souvent au détriment du bien public. D'autres ministres, qui remplacent ceux-là, se hâtent de bouleverser, à leur tour, ces arrangemens, et avec aussi peu de solidité que leurs prédécesseurs.

Les hommes s'attachent à ce qui leur appartient;

et l'État n'appartient pas à ces ministres. Ils n'ont donc pas son bien véritablement à cœur. Tout s'exécute avec nonchalence et avec une espèce d'indifférence stoïque; d'où résulte le dépérissement de la justice, des finances et du militaire.

De monarchique qu'il étoit, ce gouvernement dégénère en une véritable aristocratie, où les ministres et les généraux dirigent les affaires selon leur fantaisie. Chacun suit ses idées particulières; et le point central, le point d'unité est perdu.

Cette suite de changemens et de variations ne donne pas aux projets le tems de pousser racine : de là naissent la confusion, le désordre et tous les vices d'une mauvaise administration. Les prévaricateurs ont une excuse toute prête : ils couvrent leur turpitude par ces changemens perpétuels; et comme ces sortes de ministres se contentent de ce que personne ne recherche leur conduite, ils se gardent bien de donner l'exemple, en sévissant contre leurs subalternes.

Dans les royaumes, la forme du gouvernement n'a de base, que le despotisme du souverain. Les lois, le militaire, le négoce, l'industrie et toutes les autres parties de l'État sont assujetties au caprice d'un seul homme, dont les successeurs ne se ressemblent jamais. D'où il arrive, pour l'ordinaire, qu'à l'avènement d'un nouveau prince, l'État est gouverné par de nouveaux principes ; et c'est ce qui porte préjudice à ce nouveau gouvernement.

Un fainéant succède à un prince ambitieux : celui-ci est suivi d'un dévot ; celui-là, d'un guerrier ; ce guerrier, d'un savant ; ce savant, d'un prince, qui s'abandonne à la volupté : et pendant que ce théâtre mouvant de la fortune présente sans cesse des scènes nouvelles, le génie de la nation, diverti par la variété des objets, ne prend aucune assiette fixe.

Aucune famille n'a fourni une suite non interrompue de grands hommes.

Unité du gouvernement monarchique et ses avantages inappréciables.

Comme tous les ressorts d'une montre conspirent au même but, qui est celui de mesurer le tems, les ressorts du gouvernement devroient être montés de même, pour que toutes les différentes parties de l'administration concourussent également au plus grand bien de l'État ; objet important, qu'on ne doit jamais perdre de vue.

Il y a deux espèces de princes dans le monde : ceux qui voyent tout par leurs propres yeux et gouvernent leurs États par eux-mêmes, et ceux qui se reposent sur la bonne foi de leurs ministres, et qui se laissent gouverner par ceux qui ont pris de l'ascendant sur leur esprit.

Les souverains de la première espèce sont comme l'ame de leurs Etats. Le poids de leur gouvernement repose sur eux seuls, comme le monde sur le dos d'Atlas. Ils règlent les affaires intérieures comme les étrangères. Ils remplissent à-la-fois les postes de premiers magistrats de la justice, de généraux d'armées, de grands-trésoriers. A l'exemple de Dieu, qui se sert d'intelligences supérieures à l'homme, pour opérer ses volontés, ils ont des esprits pénétrans et laborieux, pour exécuter leurs desseins et pour remplir en détail ce qu'ils ont projeté en grand. Leurs ministres sont proprement des instrumens entre les mains d'un sage et habile ouvrier.

Les souverains du second ordre, n'ayant pas reçu de la providence les mêmes talens, peuvent y suppléer par un choix heureux.

Le roi, qui a assez de santé, des organes assez vigoureux et assez déliés, pour soutenir le pénible travail du cabinet, manque à son devoir, s'il se donne un premier ministre. Mais un prince, qui n'a pas ces dons de la nature, se manque à lui-même et à son peuple, s'il n'emploie pas tout ce qu'il a de raison à choisir un homme sage, qui porte le fardeau dont le poids seroit trop fort pour son maître.

Ce qui fait que le gouvernement monarchique l'emporte sur le républicain.

Si l'on veut que le gouvernement monarchique l'emporte sur le républicain, l'arrêt du souverain est prononcé : il doit être actif et intègre, et rassembler toutes ses forces, pour fournir la carrière qui lui est ouverte.

Ce gouvernement procure, dans ses délibérations, le secret, qui manque aux républiques ; et les différentes branches de l'administration étant réunies, se mènent de front comme les quadriges des Romains et coopèrent mutuellement au bien général.

On trouve toujours moins d'esprit de parti et de faction dans les monarchies, si elles ont à leur tête un souverain ferme, que dans les républiques, souvent déchirées par des citoyens qui briguent et cabalent, pour se culbuter les uns les autres.

Du gouvernement despotique et absolu.

Comme la séduction du trône est très-puissante, il faut plus qu'une vertu commune, pour y résister.

Il n'est point étonnant, que, dans un ordre aussi nombreux que celui des princes, il s'en trouve de mauvais parmi les bons. Parmi les Empereurs romains, où l'on compte des Néron, des Caligula, des Tibère, l'Univers se ressouvient avec joie des noms, consacrés par les vertus des Titus, des Trajan et des Antonins.

Les rois, comme le reste des hommes, ne sont d'ordinaire, ni tout-à-fait bons, ni tout-à-fait méchans, mais méchans et bons sous certains rapports.

Il seroit à souhaiter, pour le bonheur du monde, que les princes fussent bons, sans être trop indulgens, afin que la vertu fût en eux toujours une vertu, et jamais une foiblesse.

Qu'y a-t-il de plus simple, de plus naturel, de plus convenable aux princes, que la justice et la bonté ?

Il n'y a presque point de méchans princes heureux ; et Auguste ne fut paisible que quand il devint vertueux.

César Borgia, avec sa cruauté si habile, fit une fin très-malheureuse ; et Marc-Antoine, ce philosophe couronné, toujours bon, toujours vertueux, n'éprouva, jusqu'à sa mort, aucun revers de fortune.

J'aimerois mieux faire la guerre à un tyran, qu'à un bon roi, à un Louis XI, qu'à un Louis XII, à un Domitien, qu'à un Trajan : car, le bon roi sera bien servi; et les sujets du tyran se joindront à mes troupes.

Nous voyons, dans l'histoire, l'exemple d'une infinité de méchans princes, de tyrans, de monstres; et nous les voyons tous haïs de leurs peuples, détestés de leurs voisins, et en abomination à tout l'Univers. Leurs noms seuls deviennent une injure; et c'est un opprobre à la réputation des vivans, que d'être apostrophés du nom de ces monstres.

Machiavel compte pour rien la vie des hommes; et chez lui, l'intérêt, le seul Dieu, qu'il adore, est compté pour tout. Il préfère la cruauté à la clémence. Il conseille à ceux, qui sont nouvellement élevés à la souveraineté, de mépriser, plus que les autres, la réputation d'être cruels. Ce sont des bourreaux, qui placent les héros de Machiavel sur le trône, et qui les y maintiennent.

CHAPITRE V.

DES DIFFÉRENTES CONDITIONS SOCIALES.

De l'Homme en général.

La perfection n'est pas faite pour nous. N'est pas sage, qui a envie de l'être. Nous restons, toute notre vie, tels, à-peu-près, que nous sommes nés. J'ai fait des fautes; et le pis est, que j'en ferai encore. Il n'y a qu'à être homme, pour être en état de juger de la méchanceté des hommes de tous les siècles.

Les hommes se cachent, autant qu'ils le peuvent, la méchanceté et la noirceur de leur cœur. Ils agissent indépendamment des exemples, et n'ont d'autre but que d'assouvir leurs passions déréglées.

Aucun législateur, aucun philosophe ne changera la nature des choses. Notre espèce a dû être probablement telle que nous la connoissons, un bizarre assemblage de quelques bonnes et de quelques mauvaises qualités. L'éducation et l'étude peuvent étendre la sphère de nos connoissances. Un bon gouvernement peut former des hypocrites, qui arborent le masque de la vertu : mais jamais on ne parviendra à changer la nature de notre ame.

Je regarde l'homme comme une machine mécanique, assujétie aux ressorts, qui la dirigent; et ce qu'on appelle sagesse ou raison, n'est que le fruit de l'expérience, qui influe sur la crainte ou sur l'espérance, qui déterminent nos actions.

La vie humaine est un jeu d'enfant, où des polissons élèvent ce que d'autres ont abattu, ou détruisent ce que d'autres ont élevé; où des grimauds, plus inquiets et plus ardens que la multitude, troublent la tranquillité de la société; où des marmots voraces enlèvent la viande à leurs camarades, et ne leur laissent que les os.

Dans toute société, il y a beaucoup d'honnêtes gens; et le grand nombre n'est, ni bon, ni mauvais. Mais l'imperfection, tant en morale qu'en physique, est le caractère de ce globe, que nous habitons. C'est peine perdue, que d'entreprendre de l'éclairer; et souvent la commission est dangereuse pour ceux, qui s'en chargent. Il faut se contenter d'être sage pour soi, si on peut l'être, et abandonner le vulgaire à l'erreur, en tâchant de le détourner des crimes, qui dérangent l'ordre de la société.

Il se trouve des hommes, qui joignent, à beaucoup d'esprit, de souplesse et de talens, l'âme la plus noire et la plus ingrate : il s'en trouve d'autres, qui possèdent un cœur bon et généreux.

La science la plus universelle est de distinguer assez vite la portée du génie des autres. On ne voit que foibles artistes, qui jugent très-bien les plus grands maitres. Les moindres soldats connoissent tout ce que valent leurs officiers. Les plus grands ministres sont appréciés par leurs commis.

Un prince, qui a de l'esprit, peut juger sans peine du génie et de la capacité de ceux, qui le servent : mais il lui est presque impossible de bien juger de leur désintéressement et de leur fidélité.

La coutume reine de ce monde, règne impérieusement sur les esprits bornés.

Dans tout pays, où le culte de Plutus l'emporte sur celui de Minerve, il faut s'attendre à trouver des bourses enflées et des têtes vides.

Les grands biens font, ou des ladres, ou des prodigues.

Les opinions n'influent que foiblement sur les

actions des hommes. Par-tout, leurs passions l'emportent sur le raisonnement.

On peut s'empêcher de commettre des crimes : mais on ne peut corriger un tempéramment, qui produit de certains défauts, comme la terre la plus fertile, en même tems qu'elle porte le froment, fait éclore l'ivraie.

Il ne suffit pas de montrer la vertu aux hommes : il faut encore faire agir les ressorts de l'intérêt. Sans quoi, il y en a très-peu, qui soient portés à suivre la droite raison.

Les passions, ingénieuses à se déguiser, se servent souvent de la dialectique, pour plaider leur cause. On ne veut point convenir, qu'on a tort. On appelle la raison à son aide; et on lui donne la torture, pour qu'elle paroisse autoriser notre conduite.

Les hommes, dans les différens pays, se ressemblent tous. Ils ont les mêmes passions. Les uns les ont plus vives, les autres moins. Cela revient à peu-près, à la même chose.

On se trompe toujours, quand on cherche, hors des passions et du cœur humain, les principes des actions des hommes.

Les passions et sur-tout le desir de la vengeance aveuglent si fort les hommes, qu'ils sont capables de tout risquer dans l'espérance de se satisfaire.

Aucun homme n'est sans passions. Lorsqu'elles sont modérées, elles sont l'ame de la société : mais lorsqu'on leur lâche le frein, elles en sont la destruction.

Il y a par-tout des brigues, des cabales, des inimitiés particulières, des jalousies, et des querelles de partis, qui s'arment de prétextes frivoles, pour contenter leur haine et leur vengeance.

C'est un effet déplorable de la fragilité humaine, que les hommes ne se ressemblent pas, tous les jours ! souvent leurs résolutions se détruisent avec la même promptitude, qu'ils les ont prises. Les Espagnols disent très-judicieusement : tel homme a été brave. Ne pourroit-on pas dire de même, que les grands hommes ne le sont pas toujours, ni en tout ?

Il est bon que les hommes aient un archétype, un modèle de perfection en vue, parce qu'ils ne s'en écartent que trop, et que cette idée même s'efface de leur esprit. Mais avec tout cela, ils ne parviendront jamais à cette perfection, qui malheureusement est incompatible avec notre nature.

Ceux, qui travaillent sincèrement pour le bien

de la société, sont, comme l'abbé de St.-Pierre, des rêves d'un homme de bien. Cela ne m'empêche pas d'y travailler dans le petit cercle, où le hazard m'a placé, pour rendre heureux, ceux qui l'habitent.

Les établissemens humains ne parviendront jamais à un certain degré de perfection. Il faut se contenter d'à peu-près, et ne pas déclamer violemment contre des abus irrémédiables.

S'i l'on vouloit condamner toutes les bonnes institutions, à cause de l'abus, que le monde en fait, il n'en resteroit aucune.

Si les hommes sont estimables de fouler aux pieds les préjugés et les erreurs, les femmes le sont encore davantage, parce qu'elles ont plus de chemin à faire, avant d'en venir là, et qu'il leur faut plus détruire, avant de pouvoir édifier.

Les hommes restent hommes. Le moindre reptile, qui se sent pressé, darde sa langue, pour se défendre.

Les playes du cœur sont les plus sensibles de toutes ; et malgré les belles maximes des philosophes, il n'y a que le tems, qui les guérisse. Notre raison est trop foible, pour vaincre la douleur d'une blessure mortelle. Il faut donner quelque chose à la nature. Les forces de nos ames ont des bornes. Il ne faut rien exiger au-delà de ce qui est possible.

La nature a voulu, que nous fussions sensibles; et la philosophie ne nous fera jamais parvenir à l'impassibilité. Mais supposé que cela pût être, cela seroit nuisible à la société. On n'auroit plus de compassion pour le malheur des autres. L'espèce humaine deviendroit dure et impitoyable.

Les ames sensibles sont sujettes à être bouleversées par les pertes de l'amitié. Mais de combien de plaisirs ne jouissent-elles pas; plaisirs, qui seront à jamais inconnus à ces cœurs de bronze, à ces ames impassibles?

Nous sentons nos pertes par le prix, que nous y mettons. Le public, qui n'a rien perdu, n'en juge pas de même; et il condamne avec malignité ce qui devroit lui inspirer la plus tendre compassion.

Si l'affliction est permise à un homme raisonnable, c'est sans doute; quand il partage avec sa patrie et un peuple nombreux la douleur d'une perte irréparable. Bien loin que la philosophie soit d'étouffer en nous la nature, elle se borne à régler et à modérer les écarts des passions. En munissant le cœur du sage d'assez de fermeté, pour soutenir l'infortune avec grandeur d'âme, elle le blâmeroit, si, dans un engourdissement stupide, il voyoit, d'un œil insensible, les pertes et les désastres de ses concitoyens.

Les violens mouvemens de l'ame ne sont pas ce qu'il faut aux philosophes. Quoiqu'on en dise, il est bien difficile d'être indifférent à des fortunes diverses, et de bannir la sensibilité du cœur humain. Vainement on veut paroître froid dans la prospérité et n'être point touché dans l'affliction. Les traits du visage peuvent se déguiser : mais l'homme, l'intérieur, les replis du cœur n'en sont par moins affectés.

Il vaut mieux rire des sottises des hommes, que d'en pleurer.

Le peuple, qui par-tout fait le grand nombre, se laissera toujours conduire par des fourbes, des fripons, faiseurs et commentateurs de fables puériles ; et le nombre de sages sera toujours réduit à peu d'individus. Le nombre d'imbécilles doit donc probablement prévaloir sur le petit nombre de ceux, qui pensent et qui savent faire usage de leur raison.

Le peuple est un monstre, composé de contradictions : il passe impétueusement d'un excès à l'autre ; et dans ses caprices, il protége ou opprime indifféremment le vice et la vertu.

Du nombre des gens, qui pensent, la plupart tournent toute leur sagacité du côté de l'intérêt et de l'ambition. Peu combinent des idées abstraites; et le peuple suit les impressions qu'on lui donne.

De la sociabilité, et des différentes conditions sociales.

Les liens de la société sont fondés sur des services réciproques. Mais si cette société est composée d'ames impitoyables, tous les engagemens sont rompus; et l'on rentre dans l'état de pure nature, où le droit du plus fort décide de tout.

Toutes les réflexions, puisées dans la connoissance du cœur humain, rendent indulgent; et le support que les hommes se doivent mutuellement, achemine à la tolérance.

Dans un âge avancé, il ne se forme plus de liaisons durables. Il faut qu'elles soient contractées dans la jeunesse, fortifiées par l'habitude, et cimentées par une intégrité soutenue.

Chaque âge a son éducation. Il faut s'en tenir à ses contemporains; et quand ceux-là partent, il faut se préparer lestement à les suivre.

Il arrive souvent que ceux qui déclament le plus contre les actions des autres, font pis qu'eux, lorsqu'ils se trouvent dans les mêmes circonstances. Il est plus facile de critiquer que de faire, et de donner des préceptes que de les exécuter.

Il seroit à souhaiter que tout commerce pût être un trafic de vérité. Mais combien y a-t-il d'hommes capables de l'écouter? Une malheureuse présomption, une pernicieuse idée d'infaillibilité, une funeste habitude de voir tout plier devant eux, les en éloignent. Ils ne sauroient souffrir que l'écho de leurs pensées; et ils poussent la tyrannie jusqu'à vouloir gouverner aussi despotiquement sur les pensées et sur les opinions, que les Russes peuvent gouverner une troupe servile d'esclaves.

C'est, selon moi, l'hommage le plus flatteur qu'on puisse rendre à quelqu'un, que de lui découvrir sans crainte le fond de ses pensées.

Les hommes se ressemblent d'un bout de notre globe à l'autre. Ils se persécutent : ils troublent, autant qu'il est en eux, leur félicité.

Des souverains.

Il faut nécessairement que ceux qui doivent gouverner le monde, cultivent leur pénétration et leur prudence. Mais ce n'est pas tout : s'ils veulent captiver la fortune, il faut qu'ils apprennent à plier leur tempérament sous les conjonctures, ce qui est très difficile. Ils n'en prositent que lorsqu'ils savent se conformer au tems, comme d'habiles pilotes.

Tout homme raisonnable, et principalement ceux que le ciel a destinés à gouverner les autres, doivent se faire un plan de conduite, aussi bien raisonné et lié qu'une démonstration géométrique. En suivant en tout un pareil système, ce seroit le moyen d'agir conséquemment et de ne jamais s'écarter de son but. On pourroit ramener par-là toutes les conjonctures et tous les événemens à l'achèvement de ses desseins. Tout concourroit à l'exécution des projets qu'on auroit médités.

Les princes doivent être comme la lance d'Achille, qui faisoit le mal et qui le guérissoit. S'ils causent des maux aux peuples, leur devoir est de les réparer. Ils sont, comme les particuliers, dans le cas d'amasser d'un côté, s'ils ont, de l'autre, des dépenses à faire.

S'il est digne de la curiosité d'un homme raisonnable de pénétrer dans le secret des cœurs, d'en approfondir les abimes, et de découvrir les effets dans leurs causes, il est nécessaire qu'un prince, pour peu qu'il figure dans l'Europe, ait l'œil sur la conduite des cours ; qu'il soit informé des vrais intérêts des royaumes ; et que sa prévoyance arrache, pour ainsi dire, à la politique des ministres des cours, les desseins que leur sagesse prépare et que leur dissimulation cache aux yeux du public.

Les devoirs du souverain sont de se procurer une connoissance exacte et détaillée de la force ou de la foiblesse de son pays, tant pour les ressources pécuniaires que pour la population, les finances, le commerce, les lois et le génie de la nation qu'il doit gouverner.

Ceux qui sont les maîtres de la terre, doivent administrer la justice, récompenser et soutenir la vertu contre l'oppression et la calomnie. Je m'associerai toujours de grand cœur à ceux qui me fourniront l'occasion de soutenir l'innocence et de délivrer les opprimés. C'est le devoir de tout souverain d'en user ainsi chez lui ; et, selon les cas, il peut quelquefois en user de même en d'autres pays, sur-tout s'il mesure ses démarches d'après les règles de la prudence.

Le bon choix des personnes en place est, sans doute, l'application la plus importante d'un souverain.

Si les princes méritent nos louanges, en gouvernant les peuples avec justice, ils enlèvent notre amour en étendant leurs soins jusqu'à la postérité.

Que le souverain se mette en état d'avoir, dans ses Etats, le numéraire en abondance, en favorisant le commerce et l'industrie de ses sujets, afin qu'il puisse en dépenser beaucoup à propos.

Un prince doit faire respecter sa personne, sur-tout sa nation. La modération est une vertu que les hommes d'Etat ne doivent pas pratiquer à la rigueur, à cause de la corruption du siècle; et dans un changement de règne, il est plus convenable de donner des marques de fermeté que de douceur.

Il n'y a eu, de nos jours, de grand prince véritablement instruit, que le Czar Pierre I. Il étoit non-seulement législateur de son pays : mais il possédoit parfaitement la marine. Il étoit architecte, anatomiste, chirurgien, soldat expert, économe consommé. Enfin, pour en faire un modèle de tous les princes, il auroit fallu qu'il eût eu une éducation moins barbare et moins féroce que celle qu'il avoit reçue dans un pays où l'autorité absolue n'étoit connue que par la cruauté.

Pour gagner l'affection des peuples et des grands (1), il faut avoir un fond de vertu. Il

---
(1) Frédéric jouit de ce bonheur jusqu'à la fin de ses jours.

faut qu'un prince soit humain et bienfaisant, et qu'avec les qualités du cœur, on trouve en lui de la capacité, pour s'acquitter des pénibles fonctions de sa charge.

Il en est de cette charge, comme de toutes les autres. Les hommes, quelque emploi qu'ils exercent, n'obtiennent jamais la confiance, s'ils ne sont justes et éclairés. Les plus corrompus souhaitent toujours d'avoir affaire à un homme de bien, de même que les plus incapables de se gouverner s'en rapportent à celui, qui passe pour le plus prudent.

Quoi! le moindre bourgue-maître, le moindre échevin d'une ville aura besoin d'être honnête homme et laborieux, s'il veut réussir? Et la royauté

Le peuple et l'armée, toutes les classes des citoyens lui portoient le même respect et le même dévouement. Il ne se montroit nulle part, sans qu'une foule innombrable n'accourût pour le voir. Les militaires se plaisoient à faire le récit de ses glorieuses campagnes; les grands de l'Etat, à s'entretenir de la considération, à laquelle ses talens élevoient la Prusse parmi les puissances; les savans et les artistes de toutes les professions, des progrès des lumières, que la nation devoit à ses soins paternels; les cultivateurs et les pauvres, enfin, de son attention continuelle à alléger le poids de leurs charges ou de leurs infortunes.

(*Note de l'Editeur*).

seroit le seul emploi, où le vice seroit autorisé?

La politique des rois devroit être de surpasser leurs sujets en vertu, afin de ne pas se voir obligés de condamner dans les autres ce qu'ils autorisent en leur personne.

Des actions brillantes ne suffisent pas, pour établir la réputation des rois : il faut des actions, qui tendent au bonheur du genre humain.

Un prince, dont la candeur sera connue, se conciliera infailliblement la confiance de l'Europe. Il sera heureux sans fourberie, et puissant par sa seule vertu.

Il doit se rappeller souvent, qu'il est homme, ainsi que le moindre de ses sujets. S'il est le premier juge, le premier général, le premier financier, le premier ministre de la société, ce n'est pas pour représenter, mais pour remplir les devoirs que ces noms lui imposent.

Il n'est que le premier serviteur de l'État, obligé d'agir avec probité, avec sagesse et avec un entier désintéressement, comme si, à chaque moment, il devoit rendre compte de son administration à ses citoyens.

Lorsqu'on qualifie les rois d'images de la divinité, on les avertit, par cette comparaison, de ne point abuser de leur autorité, d'être justes et bienfaisans, selon l'idée vulgaire, qu'on se forme de la divinité chez toutes les nations.

Un particulier a de tout autres raisons, pour être honnête homme, qu'un souverain. Chez un particulier, il ne s'agit que de l'avantage de son individu : il doit constamment le sacrifier au bien de la société. Ainsi, l'observation rigide de la morale lui devient un devoir : la règle étant, *il vaut mieux qu'un homme souffre, que si tout le peuple périssoit*. Chez un souverain, l'avantage d'une grande nation fait son objet : c'est son devoir de le procurer. Pour y parvenir, il doit se sacrifier lui-même ; à plus forte raison, ses engagemens, lorsqu'ils commencent à devenir contraires au bien-être de ses peuples.

Notre devoir est d'être justes et bienfaisans. On peut nous approuver : mais louer de misérables vers de terre, qui n'existent qu'un instant et qui disparoissent ensuite pour toujours ! non, c'en est trop. Ayons le courage de nous borner à notre destinée ; et ne souffrons pas, qu'on nous élève au-dessus de notre Etre.

Un prince, qui écoute les conseils, est capable de les suivre ; et la victoire, qu'il remporte sur lui-même, est plus belle, que toutes celles, qu'il eût pû remporter sur ses ennemis. Il doit faire taire ses passions pour le bien de ses peuples.

La fortune est souvent plus funeste aux princes que l'adversité. La première les enivre de présomption : la seconde les rend circonspects et modestes.

Les souverains devroient être les plus vertueux des hommes, puisqu'ils sont destinés à gouverner les autres.

Quand même le masque de la dissimulation couvriroit, pour un tems, la difformité naturelle d'un prince, il ne peut garder le masque continuellement. Il le lève quelquefois, ne fut-ce que pour respirer; et une occasion seule suffit pour contenter les curieux. L'artifice habitera donc en vain sur les lèvres de ce prince. On ne juge pas les hommes sur leurs paroles : mais on compare leurs actions ensemble, puis leurs actions et leurs discours ; et c'est contre quoi la fausseté et la dissimulation ne pourront jamais rien. On ne joue bien, que son propre personnage.

Il ne faut, ni préjugés, ni passion dans les affaires. La seule passion, qui soit permise, est celle du bien public : voilà comme pensoit Marc-Aurèle, et comme doit penser tout souverain, qui veut remplir son devoir.

Le vrai mérite d'un bon prince est d'avoir un attachement sincère au bien public, d'aimer sa patrie et la gloire.

Les faux principes des princes sont la source la plus empoisonnée des malheurs de l'Europe : voici l'erreur de la plupart d'entr'eux. Ils croyent, que Dieu a créé exprès, et par une attention toute particulière pour leur félicité et leur grandeur, cette multitude d'hommes, dont le salut leur est commis, et que leurs sujets ne sont destinés, qu'à être les instrumens et les ministres de leurs passions déréglées.

S'ils se défaisoient de ces idées erronnées et qu'ils voulussent remonter jusqu'au but de leur institution, ils verroient, que le rang, dont ils sont si jaloux, que leur élévation n'est que l'ouvrage des peuples ; que ces milliers d'hommes qui leur sont commis, ne se sont point faits esclaves d'un seul homme, pour le rendre plus formidable et plus puissant ; qu'ils ne se sont point soumis à un seul homme, pour être les martyrs de ses caprices et les jouets de ses fantaisies : mais qu'ils ont choisi celui d'entr'eux, qu'ils ont cru le plus juste, pour les gouverner ; le meilleur, pour leur servir de père ; le plus humain, pour compâtir à leurs infortunes et les soulager ; le plus vaillant, pour les défendre contre leurs ennemis ; le plus sage, pour ne point les engager mal-à-propos dans des guerres ruineuses et destructives ; enfin le plus propre à représenter le corps de l'Etat, et en qui la souveraine puissance pût servir d'appui aux lois et à la justice, et non de moyen, pour commettre impunément des crimes et pour exercer la tyrannie.

Ce principe ainsi établi, les princes éviteraient constamment les deux écueils, qui, de tout tems, ont causé la ruine des Empires et bouleversé le monde, savoir : l'ambition démesurée et la lâche négligence des affaires. Au lieu de projetter sans cesse des conquêtes, ces dieux de la terre ne travailleroient, qu'à assurer le bonheur de leur peuple. Ils employeroient toute leur application à soulager les misérables et à rendre leur domination douce et salutaire. Il faudroit que leurs bienfaits fissent désirer d'être né leur sujet ; qu'il régnât une généreuse émulation entr'eux, à qui surpasseroit les autres en bonté et en clémence ; qu'ils sentissent, que leur vraie gloire ne consiste point à opprimer leurs voisins, à augmenter le nombre de leurs esclaves, mais à remplir les devoirs de leur charge, et à répondre en tout à l'intention de ceux qui les ont revêtus de leur pouvoir et de qui ils tiennent la grandeur suprême.

D'un autre côté, les princes, ayant sans cesse leur devoir devant les yeux, ne négligeroient point leurs affaires, comme des occupations indignes de leur grandeur. Ils ne commettroient point aveuglément le salut de leur peuple aux soins d'un ministre (1), qui peut être suborné, qui peut manquer de talent, et qui, presque toujours, est moins intéressé, que le maître, au bien public. Ils veilleroient eux-mêmes sur les démarches de leurs voisins. Ils auroient une attention extrême à pénétrer leurs projets et à prévenir leurs entreprises. Ils se précautionneroient, par de bonnes alliances, contre la politique de ces esprits remuans, qui ne cessent d'envahir, et qui, semblables au cancer, rongent et consument tout

---

(1) Les ministres de Frédéric n'ont jamais été, que les exécuteurs de ses volontés : il entroit dans tous les détails de l'administration : mais s'il a toujours rempli rigoureusement la tâche pénible, qu'il s'étoit imposée, en montant sur le trône, c'est qu'il travailloit presque sans relâche, et qu'aucune des heures de ses journées n'étoit perdue dans de vaines futilités ; c'est que la sagacité de son esprit perçoit du premier coup-d'œil, le chaos des affaires les plus embrouillées ; c'est, enfin, l'ordre invariable, qu'il s'étoit prescrit pour toutes ses opérations ; et sur-tout l'art, qu'il possédoit au degré le plus éminent, de tout simplifier dans les ressorts du gouvernement. Ceux donc qui l'ont blâmé d'avoir voulu tout gouverner par lui-même, méconnoissoient cette vérité d'expérience, que rien n'est impossible au vrai génie, ni à la volonté ferme de faire le bien ; et l'administration de Frédéric en est elle-même la preuve la plus incontestable. (*Note de l'Éditeur*).

ce qu'ils touchent. La prudence resserreroit les liens d'amitié et les alliances, qu'ils auroient formés. La sagesse seroit leur conseil, et feroit avorter les desseins de leurs ennemis. Ils préféreroient un travail assidu, et qui auroit toujours pour but l'utilité publique, à la vie fainéante et voluptueuse des cours.

Il me semble, que tout chef de société devroit penser sérieusement à rendre son peuple content, s'il ne peut le rendre riche : car, le contentement peut très-bien subsister, sans être soutenu par de grands biens. Pourquoi ne pas raffiner davantage, pour procurer aux hommes de ces momens agréables, qui adoucissent toutes les amertumes de la vie, ou qui, du moins, leur procurent quelques momens de distraction dans leurs chagrins ? Le plaisir est le bien le plus réel de cette vie. C'est faire du bien, et c'est en faire beaucoup, que de fournir à la société les moyens de se divertir.

Quiconque est chargé des intérêts d'une nation, ne doit rien négliger de ce qui peut en procurer le salut.

L'intérêt d'un prince est de peupler son pays, de le rendre florissant, et non de le dévaster et de le détruire.

La bonté peut rendre les princes plus grands, que toutes les autres vertus. Cicéron disoit à César : « Vous n'avez rien de plus grand dans votre » fortune, que le pouvoir de sauver tant de ci- » toyens, ni rien de plus digne de votre bonté, » que la volonté de le faire ».

Les succès, que les plus illustres guerriers ont sur leurs ennemis, se partagent entre bien des têtes, qui, par leur valeur et leur conduite, y concourent. Mais les bienfaits des souverains envers l'humanité leur sont uniquement attribués, puisqu'ils tiennent à la bonté de leur caractère, comme à l'élévation de leur génie.

Le souverain doit souvent se souvenir de l'état du pauvre peuple, se mettre à la place d'un paysan et d'un manufacturier, et se dire alors : « Si j'étois » né dans la classe de ces citoyens, dont les bras » sont le capital, que desirerois-je du souverain ? » Ce que son bon sens lui indiquera, son devoir est de le mettre en pratique.

Comme il est proprement le chef d'une famille de citoyens, le père de ses peuples, il doit, dans toutes les occasions, servir de dernier refuge aux malheureux, tenir lieu de père aux orphelins, secourir les veuves, avoir des entrailles pour le dernier misérable, comme pour le premier courtisan, et répandre des libéralités sur ceux, qui, privés de tout secours, ne peuvent trouver d'assistance que dans ses bienfaits.

Si bien des princes ont une conduite différente, il faut l'attribuer à ce qu'ils ont peu réfléchi sur leur institution, et sur les devoirs, qui en dérivent. Ils ont porté une charge, dont ils ont méconnu le poids et l'importance. Ils se sont fourvoyés, faute de connoissances. L'ignorance fait commettre plus de fautes, que la méchanceté.

La valeur fait les grands héros : l'humanité fait les bons princes.

Il faudroit que les peines, qu'un prince inflige, fussent toujours au-dessous de l'offense, et que les récompenses, qu'il donne, fussent toujours au dessus du service.

Je lis les réflexions de l'Empereur Marc-Antonin, qui m'enseigne, que je suis dans le monde, pour pardonner à ceux qui m'offensent, et non pour user du pouvoir de les accabler.

Les préjugés du vulgaire semblent favoriser la magnificence des princes : mais autre est la libéralité d'un particulier, et autre, celle d'un souverain. Un prince est le premier serviteur et le premier magistrat de l'Etat : il lui doit compte de l'usage qu'il fait des impôts.

Machiavel dit, qu'un prince, pour faire de

grandes choses, doit passer pour avare : et moi, je soutiens qu'il doit passer pour libéral et qu'il doit l'être. Je ne connois point de héros qui ne l'ait été. Afficher l'avarice, c'est dire aux hommes : « N'attendez rien de moi : je payerai toujours mal vos services. C'est éteindre l'ardeur » que tout sujet a naturellement de servir son » prince ». Il n'y a, sans doute, que l'homme économe qui puisse être libéral. Il n'y a que celui qui gouverne prudemment son bien, qui puisse faire du bien aux autres.

Un prince ne sauroit assez récompenser la fidélité de ceux qui le servent avec zèle.

Les intérêts des grands demandent qu'ils récompensent avec générosité et qu'ils punissent avec clémence.

Des rois sans amitié et sans retour me paroissent ressembler à la bûche que Jupiter donna pour roi aux grenouilles. Je renoncerois à toute grandeur, si je la croyois incompatible avec l'amitié.

On ne peut s'empêcher d'admirer un souverain qui préfère les sentimens de l'amitié et de la reconnoissance, aux amorces de l'intérêt et aux appâts de l'ambition.

Les princes insensibles à la réputation, n'ont

été que des indolens ou des voluptueux abandonnés à la mollesse. C'étoient des masses d'une matière vile, qu'aucune vertu n'animoit.

Des tyrans, il est vrai, ont aimé la louange : mais c'étoit en eux une vanité odieuse, un vice de plus. Ils vouloient l'estime, en méritant l'opprobre.

Chez les princes vicieux, la flatterie est un poison mortel, qui multiplie les semences de corruption. Chez les princes de mérite, la flatterie est comme une rouille qui s'attache à leur gloire et qui en diminue l'éclat.

Les princes, qui ont été hommes avant que d'être rois, peuvent se ressouvenir de ce qu'ils ont été, et ne s'accoutument pas si aisément aux alimens de la flatterie. Mais ceux qui ont régné toute leur vie, ont toujours été nourris d'encens comme les dieux; et ils mourroient d'inanition, s'ils manquoient de louanges.

On doit distinguer la flatterie de la louange. Trajan étoit encouragé à la vertu par le panégyrique de Pline. Tibère étoit confirmé dans le vice par les flatteries des sénateurs.

Les passions et l'ambition des princes leur offusquent souvent les yeux, et leur peignent, sous des couleurs avantageuses, les actions les plus violentes.

Les souverains ne sont pas revêtus de l'autorité suprême, pour se plonger impunément dans la débauche et dans le luxe (1). Ils ne sont pas élevés

---

(1) Frédéric, dans sa jeunesse, parut beaucoup aimer le luxe, la parure, les plaisirs; et personne ne doutoit, que, lorsqu'il seroit monté sur le trône, la cour de Berlin ne fût l'une des plus magnifiques et des plus brillantes de l'Europe. Cette opinion étoit celle du roi, son père. Il ne le qualifioit que de fat et de petit-maitre français ; et de-là, l'aversion, qu'il avoit conçue pour lui, et qu'il manifestoit en toute occasion.

Frédéric, devenu roi, se conduisit d'une manière toute opposée à celle qu'on attendoit. Il savoit, que son pays avoit peu de richesses ; que les revenus de la couronne étoient très-bornés ; que la plus grande économie pourroit seule suffire aux besoins de ses Etats; qu'il seroit plus indispensablement obligé, que tout autre monarque, de se préparer des ressources contre les puissans ennemis, que lui attireroient infailliblement les entreprises, qu'il méditoit.

Ces considérations le forcèrent à sacrifier ses goûts naturels à ses intérêts. Il fixa toutes ses dépenses à la somme la plus modique. Sa table étoit bonne, mais jamais splendide : il n'avoit pas de cour ; la reine, seule, étoit chargée de la représentation ; et chez elle, les gala d'étiquettes et de cérémonies ne se faisoient remarquer, que par la frugalité, qui y régnoit. Des fêtes n'étoient données, que dans des circonstances extraordinaires, et lorsque des princes étrangers venaient faire quelque séjour dans la capitale :

sur leurs concitoyens, pour que leur orgueil, se pavanant dans la représentation, insulte avec mépris à la simplicité des mœurs, à la pauvreté, à la misère. Ils ne sont point à la tête de l'Etat, pour entretenir, auprès de leurs personnes, un tas de fainéans, dont l'oisiveté et l'inutilité engendrent tous les vices.

Un prince est coupable, s'il prodigue en luxe, en faste, en débauches, l'argent du peuple, le produit des impôts; lui qui doit veiller aux bonnes mœurs, les gardiennes des lois, perfectionner l'éducation nationale, et non la pervertir par de mauvais exemples.

à peine même s'appercevoit-on, que c'étoient des fêtes; tant elles différoient de celles, qu'on voyoit en France, en Russie, en Autriche, et dans quelques-unes des principales cours Electorales de l'Allemagne.

Le roi n'ignoroit pas, quelle magnificence Catherine II avoit déployée dans toutes celles, qu'elle avoit données au prince Henri, son frère; et cependant son altesse royale, ayant conduit à Berlin, en 1776, le grand-duc, depuis Paul I, pour y choisir, pour épouse, l'une des princesses de Wurtemberg, qui s'y étoient rendues en conséquence avec leurs parens; Frédéric ne se départit point de ses principes d'économie : il ne rivalisa point en faste avec la cour de Saint-Pétersbourg; et le grand-duc n'eut à admirer que le spectacle de la plus grande simplicité.

(*Note de l'Editeur*)

Dans un vaste Etat, on ne sauroit prétendre qu'un prince réponde de l'éducation que chaque père de famille donne à ses enfans. Il ne faut pas qu'un souverain fouille dans l'intérieur des familles, et qu'il se mêle de ce qui se fait dans les maisons des particuliers : ou il n'en peut résulter que la tyrannie la plus odieuse.

Un prince oisif est, à mon avis, un animal peu utile à l'univers.

Je voudrois qu'on dît tous les jours aux princes : *point d'orgueil, point d'orgueil.* Si les Quélus, les Maugiron, les Luynes, le vieux duc de Richelieu avoient tenu des propos semblables à leurs maîtres, la fortune de ces favoris eût été moins brillante ; mais peut-être Henri III auroit moins persécuté les hérétiques ; Louis XIV auroit plus ménagé le sang de ses sujets ; Gênes n'eût pas été bombardée ; la chambre de révision n'eût pas été érigée ; les Hollandais fussent demeurés en paix, l'année 1672 ; et c'eût été un gain pour la pauvre humanité.

L'amour-propre du genre humain seroit trop humilié, si les demi-dieux de la terre étoient sans foiblesses, et si leur fragilité ne nous apprenoit pas qu'ils sont hommes comme nous.

Un prince avare est, pour ses peuples, comme un médecin qui laisse étouffer un malade dans son sang : le prodigue est comme celui qui le tue à force de le saigner.

La calomnie s'introduit plus facilement dans l'esprit des princes que la justification. Ils connoissent assez les hommes pour savoir qu'il n'est guères de vertu sans tache ; et ils voient tant d'exemples de la méchanceté du cœur humain, qu'ils sont plus sujets à être trompés que des particuliers qui vivent éloignés du monde.

La modération n'est pas ordinairement la vertu des princes.

Trouve-t-on de grands princes qui respectent les liens du sang ?

Machiavel dit, qu'un prince doit avoir les qualités du lion et du renard : ce qui fait voir, conclut-il, qu'un prince n'est pas obligé de garder sa parole. Voilà une étrange conclusion ! Il y a des renards et des loups dans les forêts : donc il faut qu'un prince soit fourbe !

Machiavel veut qu'un roi incrédule couvre son incrédulité de l'hypocrisie : il pense que les peuples seront plus touchés de la dévotion d'un prince, qu'ils ne seront révoltés des mauvais traitemens qu'ils souffriront de lui. Il me semble qu'on doit avoir quelque indulgence pour des erreurs de spéculation, lorsqu'elles n'entraînent point à leur suite la corruption du cœur ; et que les peuples aimeront plus un prince sceptique, mais honnête homme et qui fait leur bonheur, qu'un orthodoxe scélérat et malfaisant : car, ce ne sont pas les pensées des princes, mais leurs actions, qui rendent les hommes heureux.

Les hommes, qui devroient être les plus conséquens, ces gens qui gouvernent les royaumes, et qui, d'un mot, décident de la félicité des peuples, sont quelquefois ceux qui donnent le plus au hasard.

Si Charles XII avoit eu autant de modération que de courage ; s'il avoit sû poser lui-même des bornes à ses triomphes ; s'accommoder avec le Czar, lorsque les occasions de faire la paix se présentèrent à lui, il auroit étouffé la mauvaise volonté de ses envieux, qui, dès qu'il cessa de leur paroître un objet de terreur, voulurent s'agrandir des débris de sa monarchie : mais les passions de ce prince n'étoient pas susceptibles de modifications.

Un prince, dont l'imagination est frappée de la Jérusalem céleste, dédaigne les songes de la terre. Les soins des affaires sont pris pour des momens perdus : les axiomes de la politique pour des cas de conscience. Les règles de l'évangile deviennent son code militaire ; et les intrigues des prêtres influent dans les délibérations de l'État. Depuis le pieux Enée, depuis les croisades de St.-Louis, nous ne voyons dans l'histoire aucun exemple de héros dévot. Mahomet, loin d'être dévot, n'étoit qu'un fourbe, qui se servoit de la religion, pour établir son empire et sa domination.

Des jugemens que le vulgaire se permet de porter sur les souverains.

Il seroit plus juste de plaindre les rois que de les condamner. Ce sont les flatteurs, et, plus qu'eux encore, les calomniateurs, qui méritent la condamnation et la haine du public, de même que tous ceux qui sont assez ennemis des princes, pour leur déguiser la vérité.

Un prince qui fourniroit la carrière laborieuse que nous avons tracée, ne parviendroit pas à une perfection entière ; parce qu'avec toute la bonne volonté possible, il pourroit se tromper dans le choix de ceux qu'il employeroit à l'administration des affaires ; parce qu'on pourroit lui représenter les choses sous un faux jour ; que ses ordres ne seroient pas exécutés ponctuellement ; qu'on voileroit des iniquités qui ne parviendroient pas à sa connoissance ; que des employés durs et altiers mettroient trop de rigueur et de hauteur dans leur gestion ; parce que, dans un pays étendu, le prince ne sauroit être parfait.

Si un prince est foible et bigot, les ecclésiastiques prévalent. S'il a le malheur d'être incrédule, ils cabalent contre lui, et, faute de mieux, calomnient et noircissent sa mémoire.

Comment l'auteur du *systéme de la nature* peut-il s'imaginer que les souverains encouragent leurs sujets au crime? Quel bien leur reviendrait-il de se mettre dans la nécessité de punir des malfaiteurs? Il arrive, sans doute, de loin en loin, que quelques scélérats échappent à la rigueur des lois: mais jamais cela ne provient d'un dessein fixe d'encourager les attentats par l'espérance de l'impunité. Il faut attribuer ces sortes de cas à la trop grande indulgence du prince. Dans tout gouvernement, il arrive, que des coupables, par intrigue, par corruption ou par l'appui de protecteurs puissans, trouvent le moyen de se soustraire aux punitions qu'ils ont méritées : mais, pour arrêter ces sortes de manèges, d'intrigues, de corruptions, il faudroit qu'un prince possédât l'omni-science divine.

Tout homme fait des fautes, et, par conséquent, les princes : mais le vrai sage des stoïciens et le prince parfait n'ont jamais existé et n'existeront jamais.

Quiconque, de nos jours, veut entamer les princes, doit attaquer leur mollesse, leur fainéantise, leur ignorance. Ils sont, en général, plus foibles qu'ambitieux, et plus vains qu'avides de dominer.

Des princes, comme Charles-le-Téméraire, comme Louis XI, comme Alexandre VI, comme Louis Sforce, sont les fléaux de leurs peuples et de l'humanité : mais lorsque, dans les souverains, le cœur est bon et les intentions sont droites, il faut avoir plus d'indulgence pour eux, que pour d'autres individus, qui, se trouvant moins exposés aux embuches, peuvent les éviter plus facilement.

Les peuples doivent se contenter des efforts, que font les souverains, pour parvenir à la perfection. Les plus accomplis d'entr'eux sont ceux, qui s'éloignent plus que les autres *du prince* de Machiavel. Il est juste, qu'on supporte leurs défauts, lorsqu'ils sont contrebalancés par des qualités de cœur et par de bonnes intentions. Il faut se souvenir sans cesse, qu'il n'y a rien de parfait en ce monde, et que l'erreur et la foiblesse sont le partage de tous les hommes.

De tous les paradoxes, que les soi-disant philosophes de nos jours soutiennent avec le plus de complaisance, celui d'avilir les grands hommes du siècle passé, paroît leur tenir le plus à cœur. Ils en veulent, sur-tout, à Louis XIV. Quelle réputation leur reviendra-t-il d'exagérer les fautes d'un roi, qui les a effacées, à force de gloire et de grandeur? Un prince, qui ne régnera que huit jours, en commettra, sans doute: à plus forte raison, un monarque, qui a passé soixante années de sa vie sur le trône. On l'a blâmé, de son vivant, de ce qu'il avoit entrepris la guerre de succession. On lui rend justice, à présent; et tout juge impartial doit avouer, que ç'auroit été une lâcheté de sa part de ne pas accepter le testament du roi d'Espagne.

Il est fâcheux, que les actions des hommes d'Etat soient soumises à la critique de tant de juges, aussi peu capables, que le sont ces gens décisifs, que la fainéantise et l'esprit de médisance rendent politiques. Tout ne se sait pas; et une seule circonstance connue oblige quelquefois d'applaudir à ce qu'on avait condamné auparavant. Mais ce ne sont pas les moindres désagrémens, qu'ont à essuyer ceux, qui se dévouent au service de l'Etat.

Avant de porter un jugement décisif sur les actions d'un prince, il faut commencer par examiner les circonstances, où il s'est trouvé. Le public ne juge que sur les apparences, et se trompe, par conséquent, dans ses décisions.

Ce seroit souvent le comble de la démence d'é-
bruiter soi-même, par vaine gloire, la partie
foible de l'Etat ; et la sagesse exige qu'on abandonne au public la liberté de ses jugemens téméraires.

Il est au-dessous d'un roi de s'amuser à punir
un misérable libelliste. Si le ciel lançoit son tonnerre sur chaque reptile, qui, dans sa frénésie,
pousse l'audace jusqu'à le blasphémer, des nuages
épais couvriroient éternellement la surface de la
terre ; et les foudres ne cesseroient de gronder
dans les cieux.

Quel nombre d'écrits infâmes n'ont pas publié
les Français contre moi, durant la guerre ! Je
n'ai pas daigné lire tous ces ouvrages de la haine
et de l'envie de mes ennemis ; et je me suis rap-
pelé cette belle ode d'Horace : le sage demeure
inébranlable aux coups de la fortune : que le ciel
tombe, il ne s'en émeut pas ; que la terre se refuse sous ses pieds, il n'en est point troublé ; que
tous les élémens se confondent, il oppose à tous
ces phénomènes un front calme et serein. Fort
de sa vertu, rien ne l'altère, rien ne l'agite. Il
voit du même œil l'infortune et la prospérité. Il
rit des clameurs du peuple, des impostures de
ses envieux, des persécutions de ses ennemis ; et
se réfugiant dans lui-même, il y retrouve le calme

et cette douce sérénité que donnent le mérite et l'innocence.

On dit des merveilles de Louis XVI : toute la France chante ses louanges. Le secret, pour être approuvé dans ce pays, c'est d'être nouveau. La nation, lasse de Louis XIV, pensa insulter son convoi funèbre. Louis XV également a duré trop long-tems. On a dit du bien du feu duc de Bourgogne, parce qu'il mourut avant de monter sur le trône, et, par la même raison, du dernier dauphin.

Pour servir les Français selon leur goût, il leur faut, tous les deux ans, un nouveau roi. La nouveauté est la déité de la nation ; et quelque bon souverain qu'ils aient, ils lui cherchent à la longue des défauts et des ridicules ; comme si, pour être roi, on cessoit d'être homme. Les souverains nos devanciers, nous et nos successeurs, nous sommes tous dans la même cathégorie, des Etres imparfaits, composés d'un mélange de bonnes et de mauvaises qualités.

Tout ce qu'on dira de nous, après notre mort, pourra, sans doute, nous être aussi indifférent que ce qui s'est dit lors de la construction de la tour de Babel. Cela n'empêche pas, qu'accoutumés à exister, nous ne soyons sensibles aux jugemens de la postérité. Les rois doivent l'être plus que les particuliers, parce que c'est le seul tribunal qu'ils aient à redouter.

Si l'on vouloit se donner la peine d'examiner, à tête reposée, le bien et le mal, que le czar Pierre I a fait dans son pays; de mettre ses bonnes et mauvaises qualités dans la balance; de les peser et de juger ensuite de lui sur celles de ses qualités qui seroient le meilleur poids, on trouveroit peut-être que ce prince a fait beaucoup de mauvaises actions brillantes, qu'il a eu des vices héroïques, et que ses vertus ont été obscurcies et éclipsées par beaucoup de vices.

Pour juger du règne d'un prince, il ne faut pas décider sur un début de quelques mois. Ce n'est pas par huit jours d'ouvrage, qu'on peut apprécier la capacité d'un homme, et principalement dans les affaires. Le public n'en connoît point les ressorts. Il se fait des idées grossières des choses. De fausses préventions l'offusquent. Il ajoute foi à des bruits de ville sans fondement; et sur des notions aussi frivoles, il se fera un système, qu'il trouvera très-mauvais que le gouvernement ne suive point. Mais si l'on comparoit les fausses démarches que feroit un politique, qui suivroit aveuglément les conseils du public, avec les tours différens que prenent ceux qui sont chargés des affaires, on verroit bientôt les lourdes fautes que les uns auroient fait commettre, et que la conduite des autres est un système raisonné et suivi.

Rois, ministres, généraux, auteurs, tous ceux qui, par leur élévation ou leurs talens, se donnent en spectacle au public, s'assujétissent au jugement de leurs contemporains et de la postérité. Comme les bons livres sont les seuls critiqués, parce que les mauvais n'en valent pas la peine, il arrive de même, qu'en détournant les regards d'une foule commune et vulgaire, on les attache sur ceux dont les talens supérieurs ont entrepris de se frayer des routes nouvelles, et on les examine avec soin.

Mais comme la plupart des hommes ne sont point raisonnables, il est impossible qu'ils entrent dans des sentimens qui demandent du bon sens; et par-là même, il est impossible qu'ils jugent bien de la conduite de ceux dont ils ne connoissent ni les projets, ni les moyens.

Des cours ; et des courtisans.

Le jugement des princes est trop respecté des courtisans, pour qu'ils s'avisent de penser d'une manière différente ; et ils affectent également de mépriser ceux, qui les valent mille fois.

Pour moi, qui ne me sens point fait pour le

siècle où nous vivons, je me contente de ne point imiter l'exemple de mes égaux. Je leur prêche sans cesse, que le comble de l'ignorance est l'orgueil; et reconnoissant la supériorité des grands hommes de France, je les crois dignes de mon encens.

Louis XVI a les meilleures intentions du monde: il veut le bien. Rien n'est plus à craindre pour lui, que ces pestes des cours, qui tacheront de le corrompre et de le pervertir avant le tems. Il est bien jeune (en 1775). Il ne connoît point les ruses et les raffinemens, dont les courtisans se serviront, pour le faire tourner à leur gré, afin de satisfaire leur intérêt, leur haine ou leur ambition.

Ce jeune roi est balotté par une mer bien orageuse : Il lui faut de la force et du génie, pour se faire un système raisonné et pour le soutenir.

Je me représente Louis XVI comme une jeune brebis, entourée de vieux loups. Il sera bien heureux, s'il leur échappe. Un homme, qui auroit toute la routine du gouvernement, trouveroit de la besogne en France : épié et séduit par des détours fallacieux, on lui feroit faire de faux pas. Il est donc tout simple, qu'un jeune monarque, sans expérience, se laisse entraîner par le torrent des intrigues et des cabales.

Le talent pour la flatterie est le plus nécessaire, pour réussir à la cour. César se laissa encenser par Cicéron et tant d'autres. Auguste avaloit, à pleine gorge, l'encens, que Virgile, Ovide et Horace lui distribuoient à pleine mesure. Léon X préféroit les flatteurs aux apôtres ; et Louis XIV recevoit avidement les éloges, que lui distribuoit son académie, et s'il aimoit les opéra, c'est pour les prologues. Alexandre, occupé à son expédition contre Porus, excédé de fatigue, s'écria : O Athéniens ! qu'il en coûte, pour être loué de vous !

L'art de la cour est celui de l'assiduité, de la flatterie et de la bassesse. Servir les passions d'un maître, c'est affermir sa fortune particulière.

La fortune a ses revers : la cour a ses orages.

Les absences sont, dans les cours, dangereuses pour les favoris et pour les maîtresses.

Si l'on est coupable de séduire l'innocence d'un particulier, qui n'influe que légèrement sur les affaires du monde, on l'est d'autant plus de pervertir des princes, qui doivent gouverner des peuples, administrer la justice, et en donner l'exemple à leurs sujets ; être par leur bonté, par leur magnanimité, et leur miséricorde, les images vivantes de la Divinité. Les inondations, qui ravagent des contrées, le feu du tonnerre, qui réduit des villes en cendres, le poison de la peste, qui désole des provinces, ne sont pas aussi funestes au monde, que les passions effrénées des rois. Les fléaux célestes ne durent qu'un tems : ils ne ravagent que quelques contrées; et les pertes se réparent. Mais les crimes des rois font souffrir bien long-tems des peuples entiers.

Rien ne fait mieux connoître le caractère des cours, que de remarquer les façons différentes, dont leur politique agit sur les mêmes sujets. Leurs passions, leurs finesses, leurs ruses, leurs vices et leurs bonnes qualités, tout s'y découvre.

Lorsque, par exemple, il fut question, en Pologne, du choix, ou d'Auguste, Electeur de Saxe, ou de Stanislas Leckzinsky, pour occuper le trône, la cour de Vienne ne connut que la violence, qui pût ouvrir à Auguste les barrières du trône des Sarmates. Le ministre français, plus humain et plus rusé, n'employa que la force d'un métal séducteur, pour élever Stanislas à la dignité suprême. Le ministre de l'Empereur, à Varsovie, éclatoit en menaces; celui de France n'employoit que les paroles flatteuses et les caresses. L'un vouloit intimider les esprits : l'autre vouloit les gagner par sa douceur. L'un, comme un lion furieux, tomboit sur sa proie : l'autre, comme une syrène, charmoit, par sa voix, tous ceux, qui l'approchoient. Enfin, les Français, par leurs artifices et leurs intrigues, se rendirent maîtres des cœurs, tandis que les Impériaux effrayoient les poltrons.

Il en coûte, pour obtenir des rois leur premier bienfait : celui-là donné, on les accoutume à continuer de même.

Il est dangereux de montrer la vérité, avec hardiesse, et sans beaucoup d'adoucissement, à une cour, corrompue par la flatterie, et de contredire un prince, vain dans les projets de sa grandeur. Heureux les princes, dont les oreilles, moins délicates, aiment la vérité, lors même qu'elle est prodiguée par des bouches indiscrètes ! Mais c'est un effort de vertu, dont peu d'hommes sont capables.

Des Ministres.

Tout homme n'a pas tous les talens : mais tout homme, s'il veut, aura assez de discernement pour les reconnoître dans autrui et pour en faire usage. Un roi seroit bien aveugle, s'il ne distinguoit pas le génie de ceux qu'il emploie. Il n'est pas si facile de distinguer, tout d'un coup, l'étendue de leur probité. Un ignorant ne peut cacher son ignorance : mais un cœur faux peut en imposer long-tems à un roi, qu'il a tant d'intérêt à tromper, et qu'il assiége par ses artifices.

Il est des princes qui changent de ministres avec une légèreté inconcevable, et qui punissent avec trop de rigueur la moindre irrégularité de leur conduite. Ils s'impatientent de leurs défauts : ils se révoltent contre leurs foiblesses : ils les disgracient et les perdent.

Mais ceux qui raisonnent plus profondément, connoissent mieux les hommes. Ils savent qu'ils sont tous marqués au coin de l'humanité; qu'il n'y a rien de parfait en ce monde; que les grandes qualités sont, pour ainsi dire, mises en équilibre par de grands défauts; et que l'homme de génie doit tirer parti de tout. C'est pourquoi, à moins de prévarication, ils conservent leurs ministres avec leurs bonnes et leurs mauvaises qualités; et ils préfèrent ceux, qu'ils ont approfondis, aux nouveaux, qu'ils pourroient avoir; à-peu-près comme d'habiles musiciens, qui aiment mieux jouer avec des instrumens dont ils connoissent le fort et le foible, qu'avec de nouveaux dont la bonté leur est inconnue.

Je n'ai que soixante-trois ans (en 1775); et j'ai vu plus de quatre-vingt ministres en France.

Un ministre habile et honnête est, sans doute, estimable : mais il doit se contenter de l'approbation du peuple, auquel il fait du bien.

Les ministres ne sont guères sensibles aux malheurs des peuples : mais ils le sont au blâme, qui en retombe nécessairement sur eux.

Les sermens des ministres et des amans sont à-peu-près d'égale valeur.

Les ministres, qui s'apperçoivent que la vertu sera l'instrument de leur fortune, n'auront jamais recours au crime ; et ils préféreront naturellement les bienfaits de leurs maîtres aux corruptions étrangères.

Il est aussi imprudent que dur de mettre, faute de récompense et de générosité, l'attachement des ministres à une dangereuse épreuve.

De la haute magistrature.

Si notre espèce n'abusoit pas de tout généralement, il n'y auroit pas de meilleure institution que celle d'une compagnie, qui auroit le droit de faire des représentations aux souverains sur les injustices, qu'ils seroient sur le point de commettre.

Mais nous voyons en France, combien peu le parlement pense au bien du royaume. M. Turgot a même trouvé, dans les papiers de ses prédécesseurs, les sommes qu'il en a coûté à Louis XV, pour corrompre les conseillers de son parlement, afin de leur faire enregistrer, sans opposition, je ne sais quels édits.

Les Français, possédés de la manie anglicane, ont imité, en se laissant corrompre, ce qu'il y a de plus blâmable en Angleterre. Les Républicains prétendent avoir le droit de vendre leurs voix : mais des magistrats ! mais des gens de justice ! mais ceux, qui se disent les tuteurs des rois !

De la noblesse et de la roture.

Pendant la guerre de sept ans, il y avoit une contagion à Breslau. On enterroit six, vingt personnes par jour. Une comtesse dit : Dieu merci, la grande noblesse est épargnée; ce n'est que le peuple qui meurt ! Voilà l'image de ce que pensent les gens en place, qui se croyent pétris de molécules plus précieuses, que ce qui fait la composition du peuple, qu'ils oppriment.

L'allure des grandes monarchies est par-tout la même. Il n'y a que ceux, qui ont souffert l'oppression, qui la connoissent et la détestent. Ces enfans de la fortune, qu'elle a engourdis dans la prospérité, pensent, que les maux du peuple sont exagération, que des injustices sont des méprises;

et pourvu que le premier ressort aille, le reste importe peu.

La noblesse, dépourvue de connoissances, n'est qu'un vain titre, qui place un ignorant au grand jour, et l'expose au persifflage de ceux qui s'en amusent.

Si l'intérêt personnel est le ressort principal d'une noble activité, n'y a-t-il pas des motifs bien plus puissans, pour la réveiller et l'exciter dans ceux, qu'une naissance plus illustre et des sentimens élevés doivent attacher à leur patrie?

Que de généraux d'armées, que de ministres et de chanceliers, roturiers! L'Europe en est pleine et n'en est que plus heureuse: car, ces places sont données au mérite.

Les possessions font des citoyens, attachés à leur patrie. Ceux, qui n'ont aucune propriété, ne peuvent s'attacher à un pays, où ils n'ont rien à perdre.

Les hommes, les moins bien partagés de la fortune, sont ceux, qui n'ont de fonds que leurs bras et leur industrie. Une maladie, qui leur survient, les réduit aux abois. Leurs revenus cessent avec leur travail.

Les hommes sont tous, ce me semble, d'une

race également ancienne. Les rois, les princes, les ministres, ne sont que des hommes, comme des particuliers; et toute la différence, que la fortune a mise entr'eux et les personnes d'un rang inférieur, ne consiste que dans l'importance de leurs actions. Un jet-d'eau, qui saute à trois pieds de terre, et celui, qui s'élance à cent pieds ne l'air, sont également des jets-d'eau. Il n'y a entr'eux de différence, que dans l'efficacité de leurs opérations.

CHAPITRE VI.

DE LA FORCE INTRINSÈQUE DES ÉTATS.

Ce qui fait la force et la puissance d'un Etat.

Un Etat quelconque peut être comparé avec le corps humain. C'est de l'activité et du concours unanime de toutes ses parties, que résultent sa santé, sa force et sa vigueur. Les veines, les artères et jusqu'aux nerfs les plus déliés, coopèrent à son existence animale. Si l'estomac ralentissoit son mouvement péristaltique; si les boyaux ne renforçoient leur mouvement vermiculaire; les poumons, leur aspiration; le cœur, sa diastole et sa systole; si enfin chaque soupape des artères ne s'ouvroit et ne se fermoit, selon les besoins de la circulation du sang; si les sucs nerveux ne se portoient aux parties de la contraction, nécessaire au mouvement, le corps tomberoit en langueur: il dépériroit insensiblement; et l'inactivité de ses parties occasionneroit sa destruction totale.

Ce corps, c'est l'Etat : ses membres, c'est vous, et tous les citoyens, qui lui appartiennent. Il faut, que chaque individu remplisse sa tâche, pour que la masse générale prospère.

Tout le monde convient, que la force d'un Etat ne consiste point dans l'étendue de ses bornes, mais dans le nombre de ses habitans. Un pays saccagé, dépourvu d'habitans, ne sauroit rendre un prince puissant par sa possession. Un monarque, qui posséderoit les vastes déserts de la Lybie et du Barca, ne seroit guères redoutable. Un million de panthères, de lions et de crocodiles, ne vaut pas un million de sujets, des villes riches, des ports navigables, remplis de vaisseaux, des citoyens industrieux, des troupes, et tout ce que fournit un pays bien peuplé.

Les Etats se soutiennent par la propagation de l'espèce; et tant qu'on travaillera avec plaisir à multiplier des Etres, la foule sera gouvernée par des ministres ou par des souverains ; ce qui se réduit, à-peu-près, au même. Un peu plus de folie, un peu plus de sagesse, les nuances sont si foibles, que la totalité du peuple s'en apperçoit à peine.

Il fut fait, en 1756, un dénombrement des

habitans de toutes mes provinces : leur nombre se monta à 5 millions d'ames.

Comme il est certain, que le nombre des sujets fait la richesse des Etats, la Prusse pouvait alors se compter du double plus puissante, qu'elle ne l'avoit été dans les dernières années de Frédéric Guillaume I, père du roi.

Qu'est-ce qui fait la force des Etats ? sont-ce des limites étendues, auxquelles il faut des défenseurs ? Sont-ce des richesses, accumulées par le commerce et l'industrie, qui ne deviennent utiles que par leur bon emploi ? Sont-ce des peuples nombreux, qui se détruiroient eux-mêmes, s'ils manquoient de conducteurs ?

Non : ces objets sont des matériaux bruts, qui n'acquièrent de prix et de considération, qu'autant que la sagesse et l'habileté savent les mettre en œuvre. La force des Etats consiste sur-tout dans les grands hommes, que la nature y produit à propos.

Parcourez les Annales du monde : vous verrez, que les tems d'élévation et de splendeur des Empires ont été ceux, où des génies sublimes, des ames vertueuses, des hommes, doués d'un mérite éminent, y ont brillé, en soutenant le poids du gouvernement par leurs efforts généreux.

De l'agrandissement des Etats.

Il y a deux manières, par lesquelles un prince peut s'agrandir : l'une est celle de la conquête, lorsqu'un prince guerrier recule, par la force de ses armes, les limites de sa domination ; l'autre est celle du bon gouvernement, lorsqu'un prince laborieux fait fleurir, dans ses Etats, tous les arts et toutes les sciences, qui les rendent plus puissans et plus policés.

Les souverains qui choisiront cette manière douce et aimable de se rendre plus puissans, seront obligés d'étudier principalement la constitution de leurs pays, pour savoir quels sont les arts les plus propres à y réussir, et, par conséquent, qu'ils doivent le plus encourager.

Le principe permanent des princes est de s'agrandir, autant que leur pouvoir le leur permet ; et quoique cet agrandissement soit sujet à des modifications différentes et variées à l'infini, ou selon la variation des Etats, ou selon la force des voisins, ou selon que les conjonctures sont heureuses, le principe n'en est pas moins invariable : les princes ne s'en départent jamais. Il y va de leur prétendue gloire : il faut qu'ils s'agrandissent.

C'est à eux de montrer, qu'ils sont aussi peu envieux des provinces de leurs voisins, que jaloux de la conservation de leurs propres Etats.

Le prince, qui veut tout posséder, est comme un estomac qui se surcharge de viandes, sans songer qu'il ne pourra pas les digérer. Le prince, qui se borne à bien gouverner, est comme un homme qui mange sobrement et dont l'estomac digère bien.

Un peuple risque beaucoup avec un prince hardi : c'est un danger continuel qui le menace.

Le souverain circonspect, s'il n'est pas propre pour les grands exploits, semble plus né pour le gouvernement : l'un hasarde, l'autre conserve.

Des places fortes.

Les places de guerre ne se construisent pas pour un tems, mais pour toujours. Elles garantissent des ennemis, et assurent davantage le repos d'un Etat.

Les forteresses et les armées sont d'une utilité égale pour les princes : car, s'ils peuvent opposer leurs armées à leurs ennemis, ils peuvent sauver les armées sous le canon de leurs forteresses, en cas de bataille perdue ; et le siège, que l'ennemi entreprend de cette forteresse, leur donne le tems de se refaire et de ramasser de nouvelles forces, qu'ils peuvent encore, s'ils les amassent à tems, employer, pour faire lever le siége à l'ennemi.

Les dernières guerres en Flandre, entre l'Empereur et la France, n'avançoient presque point, à cause de la multitude des places fortes ; et des batailles de cent mille hommes n'étoient suivies que de la prise d'une ou de deux villes. L'adversaire, ayant le tems de réparer ses pertes, reparoissoit de nouveau, la campagne d'après ; et l'on remettoit en dispute ce que l'on avoit décidé l'année précédente.

Dans des pays où il y a beaucoup de places fortes, des armées, qui couvrent deux milles de terre, feront la guerre trente années, et gagneront, si elles sont heureures, pour prix de vingt batailles, dix milles de terrein.

Mais dans des pays ouverts, le sort d'un combat ou de deux campagnes décide de la fortune du vainqueur, et lui soumet des royaumes entiers.

Alexandre, César, Gengis-Kam, Charles XII, doivent leur gloire à ce qu'ils trouvèrent peu de places fortifiées dans les pays, qu'ils conquirent. Le vainqueur de l'Inde ne fit que deux siéges en ses glorieuses campagnes. L'arbitre de la Pologne n'en fit jamais davantage.

Eugène, Villars, Malboroug, Luxembourg, étoient de grands capitaines : mais les forteresses émoussèrent, en quelque façon, le brillant de leurs succès.

Les François connoissent bien l'utilité des forteresses : car, depuis le Brabant jusqu'au Dauphiné, c'est une double chaîne de places fortes. La frontière de la France, du côté de l'Allemagne, est comme une gueule ouverte du lion, qui présente deux rangées de dents menaçantes, prêtes à tout engloutir.

Si la situation des frontières de l'Etat permet de les défendre par des forteresses, il ne faut rien négliger pour en construire, et ne rien épargner pour les perfectionner. La France en a donné l'exemple ; et elle en a senti l'avantage en différentes occasions.

La plupart des villes, qui, vers le milieu du dix-septième siècle, soutenoient des sièges, ne résisteroient pas vingt-quatre heures à la manière, dont on les attaque à présent, à moins qu'elles ne fussent défendues par une armée entière.

Du tems du grand Electeur, les fortifications de Stettin consistoient dans des boulevards de terre, entourés d'un fossé, et défendus par une mauvaise contrescarpe. Quelques redoutes étoient les seuls ouvrages extérieurs. Cette bicoque, selon la méthode, dont on se sert à présent, pour assiéger les places, n'auroit pu faire une longue résistance. Alors, les troupes de l'Electeur, accoutumées aux guerres de campagne, n'avoient point l'expérience des siéges : elles étoient excellentes pour des coups-de-main. Mais elles menoient peu de gros canons, peu de mortiers avec elles, et manquoient, sur-tout, d'habiles ingénieurs. Les plus grandes forteresses, maçonnées, casematées et minées, que de grandes armées assiègent de nos jours, ne coûtent pas aussi cher aux princes, que ce mauvais retranchement ne coûta alors aux Brandebourgeois.

Du militaire.

Le militaire est l'instrument de la gloire et de la conservation des Etats.

Machiavel se trompe beaucoup, lorsqu'il croit, que, du tems de Sévère, il suffisoit de ménager les soldats, pour se soutenir. L'histoire des Empereurs le contredit. Plus on ménageoit les prétoriens indisciplinables, plus ils sentirent leur force ; et il étoit également dangereux de les flatter et de les vouloir réprimer.

Les troupes aujourd'hui ne sont pas à craindre,

parce qu'elles sont toutes divisées en petits corps, qui veillent les uns sur les autres ; parce que les rois nomment à tous les emplois, et que la force des lois est plus établie.

Les Empereurs turcs ne sont si exposés au cordeau, que parce qu'ils n'ont pas su encore se servir de cette politique. Les turcs sont esclaves du sultan ; et le sultan est esclave des janissaires.

Les soldats ne sont composés, que de la plus vile partie du peuple ; de fainéans, qui aiment mieux l'oisiveté que le travail ; de débauchés, qui cherchent la licence et l'impunité dans les troupes ; de jeunes écervelés, indociles à leurs parens, qui s'enrôlent par légèreté.

Il n'y a que les troupes suédoises, qui soient, en même tems, bourgeois, paysans et soldats : mais lorsqu'ils vont à la guerre, presque personne ne reste dans l'intérieur du pays, pour labourer la terre. Ils se minent eux-mêmes, plus qu'ils ne minent leurs ennemis.

Autrefois, quelques princes, sans songer à se faire des alliés, ne pensoient qu'à vendre leurs soldats et à trafiquer du sang de leurs sujets. L'institution du soldat est pour la défense de la patrie. Les louer à d'autres, comme on vend des dogues et des taureaux pour le combat, c'est, ce me semble, pervertir à la fois le but du négoce et de la guerre. On dit, qu'il n'est pas permis de vendre les choses saintes. Et! qu'y a-t-il de plus sacré, que le sang des hommes?

Plus la guerre dure, et plus l'infanterie souffre. Après la guerre de sept ans, l'armée prussienne n'étoit plus guères composée, que de déserteurs ou de prisonniers de guerre. L'ordre avoit presque disparu; et la discipline étoit relâchée, au point, que nos vieux corps d'infanterie ne valaient pas mieux, qu'une nouvelle milice. Mais plus la guerre dure; et plus la cavalerie se perfectionne.

L'artillerie est devenue une partie principale des armées. Le nombre des canons peut dégénérer en abus: mais, pour ne point perdre son avantage, il en faut avoir autant que l'ennemi.

Sous Frédéric-Guillaume I, Berlin fut comme un magasin de Mars. Tous les ouvriers, qui peuvent être employés pour une armée, y prospérèrent; et leurs ouvrages furent recherchés par toute l'Allemagne.

On établit, à Spandau, des fourbisseurs; à Potzdam, des armuriers; à Neustadt, des ouvriers, qui travailloient en fer et en cuivre; et à Berlin, des moulins de poudre à canon.

Des changemens qu'on a faits dans le militaire, depuis le 17e. siècle.

Depuis l'établissement des grandes armées, l'infanterie, toujours entretenue, changea presque d'état, tant on travailla à la perfectionner.

Avant la guerre de succession, la moitié des bataillons portoit des piques, et l'autre des mousquets ; et ils combattoient armés sur six lignes de profondeur. On se servoit de ces piques contre la cavalerie. Les mousquets faisaient un feu foible, et ratoient souvent, à cause des mèches.

Ces inconvéniens firent changer d'armes. On quitta les piques et les mousquets ; et on les remplaça par des fusils, armés de bayonnettes ; ce qui réunit ce que le feu et le fer ont de plus terrible.

Comme on fit consister dans le feu la force des bataillons, on diminua, peu-à-peu, leur profondeur, en les étendant.

Le prince d'Anhalt, qu'on peut appeler un mécanicien militaire, introduisit chez nous les baguettes de fer. Il mit les bataillons, à trois hommes de hauteur : et Frédéric Guillaume I, par ses soins infinis, introduisit une discipline et un ordre merveilleux dans les troupes, et une précision, jusques-là inconnue en Europe, pour les mouvemens et les manœuvres.

Un bataillon prussien devint une batterie ambulante, dont la vitesse de la charge triploit le feu, et donnoit aux prussiens l'avantage d'un contre trois. Les autres nations imitèrent, depuis, les prussiens, mais imparfaitement.

Charles XII avoit introduit, dans ses troupes, l'usage de joindre deux canons à chaque bataillon. On fondit à Berlin des canons de 3, de 6, de 12 et de 24 livres, assez légers, pour qu'on pût les manier à force de bras, et les faire avancer, dans les batailles, avec les bataillons, auxquels ils étaient attachés.

Tant de nouvelles inventions transformoient une armée en une forteresse mouvante, dont l'accès étoit meurtrier et formidable.

Ce fut, dans la guerre de 1672, que les français trouvèrent l'invention des pontons de cuivre transportables. Cet usage facile de construire des ponts rendit les rivières des barrières inutiles.

L'art de l'attaque et de la défense des places est encore dû aux Français.

Vauban, sur-tout, perfectionna la fortification. Il rendit les ouvrages rasans, et les couvrit tellement par les glacis, que, pour établir des batteries de brèche, si on ne les place à présent sur la crête du chemin couvert, les boulets ne sauroient parvenir au cordon de la maçonnerie, qu'ils doivent miner.

Depuis Vauban, on a construit des chemins couverts, maçonnés doubles, et peut-être a-t-on trop multiplié les coupures.

C'est sur-tout l'art des mines, qui a fait les plus grands progrès. On étend les rameaux du chemin couvert, à trente toises du glacis. Les places, bien minées, ont des galeries majeures et commandantes. Les rameaux sont à trois étages. Le mineur peut faire sauter le même point de défense, jusqu'à sept fois. Pour les attaques, on a inventé les globes de compression, qui, s'ils sont bien appliqués, minent toutes les mines de la place, à une distance de 25 pas du foyer.

C'est dans les mines, que consiste à présent la véritable force des places, et par leur usage, que les gouverneurs pourroient le plus prolonger la durée des sièges.

De nos jours, les forteresses ne se prennent plus, que par une nombreuse artillerie. On compte trois pièces sur chaque batterie, pour démonter un canon des ouvrages. On ajoute à de si nombreuses batteries celles des ricochets, qui enfilent les lignes de prolongation; et à moins de

60 mortiers, employés à miner les défenses, on ne se hasarde guères à assiéger une place forte.

Les demi-sapes, les sapes ordinaires, les sapes tournantes, les places d'armes et les cavaliers de tranchées, sont autant de nouvelles inventions, dont on se sert pour les attaques, qui, en épargnant le monde, accélèrent la reddition des forteresses.

Ce siècle a vu revivre des troupes, armées à la légère. Les pandours autrichiens, les légions françaises et nos bataillons francs, les hussards, originaires de la Hongrie, mais imités par toutes les autres troupes, remplacent cette cavalerie, Numide et Parthe, si fameuse du tems des Romains.

Les milices anciennes ne connoissoient point d'uniforme : il n'y a pas un siècle, que les habits d'ordonnance ont été généralement admis.

La marine a fait encore beaucoup de progrès, tant pour la construction des vaisseaux, que pour rendre plus exact le calcul des pilotes.

Vers l'année 1730, la fureur des grands hommes parvint à un point, que la postérité aura peine à le croire. Le prix commun d'un homme de cinq pieds, dix pouces du Rhin, étoit de 700 écus. Un homme de six pieds étoit de 1000 écus ; et s'il étoit plus grand, le prix augmentoit encore de beaucoup. Il y avoit plusieurs régimens, qui n'avoient point d'hommes au-dessous de cinq pieds, huit pouces. Le plus petit homme de l'armée avoit cinq pieds, six pouces, bien mesurés.

Pour mettre de l'ordre dans les enrôlemens, qui se faisoient dans les pays avec confusion, et qui donnoient lieu à mille procès entre les régimens, le roi, dès l'année 1733, partagea toutes les provinces en cantons. Ces cantons furent assignés aux régimens. Ils pouvaient en tirer, en tems de paix, trente hommes annuellement, et en tems de guerre, jusqu'à cent; ce qui rendit l'armée immortelle, en lui fournissant un fonds assuré, par lequel elle s'est sans cesse renouvellée depuis.

La cavalerie, ainsi que l'infanterie, étoit composée de très-grands hommes, montés sur des chevaux énormes. C'étoient des colosses sur des éléphans, qui ne savoient, ni manœuvrer, ni combattre.

Les recrues réparent le nombre, mais non la qualité des soldats, que vous avez perdus. Votre pays se dépeuple, en renouvellant votre armée. Vos troupes dégénèrent; et si la guerre est longue, vous vous trouvez enfin à la tête de paysans mal exercés, mal disciplinés, avec lesquels vous osez à peine vous montrer devant l'ennemi.

Le margrave Philippe, grand maître de l'artillerie prussienne, fut le premier, qui rechercha la taille des hommes. Les compagnies de grenadiers de son régiment étoient au-dessus de la taille ordinaire.

Le prince d'Anhalt suivit cet exemple, et le prince royal l'imita.

Depuis, il s'introduisit parmi les officiers un esprit de choix pour l'espèce d'hommes, qu'ils employoient comme soldats; et l'on ne prit plus que des gens aussi grands, que forts et robustes.

Si l'on est à Paris dans le goût des plaisirs et qu'on se trompe quelquefois sur le choix, on est ici (à Berlin) dans le goût des grands hommes. On mesure le mérite à la toise; et l'on diroit que quiconque a le malheur d'être né, d'un demi-pied de roi, moins haut qu'un géant, ne sauroit avoir du bon sens, et cela fondé sur la règle des proportions. Pour moi, je ne sais ce qui en est. Mais, selon ce qu'on dit, Alexandre n'étoit pas grand, César non plus. Le prince de Condé, Turenne, Malborough, le prince Eugène, qui étoient tous héros à juste titre, brilloient moins par l'extérieur, que par cette force d'esprit, qui trouve des ressources en soi-même dans les dangers et par un jugement exquis, qui leur faisoit toujours prendre avec promptitude le parti le plus avantageux.

On doit, autant que l'on peut, ne placer comme officiers, dans les régimens, que des nobles, parce que, d'ordinaire, la noblesse a de l'honneur. Il ne faut pas disconvenir cependant, que quelquefois on rencontre du mérite et du talent dans des personnes sans naissance. Mais cela est rare; et, dans ce cas, on doit les conserver.

En général, il ne reste de ressource à la noblesse que de se distinguer par l'épée. Si elle perd son honneur, elle ne trouve pas même un refuge dans la maison paternelle; au lieu qu'un roturier, après avoir commis des bassesses, reprend, sans rougir, le métier de son père, et ne se croit pas plus déshonoré.

On ne sauroit assez inculquer aux jeunes officiers, que la valeur n'est rien sans la sagesse, et qu'à la longue un esprit de combinaison l'emporte sur une audace téméraire.

Les richesses et le luxe ont doublé et triplé le nombre des troupes dans presque tous les Etats.

A peine l'Empereur Ferdinand avoit-il entretenu

trente mille hommes; et Charles VI, dans la guerre de 1733, en avoit soudoyé cent soixante-dix mille, sans fouler ses peuples. Louis XIII avoit eu soixante mille soldats : Louis XIV en entretint deux cent vingt mille et jusqu'à trois cent soixante, durant la guerre de succession.

Depuis cette époque, tous les souverains, et jusqu'au plus petit prince d'Allemagne, augmentèrent leur militaire. C'étoit par esprit d'imitation: car, dans la guerre de 1683, Louis XIV leva le plus de troupes qu'il put, pour avoir une supériorité décidée sur ceux qu'il vouloit combattre. Il ne fit aucune réforme après la paix; ce qui força l'Empereur d'Allemagne et les princes à garder sur pied autant de soldats qu'ils en pouvoient payer.

Cette coutume, une fois établie, se perpétua dans la suite. Les guerres en devinrent beaucoup plus coûteuses. La dépense des magasins fut immense, pour entretenir ces cavaleries nombreuses et les rassembler en quartiers de cantonnemens, avant l'ouverture de la campagne et la saison des fourrages.

De nos jours, les troupes nombreuses et les armées puissantes, que les princes tiennent sur pied, en paix comme en guerre, contribuent encore à la sûreté des Etats. Elles contiennent l'ambition des princes voisins : ce sont des épées nues, qui tiennent les autres dans le foureau.

Dans le quinzième siècle, les souverains n'entretenoient pas de grandes armées. Les troupes n'étoient guères qu'un amas de bandits, qui ne vivoient, pour l'ordinaire, que de violences et de rapines. On ne connoissoit point alors ce que c'étoient que des troupes continuellement sous les drapeaux en temps de paix, des étapes, des casernes, et mille autres réglemens qui assurent un Etat pendant la paix, et contre ses voisins et même contre les soldats, payés pour le défendre.

Le nombre des troupes, qu'un Etat entretient, doit être en proportion des troupes qu'ont ses ennemis. Il faut qu'il se trouve en même force; ou le plus foible risque de succomber.

Avec cinquante mille hommes, un général, qui entendroit son métier, pourroit tenir tête à quatre-vingt mille : mais je ne dis pas, qu'avec cinquante mille hommes on peut se soutenir contre six vingt mille : car, pourvu que le général, qui commande cette grande armée, ne soit pas un automate, il viendra à bout de son ennemi par ses détachemens; et dans peu de tems il l'écrasera.

Louis XIV, trop loué pendant sa vie et trop amèrement critiqué après sa mort, est accusé d'avoir le premier donné l'exemple de ces armées nombreuses, qu'on entretient de nos jours. Mais, long-tems avant lui, les Romains en avoient introduit l'usage. Il prévoyoit que la jalousie de ses voisins lui susciteroit des guerres toujours renaissantes : il ne vouloit pas être pris au dépourvu. Il voyoit la maison d'Espagne près de s'éteindre. Ne devoit-il pas se mettre en posture pour profiter des évènemens favorables que l'occasion lui présentoit ? et n'étoit-ce pas un effet de sa prudence et de sa sagesse de les entretenir, avant qu'il en eût besoin ?

Après tout, les grandes armées ne dépeuplent pas les campagnes, ni ne font manquer de bras à l'industrie. En tout pays, il ne peut y avoir qu'un certain nombre d'agriculteurs, proportionné aux terres qu'ils ont à cultiver, et un certain nombre d'ouvriers, proportionné à l'étendue du débit. Le surplus deviendroit ou mendiant ou voleur de grand chemin.

De plus, ces nombreuses armées font circuler les espèces, et répandent dans les provinces, avec une distribution égale, les subsides que les peuples fournissent au gouvernement.

L'entretien coûteux de ces armées abrège la durée des guerres ; au lieu de trente ans qu'elles duroient, il y a plus d'un siècle, les monarques, par épuisement, sont obligés de les terminer au plus vite. De nos jours, sept ou huit campagnes au plus épuisent les fonds des souverains, et les rendent pacifiques et traitables.

Il faut encore observer que ces grosses armées fixent les conditions plus définitivement, qu'elles n'étoient fixées autrefois. Au premier coup de trompette, qui sonne à présent, ni le laboureur, ni le manufacturier, ni l'homme de loi, ni le savant, ne se détournent de leurs ouvrages. Ils continuent tranquillement de s'occuper à leur ordinaire, laissant aux défenseurs de la patrie le soin de la venger.

Autrefois, à la première alarme, on levoit des troupes à la hâte. Tout devenoit soldat. On ne pensoit qu'à repousser l'ennemi. Les champs restoient en friche; les métiers demeuroient oisifs; et les soldats mal payés, mal entretenus, mal disciplinés, ne vivoient que de rapines, et menoient la vie de brigands sur les malheureuses terres qui servoient de théâtre à leurs déprédations.

Tout cela est bien changé; non qu'il n'y ait encore de vils pillards dans quelques armées; mais tout cela n'approche point du déréglement qui avoit lieu autrefois.

Ce qui fait aujourd'hui la sûreté des grands

princes de l'Europe, c'est que leurs troupes sont, à-peu-près, toutes semblables, et qu'ils n'ont, de ce côté, aucun avantage les uns sur les autres.

Du commandement des armées.

Un grand prince doit prendre, sur lui, la conduite de ses troupes. Son armée est sa résidence. Son intérêt, son devoir, sa gloire, tout l'y engage. Comme il est chef de la justice distributive, il est également défenseur de ses peuples. C'est un des objets les plus importans de son ministère. Il ne doit, par cette raison, le confier qu'à lui-même.

Sa présence met fin à la mésintelligence des généraux, si funeste aux armées, et si préjudiciable aux intérêts du maître. Elle met plus d'ordre pour ce qui regarde les magasins, les munitions, et les provisions de guerre, sans lesquelles un César, à la tête de cent mille combattans, ne sera jamais rien.

Comme c'est le prince, qui fait livrer les batailles, il semble, que ce seroit aussi à lui d'en diriger l'exécution, et de communiquer, par sa présence, l'esprit de valeur et d'assurance à ses troupes. Il n'est, à leur tête, que pour leur donner l'exemple.

Tout le monde n'est pas né soldat; et beaucoup de princes n'ont, ni l'esprit, ni l'expérience, ni le courage nécessaire, pour commander une armée. Mais il se trouve toujours, dans une armée, des généraux entendus. Le prince n'a qu'à suivre leurs conseils. La guerre s'en fera toujours mieux, que lorsque le général est sous la tutelle du ministère, qui, n'étant point à l'armée, est hors de portée pour juger des choses, et qui met souvent le plus habile général hors d'état de donner des marques de sa capacité.

Machiavel veut, que les princes se défient de leurs sujets, à plus forte raison, de leurs généraux, et des troupes étrangères. Cette défiance a été souvent bien funeste; et plus d'un prince a perdu des batailles, pour n'avoir pas voulu partéger la gloire avec des alliés.

Un grand capitaine est excusable, à bien des égards, de ne pas réunir en lui toutes les perfections de l'art militaire. Cette science, si difficile, n'est point infusée par la nature: quelles que soient les heureuses dispositions de la naissance, il faut une profonde étude, et une longue expérience, pour les perfectionner. Ou il faut avoir fait son apprentissage dans l'école et sous les yeux d'un grand capitaine; ou il faut, après s'être souvent égaré, apprendre les règles à ses propres dépens.

Il est permis de se défier de la capacité d'un homme, qui, comme Charles XII, est roi à seize ans, et voit, pour la première fois, l'ennemi, à la tête de ses troupes. Je dois observer, à cette occasion, que tous ceux, qui ont commandé des armées, dans leur première jeunesse, ont cru, que tout l'art consistoit à être téméraire et vaillant. Pyrrhus, le Grand-Condé, et Charles XII, en sont des exemples.

Depuis que l'invention de la poudre a changé le système de s'entre-détruire, l'art de la guerre a pris une toute autre forme. La force du corps, qui faisoit le mérite principal des anciens héros, n'est plus comptée pour rien. A présent, la ruse l'emporte sur la violence, et l'art sur la valeur. La tête du général a plus d'influence sur le succès d'une campagne, que les bras de ses soldats. La sagesse prépare les voies au courage : l'audace est réservée pour l'exécution ; et il faut, pour être applaudi des connoisseurs, plus d'habileté encore que de fortune.

Maintenant, notre jeunesse, qui se voue aux armes, peut acquérir la théorie de ce pénible métier, par la lecture de quelques livres classiques, et par les réflexions d'anciens militaires.

Des troupes alliées et auxiliaires.

Machiavel suppose, qu'un prince, dont le pays est étendu; qui, avec cela, a beaucoup d'argent et de troupes, peut se soutenir par ses propres forces, sans l'assistance de ses alliés, contre les attaques de ses ennemis.

C'est ce que j'ose contredire. Un prince, quelque redouté qu'il soit, ne sauroit lui seul résister à des ennemis puissans. Il lui faut nécessairement le secours de quelques alliés. Si le plus formidable, le plus puissant prince de l'Europe, si Louis XIV fut sur le point de succomber dans la guerre de la succession d'Espagne, et si, faute d'alliances, il ne put presque plus résister à la ligue de tant de rois et de princes, prête à l'accabler; à plus forte raison, tout souverain, qui lui est inférieur, ne peut-il, sans hasarder beaucoup, demeurer isolé et privé de toutes alliances.

Qui ne fait la guerre que par autrui, n'est que foible : qui la fait conjointement avec autrui, est très-fort. Les Français ont gagné plus d'une bataille par les secours des Suisses; et si la France congédioit les Suisses et les Allemands, qui servent dans son infanterie, ses armées seroient affoiblies.

Mais les souverains sont souvent exposés à voir

leurs projets échouer, faute d'obéissance et d'exécution, de la part des généraux, qui commandent les troupes auxiliaires : il n'est pas rare, qu'ils soient divisés, animés les uns contre les autres, et plus occupés à se nuire, qu'à vaincre leurs ennemis.

Des troupes mercenaires.

Machiavel rejette entièrement l'usage des troupes étrangères et mercenaires. Il prétend, que les troupes ont toujours été plus dangereuses, que secourables aux Etats, qui s'en sont servis. Il est sûr, que les meilleures troupes d'un Etat sont les nationales : mais la maxime de Machiavel n'est applicable qu'aux pays, assez riches d'habitans, pour qu'ils puissent fournir un nombre suffisant de soldats. Je suis persuadé, comme l'auteur, qu'un Etat est mal servi par des mercenaires, et que des compatriotes sentent redoubler leur courage par les liens, qui les attachent. Il est, d'ailleurs, très-dangereux de laisser languir dans l'inaction ses sujets, dans le tems que les fatigues de la guerre et les combats aguerrissent ses voisins.

Ce n'est que dans un Etat menacé et presque dépeuplé, qu'on doit absolument prendre à sa solde des troupes étrangères.

On corrige alors ce qu'il y a de vicieux dans cette espèce de milice. On mêle soigneusement les étrangers avec les nationaux, pour les empêcher de faire baude à part. On les façonne à la même discipline. On leur inspire, peu à peu, la même fidélité. On porte sa principale attention sur ce que le nombre d'étrangers n'approche pas du nombre des nationaux.

Il y a un roi du Nord, dont l'armée est composée de cette sorte de mixtes, et qui n'en est pas moins puissant, ni moins formidable.

La plupart des troupes Européennes sont composées de nationaux et de mercenaires. Ceux, qui cultivent les terres, ceux, qui habitent les villes, moyenant une certaine taxe, qu'ils payent pour l'entretien des troupes, qui doivent les défendre, ne vont plus à la guerre.

Les puissances, qui peuvent se passer de troupes mixtes ou d'auxiliaires, font bien de les exclure de leurs armées. Mais comme peu de princes sont dans une pareille situation, je crois, qu'ils ne risquent rien avec les auxiliaires, tant que le nombre des nationaux leur est supérieur.

CHAPITRE VII.

DES PRINCIPES GÉNÉRAUX D'ADMINISTRATION.

De l'administration en général.

Les gouvernemens sont l'ouvrage des hommes : il n'en est aucun de parfait. Telle est, en effet, et telle sera toujours la destinée des choses d'ici-bas, que jamais on n'atteindra au dégré de perfection, qu'exige le bonheur des peuples. L'imagination peut se forger ces belles chimères : mais elles ne seront jamais réalisées. En fait de gouvernement, comme pour toute autre chose, il faut se contenter de ce qui est le moins défectueux.

La fortune des Etats ne dépend souvent que d'un seul homme.

Le gouvernement ne doit pas se borner à un seul objet. L'intérêt ne doit pas être l'unique mobile de ses actions. Le bien public, qui a tant de branches diverses, lui offre une foule de matières, dont il peut s'occuper.

Les devoirs sont égaux. Soit monarchie, soit république, cela revient au même.

L'expérience nous apprend, que les meilleures institutions se corrompent ou deviennent inutiles, si l'on en détourne les yeux, et si l'on ne ramène pas ceux, qui en ont posé les fondemens : mais souvent on ne corrige les abus, que quand ils sont parvenus à leur comble.

L'honnête médiocrité est ce qui convient le mieux aux Etats. Les richesses y portent la molesse et la corruption. Ce n'est pas, qu'une république, comme celle de Sparte, puisse subsister de nos jours : mais en prenant un juste milieu entre le besoin et le superflu, le caractère national conservera quelque chose de plus mâle, de plus propre à l'application, au travail et à tout ce qui élève l'ame.

De la nécessité d'adapter les principes d'admistration au tempérament de l'Etat et du peuple.

Tout est varié dans l'univers. Les tempéramens des hommes sont différens ; et la nature établit la même variété, si j'ose m'exprimer ainsi, dans les tempéramens des Etats.

La différence des climats, des alimens et de

l'éducation des hommes, produit une différence totale entre leur façon de vivre et de penser. Le tempérament d'un Anglais, profond, mais hypocondre, est tout-à-fait différent du courage orgueilleux d'un Espagnol ; et un Français se trouve avoir aussi peu de ressemblance avec un Hollandais, que la vivacité d'un singe, avec le flegme d'une tortue.

Les Anglais, insulaires, ont en général un autre caractère, que les peuples de notre continent. Leurs mœurs sont moins molles, que celles des autres Européens. Leur genre de gouvernement diffère du nôtre; et tout cela, joint ensemble, forme d'autres combinaisons ; sans mettre en considération, que ce peuple, étant marin par état, doit avoir des mœurs plus dures, que ce qui se voit chez nous, animaux terrestres.

Les Français possèdent l'imagination : les Anglais, à ce que l'on prétend, la profondeur : les Allemands, la lenteur, avec le bon sens, qui court les rues. Le bon sens de nos bons germains demande des impressions fortes : mais quand ils les ont reçues, elles sont durables.

On trouve bien des contradictions dans le caractère des Français : mais, pour être équitable, il faut avouer, qu'elles se rencontrent chez tous les peuples. Par-tout, on trouve un mélange d'objets, dont les uns excitent l'admiration, et les autres, le blâme.

Chez nos bons germains, les contradictions ne sont pas saillantes, parce que leur tempérament est flegmatique : chez les Français, plus vifs, plus fougueux, elles sont plus marquées.

Ce qui constitue le tempérament d'un Etat, c'est sa situation, son étendue, le nombre et le génie de ses peuples, son commerce, ses coutumes, ses lois, sa force ou sa foiblesse, ses richesses et ses ressources.

C'est de-là, qu'il faut partir, pour proportionner le gouvernement à l'état des choses ; et la différence d'administration devient infinie, lorsqu'on veut descendre dans les détails : car, de même que les médecins ne possèdent aucun secret, qui convienne à toutes les maladies et à toutes les complexions, de même les politiques ne sauroient prescrire de règles générales, dont l'application soit à l'usage de toutes les formes de gouvernement.

Le luxe, par exemple, qui naît de l'abondance et qui fait circuler les richesses par toutes les veines d'un Etat, fait fleurir un grand royaume. C'est lui, qui entretient l'industrie. C'est lui, qui multiplie les besoins des riches, pour les lier, par les mêmes besoins, avec les pauvres.

Si donc quelque politique, mal-habile, s'avisoit de bannir le luxe d'un grand Empire, cet Empire tomberoit en langueur.

Le luxe, tout au contraire, feroit périr un petit Etat. L'argent, sortant en plus grande abondance du pays, qu'il n'y resteroit à proportion, feroit tomber ce corps délicat en consomption : il mourroit étique.

C'est donc une règle indispensable à tout politique, de ne jamais confondre les petits Etats avec les grands.

J'ajoute, que plus un Etat est vaste, plus il est exposé à ce que les subalternes abusent de leur autorité ; et que, par conséquent, la surveillance doit y être plus exacte, et la sévérité de l'administration générale, plus rigoureuse.

Tous les pays sont très-différens. Il y en a, où le fort consiste dans l'agriculture; d'autres, dans les vendanges ; d'autres, dans le commerce. Ces mêmes arts se trouvent prospérer ensemble en quelques pays.

Les Français et les Espagnols se sont apperçus, que le commerce leur manquoit : ils ont médité, par cette raison, sur les moyens de ruiner celui des Anglais. S'ils réussissent, la France augmentera sa puissance plus considérablement, que la conquête de vingt villes, ou d'un millier de villages, ne pourroit le faire; et l'Angleterre et la Hollande, ces deux plus beaux et plus riches pays du monde, dépériront insensiblement, comme un malade, qui meurt de consomption.

Les pays, dont les blés et les vignes font les richesses, ont deux choses à observer. L'une est de défricher soigneusement toutes les terres, afin de mettre à profit le moindre terrain. L'autre est de raffiner sur un plus grand, un plus vaste débit, sur les moyens de transporter ces denrées à moins de frais, et de les vendre à meilleur marché.

Le faste de la souveraineté est dangereux quand le pouvoir de la souveraineté manque. On ruine souvent sa maison, pour en soutenir trop la grandeur. Plus d'un prince appanagé en a fait la triste expérience.

Avoir une espèce d'armée, quand on ne doit avoir qu'une foible garde; entretenir une garde, quand on doit s'en tenir à ses domestiques, ce n'est point-là de l'ambition, ce n'est que de la vanité; et cette vanité conduit bientôt à l'indigence.

Faire la guerre, livrer des batailles, attaquer ou défendre des forteresses, est uniquement l'affaire des grands princes; et ceux qui veulent les imiter, sans en avoir la puissance, ressemblent à celui qui contrefaisoit le bruit du tonnerre et se croyoit un jupiter.

Les petits princes doivent avoir la prudence de ne pas s'engager légèrement avec d'autres princes plus puissans qu'eux, et qui, au lieu de les secourir, pourroient les accabler.

Les petits Etats peuvent se soutenir contre les plus grandes monarchies, lorsque ces Etats ont de l'industrie et beaucoup d'ordre dans leurs affaires.

Les grands Empires ne vont que par des abus. Ils sont remplis de confusion; et ils ne se soutiennent que par leurs vastes ressources et par la force intrinsèque de leur masse (1). Les intrigues

---

(1) La France, depuis la fin du règne de Louis XIV, a éprouvé des crises épouvantables; et souvent on l'a vue réduite à une telle détresse, que sa perte sembloit prochaine et inévitable. Le peuple, misérable et succombant sous le poids des impôts; les finances, épuisées; l'industrie et l'agriculture, découragées; le commerce, presque anéanti; le crédit, nul; toutes les bourses, resserrées; la marine, détruite; les armées, par-tout battues et dispersées; tous les ministères, livrés à des hommes corrompus ou dénués de ressources et de talens; une cour intrigante, orageuse, toujours prête à sacrifier l'intérêt de l'Etat à son ambition; des dilapidations énormes et de tous les genres; des maîtresses impérieuses, intéressées, dis-

qui se font dans ces cours, perdroient des princes moins puissans. Elles nuisent toujours : mais elles n'empêchent pas que de nombreuses armées ne conservent leur poids.

La plupart des Etats des grands princes sont situés de manière, qu'ils ne peuvent en abandonner le centre, sans que tout l'Etat ne s'en ressente. Ils sont le premier principe d'activité dans ce corps : mais s'ils quittent le centre, les extrémités languissent.

---

posant, selon leurs caprices, de tous les postes et de tous les honneurs; peu d'alliances, solides au dehors; la plupart des puissances, n'aspirant qu'au démembrement d'un si beau royaume, et qu'à la destruction totale de son ancienne prospérité.

Tel fut, dans bien des circonstances, l'affligeant spectacle, que la France offrit à l'Europe. Ceux qui la croyoient au bord de l'abime, pouvoient-ils être taxés d'irréflexion et de témérité ?

Cependant, elle s'est relevée avec gloire, de l'abaissement, où elle étoit tombée : elle a triomphé de tous ses ennemis : elle a fait d'immenses et riches conquêtes, que l'ambition même la plus audacieuse n'avoit pu, jusques-là, concevoir et hasarder comme possibles.

A quoi a-t-elle dû, en grande partie, ces succès inouis ? *à la force intrinsèque de sa masse.* Tout autre Etat auroit péri : et la nation s'est montrée, aux yeux de l'Univers, plus puissante et plus redoutable, qu'elle ne le fût jamais, aux époques les plus heureuses d'une monarchie de quatorze siècles. (*Note de l'Editeur*).

De la législation des Etats, et des tribunaux de justice.

Les lois sont, ou civiles, ou criminelles, ou de convention.

Les premières servent, pour assurer les possessions, soit pour les dots, les douaires, les contrats de vente et d'achat : elles indiquent les principes qui servent de règle, pour décider des limites, ainsi que pour éclaircir des droits, qui sont en litige.

Les lois criminelles sont plutôt, pour atterrer le crime que pour le punir. Les peines doivent être proportionnées aux délits ; et les châtimens les plus doux doivent, en tout tems, être préférés aux plus rigoureux.

Les lois de convention sont celles que les gouvernemens établissent, pour favoriser le commerce ou l'industrie.

Les deux premières sortes de lois sont d'un genre stable. Les dernières sont sujettes à des changemens, par des causes internes ou externes, qui peuvent obliger d'abolir les unes et d'en créer de nouvelles.

Les lois sont faites, pour protéger les foibles contre l'oppression des puissans. Elles seroient observées par-tout, si l'on surveilloit attentivement ceux qui en sont les organes et les exécuteurs.

Les lois, si elles sont bonnes, doivent être exprimées clairement, afin que la chicane ne puisse pas les tourner à son gré, pour en éluder l'esprit, et décider de la fortune des particuliers arbitrairement et sans règle (1).

----

(1) Frédéric regardoit la législation, et une sage administration de la justice distributive, comme les bases les plus essentielles de la félicité de son peuple ; et il ne cessa, durant tout son règne, de s'occuper des moyens de corriger l'une, et de maintenir l'autre, avec toute la fermeté de son caractère.

Sa sévérité, dans l'affaire, si connue, du meûnier Arnold, prouva à l'Europe entière, non qu'il étoit infaillible dans ses jugemens, mais qu'il étoit incapable de pardonner, aux magistrats de ses tribunaux, la plus légère infraction des règles de la justice.

Jamais les prévarications ne furent fréquentes, tant qu'il vécut ; et s'il eut si peu d'occasions de punir, c'est qu'il eut le singulier bonheur de n'avoir que des Munchausen dans le ministère de la justice, et des Rebeurs, à la tête des juges et des hommes de loi ; c'est qu'on étoit bien convaincu, dans ses Etats, qu'il ne souffriroit pas d'acceptions de personne ; c'est que le moindre de ses sujets pouvoit librement, dans un cas d'oppression, lui adresser ses plaintes, avec la certitude d'être maintenu dans ses droits.

Les améliorations des lois ne furent pas moins l'objet continuel de ses paternelles sollicitudes. Elles étoient très-

Les peines ne doivent jamais passer le délit. La violence ne doit jamais être employée, au lieu des

---

incomplètes, avant qu'il montât sur le trône; et beaucoup même de ces lois, se ressentoient encore de l'ancienne barbarie des habitans grossiers, et presque sauvages des contrées septentrionales de l'Europe.

Il se hâta, d'abord, de faire composer, par son grand-chancelier, M. de Cocceji, le *Code Frédéric*. Toutes les lois, qu'exigent les besoins d'une grande société, n'y furent pas comprises, sans doute; et ce premier travail n'offre guères qu'un simple apperçu du plan, qu'on avoit à suivre dans l'administration de la justice.

Mais vers la fin du règne de ce monarque, et après la disgrace du grand-chancelier, le baron de Furst, à l'occasion du procès d'Arnold, M. de Carmer, qui lui succéda dans le ministère, fut chargé de donner, à la législation prussienne, plus d'étendue et de perfection : il s'en acquitta, à la satisfaction de son souverain.

M. de Carmer n'avoit peut-être pas tout le génie de M. de Cocceji, pour parcourir une immense carrière : mais il lui étoit fort supérieur en savoir; et peu d'hommes se sont fait distinguer, dans leurs fonctions, par une application plus constante et plus soutenue.

Son Code n'a pas été, dans toutes ses parties, universellement approuvé par les jurisconsultes prussiens : il est incontestable, néanmoins, qu'il n'a pas été d'une médiocre utilité pour la Prusse, et qu'il a préparé les voies au perfectionnement, qui a toujours été l'un des premiers objets des vœux du grand Frédéric.

(*Note de l'Editeur*).

lois. Il vaut mieux, que le jugement soit trop indulgent, que trop sévère.

Un peuple doux ne doit point avoir de lois rigoureuses, mais adaptées à son caractère. La base de ces systèmes doit toujours être relative au grand bien de la société. Les principes doivent être adaptés à la situation du pays, à ces anciens usages, s'ils sont bons, au génie de la nation.

Les lois des habitans des bords de la Baltique étoient des lois de sang, ainsi qu'on nommoit celles de Dracon. J'ai cru nécessaire de les réformer : car, à mesure que les peuples se civilisent, il faut adoucir leurs lois. Nous l'avons fait; et nous nous en sommes bien trouvés. J'ai pensé, suivant les sentimens des plus sages législateurs, qu'il valoit mieux empêcher et prévenir les crimes, que de les punir.

Depuis que nos lois ont été modérées, nous n'avons, année commune, que quatorze, tout au plus quinze arrêts de mort. J'en réponds d'autant plus affirmativement, que personne ne peut être arrêté sans ma signature, ni personne justicié, à moins que je n'aie ratifié la sentence.

Parmi ces délinquans, la plupart sont des filles qui ont tué leurs enfans : on compte peu de meurtres, encore moins de vols de grand chemin.

J'ai fait ce que j'ai pu, pour empêcher ces malheureuses de se défaire de leurs fruits. Les maîtres sont obligés de dénoncer leurs servantes, dès qu'elles sont enceintes. Autrefois, on avoit assujéti ces pauvres filles à faire dans les églises des pénitences publiques. Je les en ai dispensées. Il y a, dans chaque province, des maisons où elles peuvent accoucher, et où l'on se charge d'élever leurs enfans.

Nous avons entièrement aboli la question. Il y a plus de trente ans qu'on n'en fait plus usage.

Dans tous les cas de haute trahison, je crois que le bien public voudroit qu'on donnât la question au délinquant. Mais dans les matières civiles, il faut suivre la maxime, qui veut, qu'on sauve un coupable plutôt que de punir un innocent.

Si l'on est dans l'incertitude sur l'innocence d'un homme, ne vaut-il pas mieux le tenir arrêté que de l'exécuter ? La vérité est au fond d'un puits. Il faut du tems pour l'en tirer ; et elle est souvent tardive à paroître. Mais en suspendant son jugement jusqu'à ce qu'on soit entièrement éclairci du fait, on ne perd rien ; et l'on assure la tranquillité de sa conscience.

Ces sortes de matières sont mes occupations

journalières : je me suis fait des principes, d'après lesquels j'agis.

Ce qui me révolte le plus, est cet usage barbare de donner la question aux gens condamnés, avant de les mener au supplice. C'est une cruauté en pure perte, et qui fait horreur aux ames compâtissantes, qui ont encore conservé quelque sentiment d'humanité.

Les lois établissent la punition des coupables : mais elles condamnent, en même tems, cet acharnement atroce et aveugle, qui confond dans ses vengeances les criminels et les innocens. Accusez-moi de trop de tolérance, je me glorifierai de ce défaut. Il seroit à souhaiter qu'on ne pût reprocher que de telles fautes aux souverains.

Dans la plupart des pays, les coupables ne sont punis de mort, que lorsque les actions sont atroces. Un fils qui tue son père, l'empoisonnement et pareils crimes exigent que les peines soient grièves, afin que la crainte de la punition retienne les ames dépravées, qui seroient capables de les commettre.

La question est proscrite ici comme en Angleterre. La raison en est des plus convaincantes. Elle ne dépend que de la foiblesse ou de la vigueur du tempérament de celui auquel on l'applique. Un moyen, qui peut produire un aveu de la vérité, ou un mensonge que la douleur extorque, est trop incertain et trop dangereux, pour qu'on puisse l'employer.

Il y a tels cas où l'atrocité du crime doit être punie avec rigueur. Les assassins et les incendiaires, par exemple, méritent la peine de mort, parce qu'ils se sont attribué un pouvoir tyrannique sur la vie et sur les possessions d'autrui. Je conviens qu'une prison perpétuelle est une punition plus cruelle que la mort. Mais elle n'est pas si frappante que celle qui se fait aux yeux de la multitude, parce que de pareils spectacles font plus d'impression, que des propos passagers, qui rappellent les peines, que souffrent ceux, qui languissent dans les prisons.

Comme les hommes abusent de tout ! Les lois, qui devroient constater la sûreté et la liberté des peuples, infectées, en France, du poison du fanatisme, sont devenues cruelles et barbares; mais la France est un pays civilisé : comment concilier un pareil contraste ?

Les lois de Saxe condamnoit tout adultère à avoir la tête tranchée. Un transgresseur de cette loi barbare est condamné. Auguste devoit signer l'arrêt de mort. Mais Auguste étoit sensible à l'amour et à l'humanité. Il donna sa grâce au criminel; et il abrogea une loi qui le condamnoit lui-même.

La procédure doit être aussi courte qu'il est possible, afin d'empêcher la ruine des plaideurs, qui consumeroient en faux frais ce qui leur est dû justement et de bon droit.

Cette partie du gouvernement ne sauroit être assez surveillée, pour mettre toutes les barrières possibles à l'avidité des juges et des avocats. On retient tout le monde dans le devoir par des visites, qui se font, de tems à autre, dans les provinces. Quiconque se croit lésé, ose porter ses plaintes à la commission; et les prévaricateurs sont sévèrement punis.

Le dépôt le plus précieux, qui soit confié aux princes, c'est la vie de leurs sujets. Leur charge leur donne le pouvoir de condamner à mort et de pardonner aux coupables.

Les bons princes regardent le pouvoir sur la vie de leurs sujets, comme le poids le plus pesant de leur couronne. Ils savent, qu'ils sont hommes, comme ceux, qu'ils doivent juger. Ils savent, que d'autres injustices peuvent se réparer, mais qu'un arrêt de mort, précipité, est un mal irréparable. Ils ne se portent à la sévérité, que pour éviter une rigueur plus fâcheuse, qu'ils prévoyent; semblables à un homme, qui se laisse retrancher un membre gangrené.

Comme tout particulier, qui n'agit pas par principes, a une conduite inconséquente, il importe, qu'un magistrat, qui veille au bien des peuples, agisse d'après un système arrêté de politique, de guerre, de finance, de commerce et de lois.

Tout magistrat fait serment de juger selon les lois. Il ne peut prononcer sa sentence, que selon ce qu'elles contiennent; et il n'y a de ressource pour un accusé, qu'en prouvant, qu'il n'est pas dans le cas de la loi.

Bien des choses me font soupçonner, que la justice est mal administrée en France; qu'on s'y précipite souvent dans les procédures, et qu'on s'y joue de la vie des hommes. Le président de Montesquieu étoit prévenu pour cette jurisprudence, qu'il avoit sucée avec le lait. Cela ne m'empêche pas d'être persuadé, qu'elle a grand besoin d'être réformée.

Il ne faut jamais laisser aux tribunaux le pouvoir d'exécuter des sentences de mort, avant qu'elles n'aient été revues par des tribunaux suprêmes et signées par le souverain. C'est une chose pitoyable de casser des arrêts et des sentences, quand les victimes ont péri. Il faudroit punir les juges, et les restreindre avec tant d'exactitude, qu'on n'eût pas désormais de pareilles rechûtes à craindre.

Sancho-Pansa étoit un grand jurisconsulte : il gouvernoit sagement son isle de Barataria. Il seroit à souhaiter, que les présidiaux eussent toujours sa belle sentence sous les yeux. Ils respecteroient au moins davantage la vie des malheureux, s'ils se rappelloient, qu'il vaut mieux sauver un coupable, que de perdre un innocent.

Si, par impossible, il se trouvoit une famille, dépourvue de toutes assistances, je ne balancerois pas à décider, que le vol lui devient légitime. Se laisser périr soi, sa femme, ses enfans, est un bien plus grand crime, que de dérober à quelqu'un de son superflu. L'intention du vol est vertueuse : l'action en est d'une nécessité indispensable. Je suis persuadé, qu'il n'est aucun tribunal, qui, ayant bien constaté la vérité du fait, n'opinât à absoudre un tel voleur.

Les souverains sont originairement les juges de l'Etat. La multitude d'affaires les a obligés de se décharger de cet emploi sur des personnes, auxquelles ils confient la partie de la législation. Toutefois ils ne doivent pas négliger cette partie de l'administration, jusqu'à tolérer, qu'on abuse de leur nom et de leur autorité, pour commettre des injustices.

Voilà la raison, qui m'oblige de surveiller ceux, qui sont chargés de rendre la justice, parce qu'un juge inique est pire, qu'un voleur de grand chemin. Assurer leurs possessions à tous les citoyens, et les rendre heureux, autant que le permet la nature humaine, sont les devoirs de tous ceux, qui se trouvent à la tête des sociétés; et je tâche de les remplir de mon mieux. Sans cela, à quoi me serviroit d'avoir lu Platon, Aristote, les lois de Lycurgue, et celles de Solon?

J'ai fait, dans ce pays-ci, tout ce que j'ai pu, pour réformer la justice, et pour obvier aux abus des tribunaux. Les anges pourroient y réussir, s'ils vouloient se charger de cette besogne : mais nous sommes réduits à nous servir de nos semblables, qui demeurent toujours beaucoup en arrière dans la perfection.

L'ordre, introduit et maintenu dans la justice, raffermit le bonheur des citoyens, en assurant les possessions de chaque famille.

Je me borne à empêcher, dans mon pays, que le puissant n'opprime le foible, et à adoucir les sentences, qui, quelquefois, me paroissent trop rigoureuses. Cela fait une partie de mes occupations, lorsque je parcours les provinces. Tout le monde vient à moi. J'examine, et par moi-même et par d'autres, toutes les plaintes ; et je me rends utile à des personnes, dont j'ignorois l'existence, avant d'avoir reçu leur mémoire. Cette révision rend les juges attentifs, et prévient les procédés trop durs et trop rigoureux.

De la police et des mœurs.

La religion, les lois, un gouvernement quelconque, n'empêcheront jamais que les Etats ne contiennent plus ou moins de scélérats, dans le grand nombre de citoyens qui les composent. Partout la masse du peuple est peu raisonnable, facile à se livrer au torrent des passions, et plus encline au vice que portée au bien. Tout ce qu'on peut attendre d'un bon gouvernement, c'est que les grands crimes y soient plus rares que dans un mauvais.

Plus les sociétés sont nombreuses, et plus les vices sont raffinés. Plus les passions ont d'occasion de se déployer, et plus elles agissent.

Dans tous les Etats, l'espèce la plus dangereuse est celle des dissipateurs et des prodigues. Leurs profusions épuisent, en peu de tems, leurs ressources ; ce qui les réduit à des extrémités fâcheuses, qui les forcent ensuite à recourir aux expédiens les plus bas, les plus odieux, les plus infâmes.

La troupe de Catilina, les adhérens de Jules César, les frondeurs, que le cardinal de Retz avoit ameutés, ceux qui s'attachèrent à la fortune de Cromwel, étoient tous gens de cette espèce : ils ne pouvoient s'acquitter de leurs dettes, ni réparer leur fortune délabrée, qu'en bouleversant l'Etat, dont ils étoient citoyens.

Voyez la cascade du crime. Pour fournir aux dépenses, il faut avoir des biens : pour en avoir, il faut en dépouiller les possesseurs; et pour en jouir avec sûreté, il faut les exterminer. Raisonnemens de voleurs de grand chemin !

Dans les premières familles d'un état, les prodigues friponnent et cabalent. Chez le peuple, les dissipateurs et les paresseux finissent par devenir brigands, et par commettre les attentats les plus énormes contre la sûreté publique.

Il n'y a aucun pays où tout homme qui n'est ni paresseux, ni fainéant, ne trouve suffisamment à subsister par son travail.

Sans le principe réprimant des punitions, la force du raisonnement ne seroit pas capable d'arrêter seule, les saillies féroces d'un amour-propre désordonné.

La bonne police empêche autant de crimes que

la douceur des lois. La police est ce que les moralistes appellent le *principe réprimant*. Si l'on ne vole point, si l'on n'assassine point, c'est qu'on est sûr d'être incontinent découvert et saisi. Cela retient les scélérats timides. Ceux qui, chez nous, sont plus aguerris, vont chercher fortune dans l'Empire, où la proximité des frontières de tant de petits Etats leur offre des asyles en quantité.

C'est un objet des plus importans que la conservation des bonnes mœurs dans leur intégrité.

Le souverain peut y contribuer beaucoup, en distinguant et récompensant les citoyens qui ont fait des actions vertueuses, en témoignant du mépris pour ceux dont la dépravation ne rougit plus de ses déréglemens. Il doit désapprouver hautement toute action déshonnête, et refuser des distinctions à ceux qui sont incorrigibles.

Il est encore un objet important qu'il ne doit pas perdre de vue, et qui, s'il étoit négligé, porteroit un préjudice irréparable aux bonnes mœurs : c'est quand le prince distingue trop des personnes qui, sans mérite, possèdent de grandes richesses. Ces honneurs, prodigués à propos, confirment le public dans le préjugé vulgaire, qu'il suffit d'avoir du bien pour être considéré. Dès-lors, l'intérêt et la cupidité secouent le frein qui les retenoit. Chacun veut accumuler des richesses. On emploie les voies les plus iniques pour les acquérir. La corruption gagne : elle s'enracine ; elle devient générale. Les hommes à talens, les hommes vertueux sont méprisés ; et le public n'honore que ces bâtards de Midas, dont la grande dépense et le faste l'éblouissent.

Rien ne marque plus la différence de nos mœurs et celle des temps reculés, que lorsqu'on compare la manière, dont l'antiquité traitoit les grands hommes, et celle dont les traite notre siècle. La magnanimité, la grandeur d'ame, la fermeté, passent aujourd'hui pour des vertus chimériques. La Grèce étoit si charmée d'avoir produit Homère, que plus de dix villes se disputoient l'honneur d'être sa patrie. Virgile, malgré les vers de quelques rimailleurs obscurs, jouissoit paisiblement de la protection d'Auguste et de Mécène, comme Boileau, Racine et Corneille, de celle de Louis-le-Grand.

Du respect des cultes, et de la tolérance religieuse.

Un homme, sans cesse occupé de guerres ou d'affaires, n'a pas le tems d'étudier l'histoire eclésiastique. J'ai plus fait de manifestes, durant ma vie, que je n'ai lu de bulles. J'ai combattu des croisés, des gens avec des toques bénites, que le Saint-Père avoit fortifiés dans le zèle, qu'ils marquoient pour me détruire. Mais ma plume, moins téméraire que mon épée, respecte les objets, qu'une longue coutume a rendus vénérables.

Il y a des punitions, établies par les législateurs pour ceux qui troublent le culte adopté par la nation. La discretion, la décence sur-tout, le respect, que tout citoyen doit aux lois, oblige de ne point insulter au culte reçu, et d'éviter le scandale et l'insolence. Ce sont des lois de sang qu'on devroit réformer, en proportionnant la punition à la faute. Mais tant que ces lois rigoureuses demeureront établies, les magistrats ne pourront pas se dispenser d'y conformer leur jugement.

Pour moi, qui suis un raisonneur sans enthousiasme, je désirerois, que les hommes fussent raisonnables, et sur-tout qu'ils fussent tranquilles. Nous connoissons les crimes que le fanatisme dans la religion a fait commettre. Gardons-nous d'introduire le fanatisme dans la philosophie. Son caractère doit être la douceur et la modération.

La tolérance, dans une société, doit assurer à chacun la liberté de croire ce qu'il veut: mais cette tolérance ne doit pas s'étendre à autoriser l'effronterie et la licence de jeunes étourdis, qui insultent audacieusement à ce que le peuple révère.

Voilà mes sentimens, qui sont conformes à ce qui assure la liberté et la sûreté publique, premier objet de toute législation.

Socrate n'adoroit pas les *dii majores et minores*. Toutefois il assistoit aux sacrifices publics. Gassendi alloit à la messe, et Newton au prône.

La scène, qui s'est passée à Abbeville, est tragique. Mais n'y a-t-il pas de la faute de ceux qui ont été punis? Faut-il heurter de front des préjugés, que le tems a consacrés dans l'esprit des peuples? et si l'on veut jouir de la liberté de penser, faut-il insulter à la croyance établie? Quiconque ne veut point remuer, est rarement persécuté.

Si l'on remonte à l'origine de la société, on trouvera qu'il est évident que le souverain n'a aucun droit sur la façon de penser des citoyens. Ne faudroit-il pas être en démence, pour se figurer que des hommes aient dit à un homme, leur semblable : « Nous vous élevons au-dessus de » nous, parce que nous aimons l'esclavage ; et » nous vous donnons la puissance de diriger nos

» pensées à votre volonté? » Ils ont dit, au contraire : « Nous avons besoin de vous, pour main-
» tenir les lois, auxquelles nous voulons obéir,
» pour nous gouverner, pour nous défendre : du
» reste, nous exigeons de vous, que vous respec-
» tiez notre liberté ». Voilà la sentence prononcée : elle est sans appel ; et même cette tolérance est si avantageuse aux sociétés, où elle est établie, qu'elle fait le bonheur de l'Etat.

La tolérance est une vertu, dont il est quelquefois dangereux de s'écarter.

En Prusse, toutes les religions sont égales au gouvernement, qui laisse à chacun la liberté d'aller au ciel par quel chemin il lui plaît : qu'il soit bon citoyen, c'est tout ce qu'on lui demande (1).

---

(1) Lorsqu'après la fameuse bataille de Friedberg, le roi se porta sur Landshut, il fut entouré d'une troupe de deux mille paysans, qui lui demandèrent la permission d'égorger tout ce qui étoit catholique dans cette contrée. Cette animosité venoit de la dureté des persécutions, que les protestans avoient souffertes de la part des curés, dans le tems de la domination autrichienne, où l'on avoit ôté les églises aux luthériens, pour les donner à des prêtres catholiques. Le roi étoit bien éloigné de leur accorder une permission aussi barbare : il leur dit, qu'ils devoient plutôt se cou-

Le faux zèle est un tyran, qui dépeuple les provinces. La tolérance est une tendre mère, qui les soigne et les fait fleurir.

Il est peu de pays, où les citoyens aient les mêmes opinions sur la religion. Elles diffèrent souvent entièrement. De sombres politiques vous disent : tout le monde doit être de la même opinion, pour que rien ne divise les citoyens. Le théologien ajoute : quiconque ne pense pas comme moi est damné ; et il ne convient pas, que mon souverain soit un roi de damnés. Il faut donc les détruire dans le monde, pour qu'ils prospèrent d'autant mieux dans l'autre.

Dès que tout culte est libre, tout le monde est tranquille ; au lieu que la persécution a donné lieu aux guerres civiles les plus sanglantes, les plus longues, et les plus destructives.

Le moindre mal, qu'attire la persécution, est de faire émigrer les persécutés. Dans certaines provinces de France, la population a souffert et se ressent encore de la révocation de l'édit de Nantes.

---

former aux préceptes de l'Ecriture, bénir ceux, qui les offensoient, prier Dieu pour ceux, qui les persécutoient, afin d'hériter le royaume des cieux. Les paysans lui répondirent, qu'il avait raison, et se désistèrent de leur cruelle prétention.

Les hommes doivent s'aimer comme des frères. Leur devoir est de s'aider réciproquement à supporter le fardeau de la vie, où la somme des maux l'emporte sur celle des biens. Leurs opinions sont aussi différentes, que leurs physionomies. Loin de se persécuter, parce qu'ils ne pensent pas de même, ils doivent se borner à rectifier le jugement de ceux, qui sont dans l'erreur ; par le raisonnement, sans substituer aux argumens le fer et les flammes. L'hypocrisie ou le faux zèle s'exprime ainsi : « exterminons ceux, » qui ne pensent pas ce que nous voulons qu'ils » pensent. Accablons ceux, qui dévoilent notre » ambition et nos vices. Que Dieu soit le bou- » clier de nos iniquités : que les hommes se dé- » chirent, que le sang coule : qu'importe ? pourvu » que notre autorité s'accroisse ». C'est ainsi que la religion sert souvent de prétexte aux passions des hommes, et que, par leur perversité, la source la plus pure du bien devient celle du mal.

Attaquer la religion reçue dans un pays, c'est attaquer dans son dernier retranchement l'amour propre des hommes, qui leur fait préférer ce qu'ils croyent, sans savoir pourquoi, à toute foi étrangère, et à toutes les objections, qu'on pourroit leur faire.

Un homme, qui passe pour ne point avoir de

religion, fut-il le plus honnête homme du monde, est généralement décrié. La religion est l'idole des peuples. Quiconque ose y toucher d'une main profane, s'attire leur haine, et leur est en abomination.

Je crois, que la raison, à force de s'élever contre le fanatisme, rendra la race future plus tolérante, que celle de notre tems; et c'est beaucoup gagner.

Chez nous, les seigneurs et le peuple, occupés du soin de leur rétablissement, vivent en paix. Ils sont si pleins de leur ouvrage, que personne ne fait attention au culte de son voisin. Les étincelles de haine de religion, qui se ranimoient souvent avant la guerre, sont éteintes; et l'esprit de tolérance gagne journellement dans la façon de penser générale des habitans.

Pour moi, dont la foi est tiède, je tolère tout le monde, à condition qu'on me tolère, sans m'embarrasser même de la foi des autres.

Ménagez les bigots; et craignez les persécuteurs. Il n'y a rien de plus cruel, que d'être soupçonné d'irréligion. On a beau faire tous les efforts imaginables, pour sortir de ce blâme, cette accusation dure toujours.

De l'abolition de tout servage.

L'ancien gouvernement féodal, qui étoit presque général en Europe, il y a quelques siècles, s'étoit établi par les conquêtes des barbares. Le général, qui menoit une horde, se rendoit souverain du pays conquis; et il partageoit les provinces entre ses principaux officiers.

Ceux-ci étoient soumis au suzerain, et lui fournissoient des troupes, s'il en demandoit. Mais comme quelques-uns de ces vassaux devinrent aussi puissans, que leur chef, cela formoit des Etats dans l'Etat. C'étoit une source de guerres civiles, dont résultoit le malheur de la société générale.

En Allemagne, les vassaux sont devenus indépendans. Ils ont été opprimés en France, en Angleterre et en Espagne. La seule image, qui nous reste de cet abominable gouvernement, subsiste encore dans la république de Pologne.

Il se trouve, dans la plupart des Etats de l'Europe, des provinces, où les paysans, attachés à la glèbe, sont serfs de leurs gentils-hommes. C'est de toutes les conditions la plus malheureuse, et celle, qui révolte le plus l'humanité. Aucun homme n'est né, pour être l'esclave de ses semblables. On déteste avec raison un pareil abus; et l'on croit, qu'il ne faudroit que le vouloir, pour abolir cette coutume barbare. Mais elle tient à d'anciens contrats, faits entre les possesseurs des terres et les colons. L'agriculture est arrangée, en conséquence des services des paysans. En voulant abolir tout d'un coup cette abominable gestion, on bouleverseroit entièrement l'économie des terres; et il faudroit indemniser la noblesse des pertes, qu'elle souffriroit en ses revenus (1).

De la subordination de la noblesse.

Autrefois, en France, les grands et les nobles

---

(1) Tout le système féodal a été aboli, en France, pendant la session de l'assemblée constituante. Cette opération n'eût été que louable, si elle avoit été faite progressivement, et avec cette sage modération, qui ménage également, et les intérêts de l'Etat, et ceux des individus. On pouvoit abroger, tout d'un coup, une foule d'usages avilissans, qui tenoient à cet affreux régime, uniquement fondé sur la force, et que la violence seule avoit toujours maintenu jusques-là : on ne devoit pas supprimer, sans indemnités, les droits des cens, auxquels tous les vassaux s'étoient volontairement soumis, et que les lois et une possession de plusieurs siècles, avoient consacrés. Tout ce qui dégrade la dignité d'homme, mérite d'être aboli : il n'en est pas de même d'une redevance pécuniaire, et proportionnée aux avantages, qu'on a reçus, et dont le cessionnaire n'a plus le droit de vous dépouiller, tant que les stipulations du contrat sont strictement observées.

(*Note de l'Editeur*).

étoient comme de petits souverains, qui partageoient, en quelque manière, la puissance du prince ; ce qui donnoit lieu aux divisions, fortifioit les partis, et fomentoit de fréquentes révoltes.

La politique du cardinal de Richelieu n'avoit pour but, que d'abaisser les grands, pour élever la puissance du roi, et pour la faire servir de base à toutes les parties de l'Etat. Il y réussit si bien, qu'aujourd'hui il ne reste plus, en France, de vestiges de la puissance des seigneurs et des nobles, et de ce pouvoir, dont les grands abusoient quelquefois.

Le cardinal Mazarin marcha sur les traces de Richelieu. Il essuya beaucoup d'opposition : mais il y réussit.

Dans le tems que les burgraves de Nuremberg s'établirent (en 1411) dans la marche du Brandebourg, les gentils-hommes, devenus sauvages sous les dernières régences, leur refusèrent l'hommage. Cette noblesse, soutenue dans son indépendance par les ducs de Poméranie, devenoit redoutable à son souverain. Les grandes familles étoient puissantes : elles armoient leurs sujets : elles se faisoient la guerre, et détroussoient même les passans sur les grands chemins. Des châteaux massifs et entourés de fossés leur servoient de repaires.

Ces petits tyrans, ayant partagé entr'eux l'autorité légitime, fouloient injustement ceux qui cultivoient les champs; et comme il n'y avoit point de domination assez bien établie, pour faire respecter les lois, le pays étoit dans le désordre et dans la plus affreuse misère.

Les grandes familles, qui s'élevèrent pendant cette anarchie, furent les Quitzow, les Puttlitz, les Bredow, les Holtzendorff, les Uchtenhagen, les Torgow, les Arnim, les Rhochow.

Ce fut à celles-là que Frédéric I eut affaire.

L'empereur Sigismond, en 1415, conféra le Brandebourg et la dignité électorale à Frédéric de Hohenzollern, burgrave de Nuremberg. Ce prince exigea l'hommage de ses nouveaux sujets : mais le peuple, qui ne connoissoit encore que des maîtres cruels, eut de . . soumettre à cette domination douce et . . time.

Frédéric I réduisit les gentils-hommes à l'obéissance par la terreur, que répandit le gros canon, avec lequel il forçoit les châteaux des rébelles. Ce canon étoit une pièce de vingt-quatre livres, en quoi consistoit toute son artillerie.

L'esprit de sédition ne se perdit pas si vite. Les

bourgeois de Berlin se révoltèrent, à différentes reprises, contre leurs magistrats. Frédéric I appaisa ces émeutes avec douceur et sagesse.

Des talens et des lumières en tout genre.

Les grands génies ne naissent que de loin en loin. L'antiquité grecque nous fournit un Homère; c'étoit le père de la poésie épique : un Aristote, qui avoit, quoique mêlées d'obscurités, des connoissances universelles : un Epicure, auquel il a fallu un commentateur, comme Newton, pour qu'on lui rendit justice. Les latins nous fournissent un Cicéron, aussi éloquent que Démosthène, et qui embrassoit beaucoup d'érudition dans la sphère de sa capacité; un Virgile, que je regarde comme le plus grand des poëtes. Il se trouve ensuite une très-grande lacune jusqu'aux Bayle, aux Leibnitz, aux Newton, aux Voltaire.

Peut-être faut-il que la nature fasse des efforts, pour accoucher de ces génies sublimes. Peut-être y en a-t-il beaucoup d'étouffés par les hasards de la naissance et par des jeux de la fortune, qui les détournent de leur destination. Peut-être y a-t-il des années stériles pour les productions des esprits, comme il y en a pour les semences et pour les vignes.

Rien n'illustre plus un règne que les arts, qui fleurissent sous son abri. Le siècle de Périclès est aussi fameux par les grands génies, qui vivoient à Athènes, que par les batailles que les Athéniens donnèrent alors. Celui d'Auguste est mieux connu par Cicéron, Ovide, Horace, Virgile, que par les proscriptions de ce cruel Empereur, qui doit, après tout, une grande partie de sa réputation à la lyre d'Horace. Celui de Louis XIV est plus célèbre par les Corneille, les Racine, les Molière, les Boileau, les Descartes, les Lebrun, les Girardon, que par ce passage du Rhin, tant exagéré, par les sièges, où Louis se trouva en personne, et par la bataille de Turin, que M. de Marsin fit perdre au duc d'Orléans par ordre du cabinet.

Les arts, les plus nécessaires à la vie, sont l'agriculture, les manufactures et le commerce; et ceux, qui font le plus d'honneur à l'esprit humain, sont la géométrie, la philosophie, l'astronomie, l'éloquence, la poésie, la peinture, la musique, la sculpture, l'architecture, la gravure, et ce qu'on entend sous le nom de beaux-arts.

Les sciences et les arts sont comme de vastes pays, qu'il nous est presque aussi impossible de subjuguer tous, qu'il l'a été à César ou à Alexandre, de conquérir le monde entier. Il faut beaucoup de talens et beaucoup d'application, pour s'assujétir quelque petit terrain. Aussi, la plupart des hommes ne marchent-ils qu'à pas de tortue dans la conquête de ce pays.

Les sciences ont toujours contribué à humaniser les hommes, en les rendant plus doux, plus justes, et moins portés aux violences. Elles ont, pour le moins, autant de part que les lois, au bien de la société et au bonheur des peuples. Cette façon de penser, aimable et douce, se communique insensiblement, de ceux, qui cultivent les arts et les sciences, au public et au vulgaire. Elle passe de la cour à la ville, et de la ville dans les provinces.

On voit alors, avec évidence, que la nature ne nous forme point, assurément, pour que nous nous exterminions dans le monde, mais pour que nous nous assistions dans nos communs besoins; que le malheur, les infirmités et la mort, nous poursuivent sans cesse; et que c'est une démence extrême, de multiplier les causes de nos misères et de notre destruction.

On reconnoît, malgré la différence des conditions, l'égalité, que la nature a mise entre nous; la nécessité qu'il y a de vivre unis et en paix, de quelque nation, de quelque opinion que nous soyons; que l'amitié et la compassion sont des devoirs universels. En un mot, la réflexion corrige en nous tous les défauts du tempérament.

Tel est le véritable usage des sciences; et voilà, par conséquent, la règle de l'obligation, que nous devons avoir à ceux, qui les cultivent, et qui tâchent d'en fixer l'usage parmi nous.

Le propre des sciences est de donner une justesse d'esprit, qui prévient l'abus, qu'on en pourroit faire.

Les sciences doivent être considérées comme des moyens, qui nous donnent plus de capacité, pour remplir nos devoirs. Les personnes, qui les cultivent, ont plus de méthode dans ce qu'elles font; et elles agissent plus conséquemment. L'esprit philosophique établit des principes : ce sont les sources des raisonnemens, et la cause des actions sensées.

Les arts et les sciences ont toujours été les enfans de l'abondance. Les pays, où ils ont fleuri, ont eu un avantage incontestable sur ceux, que la barbarie nourrissoit dans l'obscurité.

Je me trouverois fort heureux de pouvoir les attirer, dans nos climats reculés, où, jusqu'à présent, ils n'ont que foiblement pénétré. Semblable à ces connoisseurs de tableaux, qui savent en juger, qui connoissent les grands maîtres, mais qui ne s'entendent pas même à broyer les couleurs, je suis frappé de ce qui est beau : je l'estime : mais je n'en suis pas moins ignorant.

Il seroit à souhaiter, que les hommes fussent tous au-dessus des corruptions, de l'erreur et du mensonge ; que le vrai et le bon goût servissent généralement de règle dans les ouvrages sérieux, et dans les ouvrages d'esprits : mais combien de savans sont capables de sacrifier, à la vérité, les préjugés de l'estime, le poids de la beauté, et la force de l'amitié ? Il faut une ame vigoureuse, pour vaincre d'aussi puissantes oppositions.

Le pays des sciences ne se gagne, que par un travail assidu. On ne s'en rend maître, que par les forces de l'esprit.

Les sciences sont les alimens des ames. La mémoire les reçoit comme l'estomac : mais elles causent des indigestions, si le jugement ne les digère.

Oh ! que les belles-lettres sont utiles à la société ! Elles délassent de l'ouvrage de la journée. Elles dissipent agréablement les vapeurs politiques, qui entêtent. Elles adoucissent l'esprit. Elles amusent jusqu'aux femmes. Elles consolent les affligés. Elles sont enfin l'unique plaisir, qui reste à ceux que l'âge a courbés sous son faix, et qui se trouvent heureux d'avoir contracté ce goût dès leur jeunesse.

Les plus heureux momens de la vie sont ceux qu'on donne aux lettres. Quand tous les autres plaisirs passent, celui-là reste.

Je m'attache plus fortement que jamais aux agrémens de la poésie et à toutes les parties des études, qui peuvent orner et éclairer l'esprit : ce seront les hochets de ma vieillesse, avec lesquels je m'amuserai, jusqu'à ce que ma lampe s'éteigne. Ces études adoucissent l'esprit, et font, que l'âpreté de la vengeance, la dureté des punitions, et enfin tout ce que le gouvernement souverain a de sévère, se tempère par un mélange de philosophie et d'indulgence, nécessaire, quand on gouverne des hommes qui ne sont pas parfaits, et qu'on ne l'est pas soi-même.

Les lettres nous procurent les plaisirs de l'esprit, plus durables que ceux du corps. Elles adoucissent les mœurs les plus féroces. Elles répandent leurs charmes sur tout le cours de la vie : elles rendent notre existence supportable et la mort moins affreuse.

Pour rendre les lettres respectables, il faut, non-seulement du génie, mais sur-tout des mœurs. Ce métier est devenu trop commun : trop de grimauds s'en mêlent ; et ce sont eux qui les décréditent.

L'étude des belles-lettres est si utile à ceux qui se vouent aux armes, que la plupart des grands capitaines y ont consacré leurs heures de loisir.

Les arts et les sciences sont des jumeaux, qui ont le génie pour père commun : ils tiennent, les uns aux autres, par des liens naturels et inséparables.

La peinture exige une connoissance parfaite de la mythologie et de l'histoire. Elle conduit à l'étude de l'anatomie, pour tout ce qui a rapport au jeu des ressorts, qui font mouvoir le corps humain ; afin que, dans l'attitude des figures, la contraction des muscles opère des effets véritables, et ne présente, ni enfoncemens, ni élévations dans les membres, que ceux qui doivent y être.

Le paysage veut une connoissance de l'optique et de la perspective, qui, jointe à l'architecture, exige l'étude de la géométrie, des forces mouvantes et de la mécanique.

La peinture tient, sur-tout, à la poésie : le même feu d'imagination, qui sert le poëte, doit se trouver dans la peinture.

Toutes ces parties entrent dans la composition

d'un bon peintre ; et c'est peut-être un des grands avantages de notre siècle éclairé, que d'avoir rendu les sciences plus communes, en les rendant plus nécessaires.

Le bon goût fut enterré, à Rome, dans les tombeaux de Virgile, d'Ovide et d'Horace. Aux beaux jours de Rome, où Cicéron, Virgile, Horace, fleurissoient, succédèrent les tems des Sénèque et des Pline ; et à ceux-là, la barbarie.

Après la dégradation de l'esprit humain, revinrent les temps de la renaissance des sciences. Laissons à la vicissitude son empire ; et bénissons le ciel d'être venus au monde dans le bon temps, où nous avons été les contemporains des talens et des génies cultivés.

Quelque goût que je confesse d'avoir pour la gloire, je ne me flatte pas que les princes auront le plus de part à la réputation. Je crois, au contraire, que les grands auteurs, qui savent joindre l'utile à l'agréable, instruire en amusant, jouiront de la gloire la plus durable ; parce que la vie des bons princes se passe toute en action ; et que la vicissitude et la foule des événemens, qui suivent ceux-là, effacent les précédens : au lieu que les grands auteurs sont, non-seulement les bienfaiteurs de leurs contemporains, mais de tous les siècles.

Le nom d'Aristote retentit plus dans les écoles, que celui d'Alexandre. On lit et relit plus Cicéron, que les commentaires de César. Les bons auteurs du dernier siècle ont rendu le règne de Louis XIV plus fameux, que les victoires du conquérant. Les noms de Fra-Paolo, du cardinal Bembe, du Tasse, de l'Arioste, l'emportent sur ceux de Charles-Quint et de Léon X. On parle cent fois de Virgile, d'Horace, d'Ovide, pour une fois qu'on parle d'Auguste; et encore n'est-ce que rarement en son honneur. S'agit-t-il de l'Angleterre? on est bien plus curieux des anecdotes, qui regardent les Newton, les Locke, les Shaftesbury, les Milton, les Bolinbrocke, que de la cour molle et voluptueuse de Charles II, de la lâche superstition de Jacques II, et de toutes les misérables intrigues qui agitèrent le règne de la reine Anne.

Quand un peu de terre a couvert les cendres d'un individu, il ne vit plus avec nous; au lieu que l'on converse avec tous les beaux-esprits de l'antiquité, qui nous parlent par leurs livres.

Nonobstant tout ce que je viens d'exposer, je n'en travaillerai pas moins pour la gloire, dussé-je mourir à la peine, parce qu'on est incorrigible à soixante-un an, et parce qu'il est prouvé, que celui, qui ne désire pas l'estime de ses contemporains, en est indigne. Voilà l'aveu sincère, de ce que je suis, et de ce que la nature a voulu que je fusse.

Je crois, qu'en pesant les voix, les travaux du philosophe, seroient jugés supérieurs à ceux du militaire. Si nous envisageons les choses, du côté de l'utilité, des connoissances, détaillées et appréciées, se conservent pour toujours. Les livres les transmettent à la postérité la plus reculée; au lieu que les succès passagers d'un genre, qui n'intéresse que quelques peuples, dans un petit coin de l'Europe, s'oublient, aussitôt qu'ils sont passés.

Les rois honorent l'humanité, lorsqu'ils distinguent et récompensent ceux, qui lui font le plus d'honneur, et qu'ils encouragent les esprits supérieurs, qui s'emploient à perfectionner nos connoissances, et qui se dévouent au culte de la vérité.

Heureux sont les souverains, qui cultivent eux-mêmes les sciences, qui pensent avec Cicéron, ce consul romain, libérateur de sa patrie et père de l'éloquence!

Laurent de Médicis, le plus grand homme de

sa nation, étoit le pacificateur de l'Italie, et le restaurateur des sciences. Sa probité lui concilia la confiance générale de tous les princes; et Marc-Aurèle, un des plus grands empereurs de Rome, étoit non moins heureux guerrier, que sage philosophe, et joignoit la pratique la plus sévère de la morale, à la profession qu'il en faisoit.

Si je désire quelque chose avec ardeur, ce seroit d'avoir des gens savans et habiles autour de moi. Je ne crois pas, que ce soient des soins perdus, que ceux, qu'on emploie à les attirer. C'est un hommage, qui est dû à leur mérite; et c'est un aveu du besoin, que l'on a d'être éclairé par leurs lumières.

Qui sauroit qu'Alexandre le Grand exista jamais, si Quinte-Curce et quelques fameux historiens, n'eussent pris soin de nous transmettre l'histoire de sa vie? Le vaillant Achille et le sage Nestor, auroient échappé à l'oubli des tems, sans Homère, qui les célébra?

Les belles-lettres ne sont plus tant récompensées, qu'elles l'étoient du tems de Louis le Grand. Ce prince, quoique peu instruit, se faisoit une affaire sérieuse de protéger ceux, dont il attendoit son immortalité. Il aimoit la gloire; et c'est à cette noble passion, que la France est redevable de son académie, et des arts, qui y fleurissent encore.

Dans les sciences, ceux, qui viennent les derniers, surpassent quelquefois leurs prédécesseurs. Cela pourra nous arriver plutôt qu'on ne le croit, si les souverains, en Allemagne, prennent du goût pour les lettres; s'ils encouragent ceux, qui s'y appliquent; en louant et récompensant ceux, qui ont le mieux réussi. Que nous ayons des Médicis; et nous verrons éclore des génies. Des Auguste feront des Virgile.

La marque la plus sûre qu'un pays est sous un gouvernement sage et heureux, c'est lorsque les beaux-arts naissent dans son sein. Ce sont des fleurs qui viennent dans un terrain gras et sous un ciel heureux, mais que la sécheresse et le souffle des aquilons font mourir.

Nos universités et notre académie des sciences se trouvent dans un triste état. Il paroît que les muses veulent déserter ces climats.

Frédéric I, prince d'un génie fort borné, mais facile, a fait assez fleurir les arts sous son règne. Ce prince aimoit la grandeur et la magnificence. Il étoit libéral, même jusqu'à la profusion. Epris de toutes les louanges, qu'on prodiguoit à Louis XIV, il crut, qu'en choisissant ce prince pour son modèle, il ne pourroit pas manquer d'être loué à son tour.

La guerre ne détruit les arts que lorsque ce sont des barbares, qui la font.

La paix est la mère des arts : il faut que le temple de Janus soit fermé pour les cultiver.

L'étude et la culture des beaux-arts exigent du repos, de la tranquillité et du recueillement d'esprit.

Dans tous les siècles, les hommes d'un génie élevé ont été honorés pendant leur vie et encore plus après leur mort: On les a toujours envisagés comme des phénomènes, qui répandoient leur éclat sur leur patrie. Les premiers législateurs, qui apprirent aux hommes à vivre en société; les premiers héros, qui défendirent leurs concitoyens; les philosophes, qui pénétrèrent dans les abîmes de la nature et qui découvrirent quelques vérités; les poëtes, qui transmirent les belles actions de leurs contemporains aux races futures; tous ces hommes furent regardés comme des Etres supérieurs à l'espèce humaine. On les croyoit favorisés d'une inspiration particulière de la Divinité.

De-là vint, qu'on éleva des autels à Socrate, qu'Hercule passa pour un Dieu, et que sept villes se disputèrent la gloire d'avoir vu naître Homère. Le peuple d'Athènes savoit l'Illiade par cœur, et célébroit avec sensibilité la gloire de ces anciens héros dans les chants de ce poëme. Sophocle, qui remporta la palme du théâtre, fut en grande estime pour ses talens; et la république d'Athènes le revêtit des charges les plus considérables. Tout le monde sait, combien Eschine, Périclès, Démosthènes, furent estimés; et Périclès sauva, deux fois, la vie à Diagoras; la première, en le garantissant contre la fureur des sophistes, et la seconde, en l'assistant par ses bienfaits.

Quiconque, en Grèce, avoit des talens, étoit sûr de trouver des admirateurs et même des enthousiastes. C'étoit ces puissans encouragemens, qui développoient les génies, et qui donnoient aux esprits cet essor qui l'élève, et qui lui fait franchir les bornes de la médiocrité. Quelle émulation n'étoit-ce pas pour les philosophes, que d'apprendre, que Philippe de Macédoine choisit Aristote, comme le seul précepteur, digne d'élever Alexandre?

Dans ce beau siècle, tout mérite avoit sa récompense; tout talent, ses honneurs. Les bons auteurs étoient distingués. Les ouvrages de Thucydide, de Xénophon, se trouvoient entre les mains de tout le monde. Enfin, chaque citoyen sembloit participer à la célébrité de ces génies, qui élevèrent alors le nom de la Grèce, au-dessus de celui de tous les autres peuples.

Bientôt après, Rome nous fournit un spectacle semblable. Cicéron, par son esprit philosophique et par son éloquence, s'éleva au comble des honneurs. Lucrèce ne vécut pas assez, pour jouir de sa réputation. Virgile et Horace furent honorés des suffrages de ce peuple-roi : ils furent admis aux familiarités d'Auguste, et participèrent aux récompenses que ce tyran adroit répandoit sur ceux, qui, célébrant ses vertus, se faisoient illusion sur ses vices.

A l'époque de la renaissance des lettres dans notre occident, les Médicis et quelques souverains pontifes accueillirent les gens de lettres avec empressement. Pétrarque fut couronné poëte; et la mort ravit au Tasse l'honneur d'être couronné dans le même capitole, où jadis avoient triomphé les vainqueurs de l'Univers.

Louis XIV, avide de tout genre de gloire, ne négligea pas celui de récompenser les hommes extraordinaires, que la nature produisit sous son règne. Il ne se borna pas à combler de bienfaits Bossuet, Fénélon, Racine, Despréaux : il étendit sa munificence sur tous les gens de lettres, en quelque pays qu'ils fussent, pour peu que leur réputation fut parvenue jusqu'à lui.

Tel est le cas, qu'ont fait tous les âges de ces génies heureux, qui semblent ennoblir l'espèce humaine, et dont les ouvrages nous délassent et nous consolent des misères de la vie.

De ce nombre d'hommes, qui se sont mêlés de gouverner ou de bouleverser le monde, on ne fait attention qu'à ceux, dont le génie a été le plus étendu, dont les plus grandes actions ont été une suite de grands projets, et qui se sont servis des événemens ou les ont fait naître, pour changer la face politique de l'Univers.

Tel fut César. Les services qu'il rendit à la république, ses vices, ses vertus, ses victoires, tout contribua à l'élever au trône du monde. Tel étoit le grand Gustave, Turenne, Eugène, Malborough, dans des cercles d'activité, plus ou moins étendus.

Les uns assujettissoient leurs opérations militaires à l'objet, qu'ils s'étoient proposés de remplir durant le cours d'une année. Les autres enchaînoient leurs travaux et plusieurs campagnes au dessein général de la guerre, qu'ils avoient entreprise ; et l'on s'apperçoit du but, qu'ils se proposoient, en suivant les actions, tantôt circonspectes, tantôt brillantes, qui les y conduisirent.

Tel étoit Cromwel : tel étoit le cardinal de Richelieu, qui parvint, par sa persévérance, à rabaisser les grands du royaume, les protestans, qui le divisoient, et la maison d'Autriche, l'ennemie implacable de la France.

Solon avoit raison : on ne peut juger du mérite d'un homme, qu'après sa mort.

Le sort de la plupart des grands hommes est d'être persécutés pendant leur vie, et adorés comme des dieux après leur mort.

Une foule de grands hommes ont souffert de la haine, que les ames basses et curieuses portent aux génies supérieurs. Des gens peu éclairés se laissent éblouir par la malignité des méchans; semblables à des chiens de meute, qui suivent en tout le premier chien de tête, qui aboyent, quand ils l'entendent aboyer, et qui prennent servilement le change avec lui. Quiconque est éclairé par la vérité se dégage des préjugés : il découvre la fraude et la déteste : il dévoile la calomnie et l'abhorre.

CHAPITRE VIII.

DE L'ADMINISTRATION INTÉRIEURE.

De l'Agriculture.

L'art de Triptolême est le premier des arts. Sans lui, il n'y auroit, ni marchands, ni courtisans, ni rois, ni poëtes, ni philosophes.

Il n'y a de vraies richesses, que celles, que la terre produit. Améliorer ses terres, défricher des champs incultes, saigner des marais, c'est faire des conquêtes sur la barbarie.

Procurez la subsistance à des Colons; mettez-les en état de se marier : ils travailleront gaiement à perpétuer l'espèce, et augmenteront le nombre des citoyens laborieux.

Bien loin d'opprimer les pères nourriciers de l'Etat, il faut les encourager à bien cultiver leurs terres. C'est dans cette culture, que consiste la prospérité d'un pays. La terre fournit les comestibles nécessaires ; et ceux, qui savent les faire valoir, sont les vrais pères nourriciers de la société.

Plus un pays est vaste, plus l'économie rurale a besoin d'être encouragée.

Ce qu'on appelle *communes* porte préjudice au bien public. L'agriculture des Anglais ne commença à prospérer, qu'après la séparation des communes.

En Prusse, on imita un si louable exemple. On envoya des commissaires de justice et d'économie, pour séparer de même, et les pâturages et les arpens, qui étoient mêlés ou en commun. Dans les commencemens, cela rencontra de grandes difficultés : mais quelques exemples de pareils partages, exécutés à la satisfaction des propriétaires, firent impression sur le public ; et bientôt, cela fut introduit généralement dans toutes les provinces.

Nous avons imité les prés artificiels des Anglais, ce qui réussit très-bien ; et par-là, nous avons augmenté les bestiaux d'un tiers.

Leur charrue et leur semoir n'ont pas eu le même succès : leur charrue, parce que notre terre est, en général, trop légère ; et leur semoir, parce qu'il est trop cher, pour le peuple et pour les paysans.

Nous sommes parvenus à cultiver la rhubarbe dans nos jardins. Elle conserve toutes ses propriétés, et ne diffère point, pour l'usage, de celle, qu'on fait venir des pays orientaux.

Les ruches à miel sont augmentées d'un tiers.

Nous avons recueilli, en 1775, dix mille livres de soie.

Peu d'Etats, excepté la Lybie, peuvent se vanter de nous égaler, en fait de sable. Cependant nous avons défriché, cette même année, soixante et seize mille arpens de prairies.

Ces prairies nourriront sept mille vaches. Le fumier engraissera et corrigera notre sable; et les moissons en vaudront mieux.

Je sais, qu'il n'est pas donné aux hommes de changer la nature des choses : mais je pense, qu'à force de travail et d'industrie, on parvient à corriger un terrain stérile, et qu'on peut en faire une terre médiocre.

Pendant la régence du grand électeur, les réfugiés français, qui s'établirent dans le plat pays, y firent venir des fruits et des légumes excellens; et ces contrées sablonneuses devinrent, par leurs soins, des potagers admirables (1).

---

(1) C'est de cette époque, si affligeante pour la France, que les Etats prussiens datent leur prospérité, et la civili-

Des manufactures et du commerce.

Lorsqu'un pays a peu de productions à exporter, et qu'il est dans la nécessité d'avoir recours à l'industrie de ses voisins, la balance du com-

---

sation, à laquelle ils sont parvenus. Les vingt mille émigrés, qui s'y établirent, y portèrent leurs lumières et leur industrie.

L'Agriculture, alors, étoit encore à naitre dans le Brandebourg; et ce qui le prouve, c'est une requête, qui fut présentée au grand Directoire, et dans laquelle ces nouveaux colons étoient accusés d'être des empoisonneurs, parce qu'ils semoient leurs terres.

C'est une anecdote, que M. le comte de Hertzberg, ministre du cabinet, m'a lui-même bien des fois racontée; en m'assurant, que cette fameuse requête avoit toujours été soigneusement conservée dans les archives, comme monument authentique de l'ignorance brandebourgeoise pendant la régence du grand-électeur.

Depuis, l'agriculture a fait des progrès étonnans dans le Brandebourg. On trouve, à Berlin, et dans les environs de cette capitale, de superbes jardins; et ce sont encore les descendans de ces mêmes Français expatriés, qui en sont les propriétaires ou les fermiers. Leur culture est si bien soignée, et portée à un si haut degré de perfection, malgré la rigueur du climat et la stérilité de ce sol sablonneux, que, nulle part, en France, il n'en existe aujourd'hui, qui soient mieux tenus.

(*Note de l'Éditeur*)

merce doit lui être défavorable. Il paie plus d'argent à l'étranger, qu'il n'en reçoit; et si cela continue, après un certain nombre d'années, il doit se trouver dépourvu d'espèces. Otez, tous les jours, de l'argent d'une bourse, et n'en remettez point, elle sera bientôt vide.

Pour obvier à cet inconvénient, il n'y a d'autre moyen, que celui d'augmenter les manufactures. On gagne tout sur ses propres productions; et l'on gagne au moins la main-d'œuvre sur les étrangères. Ces assertions, aussi vraies que palpables, doivent servir de principe aux gouvernemens.

Les manufactures sont, peut-être, ce qu'il y a de plus utile et de plus profitable à un Etat, puisque, par elles, on suffit aux besoins et au luxe des habitans, et que les voisins sont même obligés de payer tribut à votre industrie. Elles empêchent, d'un côté, que l'argent ne sorte du pays; et elles en font rentrer, de l'autre.

C'est le manque de manufactures, qui a causé, en partie, les prodigieuses émigrations des pays du nord, de ces Goths, de ces Vandales, qui inondèrent si souvent les pays méridionaux.

Avant la guerre de trente ans et l'heureuse époque de la révocation de l'édit de Nantes, notre commerce rouloit sur la vente de nos grains, du vin et de nos laines. Quelques manufactures de drap subsistoient encore, malgré les ravages occasionnés par la guerre : mais elles n'étoient pas considérables.

Il n'y avoit, du tems de Jean le Cicéron, que sept cents manufacturiers en drap dans tout le pays. Jusqu'à la régence de Joachim II, nos manufacturiers n'avoient fait de bons draps, que par le mélange des laines anglaises avec les nôtres; et celles-là nous ayant manqué, nos draps tombèrent.

Le manque de laines étrangères, la décadence de nos manufactures et l'accroissement de celles de nos voisins, accoutumèrent la noblesse de Brandebourg à vendre ses laines aux étrangers ; ce qui détruisit presqu'entièrement nos fabriques.

Jean Sigismond, pour les relever, défendit l'entrée des draps étrangers dans ses Etats. Mais cette défense devint préjudiciable, les fabriques du Brandebourg ne pouvant pas fournir les draps, dont le pays avoit besoin. On étoit obligé d'avoir recours à l'industrie des voisins. Des expédiens plus heureux auroient été, sans doute, employés : mais la guerre de trente ans, qui survint, renversa tous le projets, et ruina nos manufactures.

A l'avènement de Frédéric Guillaume à la régence de l'électorat, on ne faisoit dans ce pays, ni chapeaux, ni bas, ni serges, ni aucune étoffe de laines.

L'industrie des Français nous enrichit de toutes ces manufactures. Ils établirent des fabriques de draps, de serges, de petites étoffes, de droguets, de grisettes, de crépons, de bonnets, et de bas, tissus au métier, de chapeaux de castor, de lapin et de poil de lièvre ; des teintures de toutes les espèces.

Quelques-uns de ces réfugiés se firent marchands, et débitèrent en détail l'industrie des autres.

Ainsi, l'électorat se trouva, vers la fin de la régence de Frédéric Guillaume, plus florissant, qu'il ne l'avoit été sous aucun de ses ancêtres ; et la grande augmentation des manufactures étendit les branches du commerce, qui roula dans la suite sur nos bleds, sur les bois, sur les étoffes et les draps, et sur nos sels.

L'activité infatigable de ce grand prince donna à sa patrie tous les arts utiles : il n'eut pas le tems d'y ajouter les arts agréables.

Sous Frédéric I, nous eûmes une manufacture de haute-lice, égale à celle de Bruxelles. Nos miroirs de Neustadt surpassèrent, par leur blancheur, ceux de Venise. L'armée fut habillée de nos propres draps.

Le gouvernement, tout militaire, de Frédéric Guillaume I, porta d'abord un tort considérable à nos manufactures. Dans l'ardeur des premiers enrôlemens, quelques artisans furent faits soldats, ce qui répandit la terreur parmi les autres, qui se sauvèrent en partie. Mais le roi porta un prompt remède à cet abus; et il s'attacha, avec une attention singulière, au rétablissement et au progrès de l'industrie.

On devint très-économe pendant son règne; et la noblesse n'eut plus elle-même aucun luxe : mais cette diminution, dans les dépenses du public, n'empêcha pas beaucoup d'artisans de se perfectionner. Nos carrosses, nos galons, nos velours et nos ouvrages d'orfévrerie se répandirent par toute l'Allemagne.

Ce prince, par un arrêt sévère, défendit la sortie de nos laines. Il établit en 1714 la Lagerhau, magasin d'où l'on avance des laines aux pauvres manufacturiers, qu'ils restituent par leur ouvrage. Nos draps trouvèrent un débit assuré dans la consommation de l'armée, qui, tous les ans, fut habillée de neuf.

La compagnie de Russie fut formée en 1725. Nos marchands fournissoient des draps pour toutes les armées russes. Mais les guinées anglaises passèrent en Moscovie; et elles furent bientôt suivies de leurs draps. Nos manufactures en souffrirent au commencement : mais d'autres sorties s'ouvrirent.

Les ouvriers n'eurent plus assez de nos propres laines. On permit aux Mecklembourgeois de nous vendre les leurs ; et dès l'année 1733, nos manufactures étoient si florissantes, qu'elles débitèrent chez l'étranger quarante-quatre mille pièces de draps, de vingt-quatre aulnes chacune.

Le commerce roule sur trois points : sur le superflu de vos denrées, que vous exportez ; sur celles de vos voisins, qui vous enrichissent, en les vendant ; et sur les marchandises étrangères, que vos besoins exigent, et que vous importez.

La guerre de trente ans, détruisit le peu de commerce, que le nord de l'Allemagne faisoit. Nous tirions communément nos sels de Hollande et de France. Les provisions, qui ne pouvoient être renouvellées pendant les troubles, s'épuisèrent. Le défaut d'une denrée aussi nécessaire, fit avoir recours à l'industrie et aux sources salées de Halle, qui fournirent, non-seulement aux besoins du Brandebourg, mais encore à ceux des pays voisins.

Lorsqu'après la guerre de trente ans, des colons hollandais s'établirent dans le Brandebourg, ils firent des spéculations sur les bois de haute futaie, qui étoient en abondance. La vente de ces bois devint une des branches principales de notre commerce.

Sous Frédéric Guillaume I, notre commerce n'étoit pas encore né. Le gouvernement l'étouffoit, en suivant des principes, qui s'opposoient directement à ses progrès. On songeoit moins alors à étendre le commerce, qu'à réprimer les dépenses inutiles.

Sous les margraves, le pays de Brandebourg étoit très-pauvre. Il ne produisoit que les denrées les plus nécessaires à la vie. Il avoit besoin de l'industrie de ces voisins ; et comme personne ne recherchoit la sienne, l'argent ressortoit en plus grande quantité qu'il n'entroit.

Des importations et exportations.

Cette disproportion dans la circulation des espèces, qui alloit toujours à leur diminution, baissoit le prix de toutes choses. Les denrées étoient à un si vil prix, que, du tems du margrave Jean II d'Ascanie, le boisseau de froment se vendoit vingt-huit liards, celui de seigle vingt-huit deniers, et six poules s'achetoient au marché pour un gros.

Le pays croupissoit dans une misère affreuse, sous la régence des princes des quatre premières races; et il n'en pouvoit sortir, passant sans cesse d'une main à une autre.

La main-d'œuvre rehausse le prix des commestibles; et lorsque ce prix s'élève trop haut, on perd le débit étranger de ses marchandises et de ses denrées.

La Hollande et l'Angleterre ayant contracté des dettes immenses, ont créé de nouveaux impôts, pour en payer les intérêts. Mais comme la maladresse en a chargé la main-d'œuvre, ils ont presque écrasé leurs manufactures.

Des finances.

Un système de finances, toujours perfectionné et suivi de père en fils par les souverains, peut changer entièrement un gouvernement, et le rendre, de pauvre qu'il étoit, assez riche, pour ajouter son grain dans la balance des pouvoirs, qu'ont les premiers monarques de l'Europe.

Ni la politique, ni le militaire, ne peuvent prospérer dans un Etat, si les finances ne sont pas entretenues dans le plus grand ordre, et si le prince lui-même n'est pas économe et prudent. L'argent est comme la baguette des enchanteurs, par le moyen de laquelle ils opéroient des miracles.

Les grandes vues politiques, l'entretien du militaire, les meilleures intentions pour le soulagement des peuples, tout cela devient engourdi, si l'argent ne le vivifie.

Les finances sont comme le pouls des Etats, qui influent, plus qu'on ne croit ni qu'on ne le sait, dans les opérations politiques et militaires.

Des impôts.

Aucun gouvernement ne peut se passer d'impôts : soit républicain, soit monarchique, il en a un égal besoin. Il faut bien, que le magistrat, chargé de toute la besogne publique, ait de quoi vivre ; que les juges soient payés, pour les empêcher de prévariquer ; que le soldat soit entretenu, afin qu'il ne commette point de violence, faute d'avoir de quoi subsister. Il faut de même, que les personnes, préposées au maniement des finances, soient assez bien payées, pour que le besoin ne les oblige pas d'administrer infidèlement les deniers publics. Ces différentes dépenses demandent des sommes considérables. Ajoutez-y encore quelque argent, mis annuellement de côté pour les cas extraordinaires : voilà ce qui doit être nécessairement pris sur le peuple.

Le grand art consiste à lever les impôts, sans fouler les citoyens.

Pour que les taxes soient égales et non arbitraires, l'on fait des cadastres, qui, s'ils sont classés avec exactitude, proportionnent les charges selon les moyens des individus.

Ce seroit une faute impardonnable en finances, si les impôts, maladroitement répartis, dégoûtoient le cultivateur de ses travaux. Il doit, ayant acquittés ses droits, pouvoir encore vivre, avec une certaine aisance, lui et sa famille.

Une autre espèce d'impôts, qu'on lève sur les villes, ce sont les accises.

Elles veulent être maniées avec des mains adroites, pour ne point charger les commestibles les plus nécessaires à la vie, comme le pain, la petite bierre, la viande ; ce qui retomberoit sur les soldats, les artisans, les ouvriers.

De l'économie dans l'emploi des revenus publics.

L'économie du souverain est d'autant plus utile pour le bien public, que, s'il ne se trouve pas de fonds suffisans en réserve, soit pour fournir aux frais de la guerre, sans charger ses peuples d'impôts extraordinaires, soit pour secourir les citoyens dans des calamités publiques, toutes ces charges tombent sur les sujets, qui se trouvent sans ressources dans des tems malheureux, où ils ont grand besoin d'assistance.

Le prince lève les impôts, afin de défendre l'Etat par le moyen des troupes, qu'il entretient; afin de soutenir la dignité, dont il est revêtu; de récompenser les services et le mérite; d'établir, en quelque sorte, un équilibre entre les riches et les obérés; de soulager les malheureux en tout genre et de toute espèce, afin de mettre de la magnificence en tout ce qui intéresse le corps de l'Etat en général.

Si le souverain est éclairé et s'il a le cœur droit, il dirigera toutes ses dépenses à l'utilité du public et au plus grand avantage de ses peuples.

Dans un pays pauvre, le souverain ne trouve pas de ressources dans la bourse de ses sujets; et son devoir est de suppléer, par sa prudence et sa bonne économie, aux dépenses extraordinaires, qui deviennent indispensables. Les fourmis amassent, en Eté, ce qu'elles consomment en hiver; et le prince doit ménager, durant la paix, les sommes, qu'il faut dépenser dans la guerre.

Les dépenses excessives de François Ier. roi de France, furent en partie la cause de ses malheurs. Ce roi n'étoit pas libéral, mais prodigue; et sur la fin de sa vie, il devint un peu avare. Au lieu d'être bon ménager, il mit des trésors dans ses coffres. Mais ce ne sont pas des trésors sans circulation, qu'il faut avoir : c'est un ample revenu et un trésor. Tout particulier, et tout roi, qui ne sait qu'entasser, enterrer seulement de l'argent, n'y entend rien. Il faut le faire circuler, pour être vraiment riche.

Les bons agriculteurs conduisent des ruisseaux, et s'en servent souvent, pour arroser les terroirs arides, qui, faute d'humidité, ne seroient d'aucun rapport. Par le même principe, le gouvernement augmente ses revenus, en les employant aux dépenses, nécessaires au bien public (1).

---

(1) Il seroit difficile de trouver, dans l'histoire, un prince, qui ait donné plus de preuves d'un véritable attachement à ses Etats, et d'un vif intérêt au bonheur de ses peuples, que nous en offre le long règne de Frédéric. Le patriotisme le plus ardent fut, pour-ainsi-dire, le principe de toutes ses actions. Sa grande économie a été souvent taxée de sordide avarice. Mais ses provinces, éprouvoient-elles des calamités ? Etoient-elles dévastées par l'ennemi ? Manquoient-elles de ressources, pour se rétablir et sortir de leurs embarras et de leur misère ? Il n'est pas de sacrifices, qu'il ne fît pour leur soulagement; et c'est alors qu'on reconnoissoit en lui le monarque généreux et bienfaisant.

On ne lit pas, sans attendrissement, l'exposé, naïf et fidèle, que nous fait ce prince lui-même de sa conduite, à l'occasion de la guerre de sept ans.

(*Note de l'Editeur.*)

Les dettes de la France sont énormes, les ressources épuisées, et les impôts multipliés d'une manière excessive.

Le seul moyen de diminuer, avec le tems, le fardeau de ces dettes, seroit de restreindre les dépenses et d'en retrancher tout le superflu. C'est à quoi on ne parviendra jamais : car, au lieu de dire, j'ai tant de revenu, j'en puis dépenser tant, on dit, il me faut tant, trouvez des ressources.

Cette situation fâcheuse a sa source dans les gouvernemens précédens, qui ont contracté des dettes et ne les ont jamais acquittées. A présent, la masse en est si énorme, qu'il ne reste plus qu'une banqueroute à faire, pour s'en libérer.

Si la guerre s'allume avec l'Angleterre, il faudra des fonds, pour la soutenir. L'impossibilité d'en trouver fera suspendre le paiement des rentes; et voilà quarante mille familles au moins, d'écrasées dans le royaume.

Il ne reste au gouvernement d'autre moyen d'éviter une catastrophe aussi cruelle, que de faire une banqueroute réfléchie, c'est-à-dire, de réduire les rentes et le capital à la moitié de sa valeur. Je n'approuverois point ce parti, si j'en voyois un meilleur : mais dans les conjonctures présentes, des deux maux, il faut choisir le moindre.

Ce dérangement des finances influe maintenant sur toutes les branches du gouvernement: il arrête les sages projets de M. de St.-Germain, qui ne sont pas même à demi exécutés. Il empêche le ministère de reprendre cet ascendant dans les affaires de l'Europe, dont la France étoit en possession depuis Henri IV.

Des banques et des monnoies.

Je ne sais, si on réussira à établir une banque en France. L'idée en est bonne : mais je ne crois pas, qu'on ait bien pris son tems pour l'établir (en 1776). Il faut avoir du crédit, pour en former une; et selon les bruits populaires, le gouvernement en manque.

Dans une banque, on ne doit créer de billets, qu'autant qu'il y a de fonds, pour les réaliser.

Le changement, qui arriva dans les Etats prussiens, après la guerre de trente ans, étoit universel : les monnoies s'en ressentirent, ainsi que le reste.

Autrefois le marc d'argent étoit sur le pied de neuf écus dans tout l'Empire, jusqu'à l'année 1661, où les malheurs des tems forcèrent le grand électeur d'avoir recours à toutes sortes d'expédiens, pour fournir aux dépenses de l'Etat. Il fit publier, la même année, un Edit, qui fixoit le prix des monnoies courantes ; et il fit battre des gros et des fénins, pour des sommes considérables. La valeur intrinsèque de ces espèces répondoi, à peu près, au tiers de leur valeur numéraire

Le prix de cette valeur étant idéal, elle fut aussitôt décriée, et tomba à la moitié de sa valeur. Les vieux Ecus de bon alloi montèrent à vingt-huit, à trente gros; et de-là vient ce que nous appelons l'Ecu de banque.

Pour remédier à ces abus, les Electeurs de Brandebourg et de Saxe s'abouchèrent, en 1667, à Zinna; et ils convinrent d'évaluer les monnoies sur un nouveau pied ; moyennant lequel, le marc fin d'argent, avec ce qu'on appelle, en style de monnoie, le remède, devoit être rendu au public, généralement, dans toutes les espèces de monnoies, de l'Ecu jusqu'au fénin, à dix Ecus, seize gros.

Depuis, on frappa les florins et les demi-florins; et le prix du marc d'argent demeura fixe à dix Ecus.

En 1690, Frédéric-Guillaume se concerta avec l'Electeur de Saxe et le duc de Hanovre, sur les moyens de soutenir la monnoie sur le pied de la convention de Zinna : mais en ayant reconnu l'impossibilité, ils convinrent, que l'espèce courante des florins et des huit gros seroit frappée, dans leurs Etats, à raison de douze Ecus le marc : c'est ce qu'on appelle le pied de Leipsick, qui subsiste encore.

De l'instruction publique.

L'éducation de la jeunesse doit être considérée, comme une des pricipales branches de l'administration : elle influe sur tout. Il est vrai, qu'elle ne crée rien : mais elle peut corriger des défauts.

Il n'est aucun soin, plus digne d'un législateur, que celui de bien faire élever les enfans : dans un âge tendre, ces jeunes plantes sont susceptibles de toutes sortes d'impressions. Si on leur inspire l'amour de la vertu et de la patrie, ils deviendront de bons citoyens ; et les bons citoyens sont les derniers boulevards des Empires.

Tous les gouvernemens des peuples civilisés veillent à l'instruction publique. Que sont ces collèges, ces universités, ces académies, dont l'Europe fourmille, sinon des établissemens, destinés à instruire la jeunesse ?

Cet objet important, que les souverains ne devroient jamais négliger, je l'étends jusques aux campagnes : ce sont les hochets de ma vieillesse.

Plus on avance en âge ; et plus on s'apperçoit du tort, que font aux sociétés les éducations négligées de la jeunesse. Je m'y prends de toutes les façons possibles, pour corriger cet abus. Je réforme les collèges ordinaires, les universités et même les écoles de villages. Mais il faut trente années, pour en voir les fruits. Je n'en jouirai pas : mais je m'en consolerai, en procurant à ma patrie cet avantage, dont elle a manqué.

Le collège Mazarin, à Paris, est depuis long-tems célèbre. Les jésuites avoient d'habiles professeurs. La rhétorique étoit supérieurement traitée à Port-Royal : Pascal, Racine, Arnaud et Nicole, sortis de cette école, étoient des gens d'un grand mérite. Je voudrois, pour la consolation de ma vieillesse, voir germer et éclore quelques plantes, qui pussent remplacer celles, qui ont honoré le siècle précédent. Il semble, que les grands hommes meurent sans postérité. Je desirerois, qu'il y eut une filiation d'ames supérieures, dont les unes remplaçassent sans cesse les autres.

Cette partie, si intéressante, avoit été, peut-être, trop négligée en Prusse, sur-tout dans les plat-pays et dans les provinces. Dans les villages, des gentils-hommes, des tailleurs faisoient le métier de maîtres d'écoles ; et dans les terres de la couronne, les baillifs les choisissoient sans discernement.

Le roi, après la guerre de sept ans, s'occupa des moyens de remédier à un abus aussi pernicieux. Il fit venir de la Saxe de bons maîtres d'école : il augmenta leurs gages; et l'on tint la main à ce que les paysans leur envoyassent leurs enfans, pour les faire instruire.

On publia, en même tems, une ordonnance, qui enjoignoit aux ecclésiastiques de ne point admettre les jeunes gens à la communion, à moins qu'ils n'eussent été bien instruits de leur religion dans les écoles.

On donna les mêmes soins à la réforme de tous les collèges. Les pédagogues ne s'appliquoient qu'à remplir la mémoire de leurs élèves, et ne travailloient point à former et à perfectionner le jugement.

Cet usage, qui étoit une continuation de l'ancienne pédanterie tudesque, fut corrigé ; et sans négliger ce qui est du département de la mémoire, les instituteurs furent chargés de familiariser leurs élèves avec la dialectique, afin qu'ils apprissent à raisonner, en tirant des conséquences justes des principes, qu'ils auroient établis et prouvés.

Après le premier partage de la Pologne, Culm eut une maison, où cinquante jeunes gens nobles sont élevés par des maîtres, consacrés à leur instruction. Cent-cinquante maîtres d'écoles, tant protestans que catholiques, furent placés dans différens endroits et payés par le gouvernement. On ne savoit ce que c'étoit que l'éducation dans ce malheureux pays: aussi étoit-il sans mœurs, comme sans connoissances.

L'éducation des jeunes gens de qualité, qui se vouent aux armes, est une chose, qui mérite les plus grands soins. On peut les former, dès leur jeunesse, au métier, auquel ils se destinent, et les avancer par de bonnes études, de manière que leur capacité soit comme un fruit, qui n'en vaut que mieux, pour être précoce.

Durant la guerre de sept ans, l'éducation des cadets, à Berlin, avoit dégénéré au point, qu'à peine les jeunes gens, qui sortoient de ce corps, savoient lire et écrire.

Le roi mit, à la tête de cette institution, le général de Buddenbrock, l'homme du pays, sans contredit, le plus capable de vaquer à cet emploi. En même tems, on choisit de bons instituteurs; et on augmenta leur nombre, à proportion des élèves, qu'ils devoient instruire.

Pour subvenir également au manque d'éducation de la jeune noblesse poméranienne, dont les parens étoient trop pauvres, pour y pourvoir eux-mêmes, le roi institua une école dans la ville de Stolpe, où cinquante-six enfans de condition étoient nourris, vêtus et élevés, à ses dépens.

Après qu'ils avoient passé les premiers élémens des connoissances, et terminé leur cours d'humanités, ils entroient dans l'institut des cadets, où leur éducation étoit perfectionnée.

Les instructions rouloient principalement sur l'histoire, la géographie, la logique, la géométrie et l'art de la fortification ; connoissances, dont un officier peut difficilement se passer.

Une académie fut, en même tems, fondée à Berlin, et dans laquelle entroient ceux des cadets, qui annonçoient le plus de génie. Le roi en régla lui-même la forme, et fournit une instruction, qui contenoit l'objet des études de ceux, qu'on y placeroit, et de l'éducation, qu'ils y recevroient.

On choisit pour professeurs les personnes les plus habiles, qu'on put trouver en Europe. Quinze jeunes gentilshommes y étoient élevés, sous les yeux de cinq gouverneurs. Toute leur éducation tendoit à leur former le jugement. L'académie prospéra, et fournit, depuis, des sujets utiles, qui furent placés dans l'armée.

« L'intention du roi et le but de cette fonda-

» tion (est-il dit dans l'instruction de Sa Majesté)
» est de former de jeunes gentilshommes, afin
» qu'ils deviennent propres, selon leur vocation,
» à la guerre ou à la politique.

» Les maîtres doivent donc s'attacher forte-
» ment à leur remplir la mémoire de connoissances
» utiles, mais sur-tout à donner à leur esprit
» une certaine volubilité, qui les rende capables
» de s'appliquer à un métier quelconque : ils
» donneront tous leurs soins à cultiver leur rai-
» son et à former leur jugement. Il faut, qu'ils
» accoutument leurs élèves à se faire des idées
» nettes et précises des choses, et à ne point se
» contenter de notions vagues et confuses. Leur
» principale attention se tournera du côté de la
» justesse de l'esprit. Ils ne leur pardonneront
» aucune équivoque, aucune pensée fausse, au-
» cun sens louche. Ils les accoutumeront à tirer
» des conséquences des principes et à combiner
» des idées ».

Frédéric Ier. avoit fondé à Berlin une académie pour de jeunes gens de condition, sur le
modèle de celle de Lunéville. Mais malheureusement elle ne subsista pas long-tems.

Le collége de Joachimsthal, fondé par l'Electeur
Joachim-Frédéric et transféré à Berlin par le
grand-Electeur, est l'école de nos jours la

plus florissante et la mieux réglée de tous les États de la Prusse. Cent-vingt jeunes gens y sont élevés, nourris et instruits dans les belles-lettres.

On doit rapporter au règne de Joachim II la fondation de l'université de Kœnigsberg par Albert de Prusse.

Celle de Francfort-sur-l'Oder est due à Jean-le-Cicéron. Conrad-Wimpine, professeur à Leipsick, devint le premier recteur de cette nouvelle université; et il en dressa les statuts. Mille étudians se firent inscrire, dès la première année, dans les fastes de cette célèbre école.

L'université de Halle n'eut pas moins de savans professeurs, que celle de Francfort.

Mais les universisés tombèrent dans une entière décadence sous Frédéric-Guillaume Ier. La faveur et les brigues remplissoient toutes leurs chaires. Les dévôts, qui se mêlent de tout, acquirent une part à la direction de ces différentes écoles. Ils y persécutoient le bon sens, et sur-tout la classe des philosophes. Wolff fut exilé, pour avoir déduit, avec un ordre admirable, les preuves de l'existence de Dieu.

Ce qu'il y eut de plus remarquable sous le règne de Frédéric Ier., et ce qui intéresse le plus les progrès de l'esprit humain, ce fut la fondation de l'académie royale des sciences en 1700. La reine Sophie-Charlotte y contribua le plus. Elle proposa Leibnitz, comme seul capable de jeter les fondemens de cette nouvelle académie.

Leibnitz, qui avoit plus d'une ame, si j'ose m'exprimer ainsi, étoit bien digne de présider dans une académie, qu'au besoin il auroit représentée tout seul. Il institua quatre classes, dont l'une de physique et de médecine, l'autre de mathématiques, la troisième de la langue et et des antiquités d'Allemagne, et la dernière des langues et des antiquités orientales.

Sous Frédéric-Guillaume Ier., on laissa tomber dans une décadence entière l'académie des sciences, et les arts libéraux. On remplissoit mal et sans choix les places, qui venoient à vaquer dans l'académie ; et par une dépravation singulière, le siècle affectoit de mépriser une société, dont l'origine étoit aussi illustre, et dont les travaux tendoient autant à l'honneur de la nation, qu'aux progrès de l'esprit humain.

Pendant que tout ce corps tomboit en léthargie, la médecine et la chymie se soutinrent. Pott, Marggraff et Eller combinoient et décomposoient la matière. Ils éclairoient le monde par leurs découvertes ; et les anatomistes obtinrent un théâtre, pour leurs dissections publiques, qui devint une école florissante de chirurgie.

On doit à Frédéric Ier. la fondation de l'académie de peinture. Pesne, Mayer, Weidmann, Leigebe, en furent les premiers professeurs : mais il ne sortit de leur école aucun peintre de réputation. Sous Frédéric-Guillaume Ier., cette académie tomba; et Pesne, qui en étoit le directeur, quitta les tableaux d'histoire pour les portraits.

La reine Charlotte, femme de Frédéric Ier., entretenoit un opéra italien, dont le fameux Bononchini étoit le compositeur; et nous eûmes dès-lors de bons musiciens.

CHAPITRE IX.

DE L'ADMINISTRATION EXTÉRIEURE.

De la politique en général.

CE qui, en politique, paroît souvent le plus vraisemblable, l'est le moins. Nous sommes comme des aveugles. Nous allons à tâtons; et nous ne sommes pas aussi adroits, que les Quinze-Vingt, qui connoissent, à ne s'y pas tromper, les rues et les carrefours de Paris. Ce qu'on appelle l'art conjectural n'en est pas un : c'est un jeu du hazard, où le plus habile peut perdre comme le plus ignorant.

Toute la politique est appuyée sur un point mobile; et l'on ne peut compter sur rien avec certitude. L'art conjectural est borné, et le sera, tant que le monde durera. Prendre son parti galamment et laisser aller les choses comme elles vont, c'est l'unique parti du sage. La politique présente de l'Europe est un labyrinthe, où l'on s'égare. J'y fais quelques pas : puis, je me décourage; et je me recommande au saint hasard, patron des fous et des étourdis.

Une malheureuse étoile m'a condamné à philosopher sur les futurs contingens et sur les probabilités. J'emploie toute mon attention à bien examiner le principe, dont il faut partir, pour raisonner, et à me procurer sur ce point toutes les conséquences possibles. Tout l'édifice, que j'élève sans cette précaution, périt par sa base, et tombe comme une maison de cartes.

La politique a, sans doute, d'autres règles, que la métaphysique : mais il en est d'aussi rigoureusement prouvées, qu'on en trouve dans la géométrie.

Il est, en politique, bien des choses, qui peuvent se prouver avec une certitude, approchante de celle des géomètres. Il dépend des tems et des circonstances, que telle idée frappe plus dans un moment, que dans l'autre.

Il y a une politique pour tous les tems, qui cale les voiles dans la tempête, et qui les déploie, lorsque le vent est favorable.

En politique, comme en mécanique, les machines simples ont un avantage extrême sur celles qui sont trop composées. Plus les ressorts, qui concourent à un même mouvement, sont compliqués, et moins ils sont d'usage.

Les fausses marques d'estime et d'amitié semblent permises en politique. Mais elles ne le sont guères en morale ; et à le bien examiner, la réputation de fourbe est aussi flétrissante pour le prince même, que désavantageuse à ses intérêts.

Les politiques ont relégué la candeur dans la vie civile; et ils se voient si au-dessus des lois, qu'ils font observer aux autres, qu'ils se livrent sans retenue à la dépravation de leur cœur.

Des intrigues politiques, si elles ne mènent à rien, ne méritent pas plus de considération, que des tracasseries de société.

La rage des systèmes n'a pas été la folie privilégiée des philosophes : elle l'est aussi devenue des politiques.

Qu'on me dise, en politique, tout ce que l'on voudra : argumentez, faites des systèmes, alléguez des exemples, employez toutes les subtilités imaginables : vous serez obligé d'en revenir à la justice malgré vous.

Si, à l'exemple de Machiavel, on s'avisoit de renverser la justice et l'humanité, on bouleverseroit tout l'Univers. L'inondation des crimes réduiroit dans peu ce continent en une vaste solitude.

La fable de Cadmus, qui sema en terre les dents du serpent, qu'il venoit de vaincre, et dont naquit un peuple de guerriers, qui se détruisirent, est l'emblême de ce qu'étoient les princes italiens dans le quinzième siècle. Les perfidies et les trahisons, qu'ils commettoient les uns envers les autres, ruinèrent leurs affaires. On ne trouve dans leur histoire que cruautés, séditions, violences, ligues, pour s'entredétruire, usurpations, assassinats, en un mot, un assemblage énorme de crimes, dont l'idée seule inspire de l'horreur.

En politique, on devroit faire un recueil de toutes les fautes, que les princes ont faites par précipitation, pour l'usage de ceux, qui veulent faire des traités ou des alliances.

Le tems, qu'il leur faudroit pour le lire, leur donneroit celui de faire des réflexions, qui ne sauroient que leur être salutaires.

Il ne faut point abuser de la ruse et de la finesse. Il en est comme des épiceries, dont l'usage trop fréquent dans les ragoûts émousse le goût, et leur fait, à la fin, perdre le piquant, qu'un palais, qui s'y accoutume, finit par ne plus sentir.

Toutes les puissances tiennent à la chaîne générale, qui lie les intérêts politiques.

Comme un habile mécanicien ne se contenteroit pas de voir l'extérieur d'une montre, qu'il l'ouvriroit, qu'il en examineroit les ressorts et les mobiles, ainsi un habile politique s'applique à connoître les principes permanens des cours, les ressorts de la politique de chaque prince, les sources des événemens. Il ne donne rien au hasard. Son esprit transcendant prévoit l'avenir, et pénètre, par l'enchaînement des causes, jusques dans les siècles les plus reculés. En un mot, il est de la prudence de tout connoître, pour pouvoir tout juger et tout prévenir.

Ne nous méfions pas tant de ceux, qui n'exécutent leurs projets que par les moyens, que leur hauteur et qu'un esprit altier leur dicte : ils se desservent eux-mêmes, en ce qu'ils se rendent odieux. Leur violence est un antidote, qui guérit du venin, que leurs desseins ambitieux pourroient communiquer. Mais défions-nous plutôt de ceux, qui, par de sourdes pratiques, par des manières flatteuses, par une douceur simulée, veulent nous entraîner dans l'esclavage. Ils nous jettent un hameçon, dont le fer est caché sous une amorce séduisante, mais qui nous trompe, en nous privant de la liberté, lorsque notre prudence s'y laisse surprendre.

Comme il est certain, que tout doit avoir une raison de son existence, et qu'on trouve la cause des événemens dans d'autres événemens, qui leur sont antérieurs, il faut aussi, que tout fait politique soit la suite d'un fait politique, qui l'a précédé, et qui a, pour ainsi dire, préparé sa naissance.

Nos raisonnemens sur l'avenir et tout ce qui est conjecture politique, n'est que frivolité. On va vite en spéculation et lentement en besogne, parce qu'on rencontre cent empêchemens dans son chemin.

Il y a une grande différence entre la dialectique et l'art conjectural. Les raisonnemens des géomètres sont rigoureux et exacts, parce qu'ils portent sur des objets possibles ou palpables de la nature. Mais lorsqu'il faut deviner des combinaisons, la moindre ignorance de faits incertains et obscurs interrompt la chaîne. On se trompe à tout moment. Ce n'est point faute de justesse d'esprit, mais faute de notions, conformes à la vérité, et parce que l'esprit des hommes change, et qu'il est impossible de deviner tous les caprices, qui leur passent par la tête.

Ce n'est pas une singularité, affectée à notre siècle, qu'il y ait des politiques abusés. Il en a été de même dans tous les âges, où l'ambition humaine enfante de grands projets.

La politique ne doit être que le système de la sagesse.

Il est dangereux d'offenser à demi; et quiconque menace, doit frapper.

Les tempéramens, une conduite mitigée, ont souvent nui aux affaires de la France. Mais la nature dispense ses talens à son gré. Celui, qui a reçu pour lot la hardiesse, ne sauroit être timide; et celui, qui est né avec trop de circonspection, ne sauroit être audacieux.

On dit, que c'est une faute capitale, en politique, de se fier à un ennemi réconcilié; et l'on a raison : mais c'en est une plus grande encore, à une puissance foible, de lutter, avec obstination, contre une monarchie puissante, qui a des ressources, dont la première manque.

Machiavel établit pour maxime, qu'un prince doit attirer à lui et protéger les petits princes, ses voisins, semant la division parmi eux, afin d'élever ou d'abaisser ceux, qu'il veut. Mais quelle différence entre ces tyrans et un honnête homme, qui seroit le médiateur de ces petits princes, qui termineroit leurs différends à l'amiable, qui gagneroit leur confiance par sa probité et par les marques d'une impartialité entière dans leurs démêlés, et d'un désintéressement parfait pour sa personne? Sa prudence le rendroit le père de ses voisins et non leur oppresseur; et sa grandeur les protégeroit, au lieu de les abîmer. Tourner l'art du raisonnement contre le bien de l'humanité, c'est se blesser d'une épée, qui ne nous est donnée que pour nous défendre.

César Borgia fonda le dessein de sa grandeur sur la destruction des princes d'Italie. Pour usurper les biens de ses voisins, il faut les affoiblir; et pour les affoiblir, il faut les brouiller : telle est la logique des scélérats.

La politique des grandes monarchies a toujours été la même. Leur principe fondamental a constamment été de tout envahir, pour s'agrandir sans cesse; et leur sagesse a consisté à prévenir les artifices de leurs ennemis et à jouer au plus fin.

La véritable politique des rois, fondée uniquement sur la justice, la prudence et la bonté, est préférable, en tout sens, au système décousu et plein d'horreur, que Machiavel a eu l'impudence de présenter au public.

C'est à ceux, qui gouvernent la terre, de bannir les subtilités et la mauvaise foi des traités, et de rendre la vigueur à l'honnêteté et à la candeur, qui, à la vérité, ne se trouvent guère entre les souverains.

Les Romains avoient une attention extrême à se mêler de toutes les affaires du monde. Ils affectoient même de décider toutes les querelles des princes. Rome étoit le tribunal de l'Univers; et les rois et les princes avoient reconnu la souveraineté de ce tribunal. Ils remettoient le jugement de leur cause au peuple romain, de tous les peuples le plus puissant et le plus fier. Le sénat, accoutumé à juger, en dernier ressort, de la fortune des princes, s'érigeoit en arbitre souverain de tous leurs différends.

C'est par ce moyen, qu'ils se rendirent les maîtres de la Grèce, qu'ils acquirent l'héritage d'Eumène, roi de Pergame; et ce fut encore par cette voie, que l'Egypte fut réduite en province romaine.

Le corps politique de l'Europe est dans une situation violente. Il est comme hors de son équilibre, et dans un état, où il ne peut rester longtems, sans risquer beaucoup. Il en est comme du corps humain, qui ne subsiste que par le mélange de quantités égales d'acides et d'alcalis. Dès qu'une de ces matières prédomine, le corps s'en ressent; et la santé en est considérablement altérée; et si cette matière augmente encore, elle peut causer la destruction totale de la machine.

Ainsi, dès que la politique et la prudence des princes de l'Europe, perd de vue le maintien d'une juste balance entre les puissances dominantes, la constitution de tout ce corps politique s'en ressent. La violence se trouve, d'un côté; et la foiblesse, de l'autre. Chez l'un, le desir de tout envahir ; chez l'autre, l'impossibilité de l'empêcher. Le plus puissant impose des lois. Le plus foible est dans la nécessité d'y souscrire. Enfin, tout concourt à augmenter le désordre et la confusion. Le plus fort, comme un torrent impétueux, se déborde, entraîne tout, et expose ce malheureux corps aux révolutions les plus funestes.

La tranquillité de l'Europe se fonde principalement sur le maintien de ce sage équilibre, par lequel la force supérieure d'une monarchie est balancée par la puissance réunie de quelques autres souverains. Si cet équilibre venoit à manquer, il seroit à craindre, qu'il n'arrivât une révolution universelle, et qu'une nouvelle monarchie ne s'établît sur les débris des princes, que leur désunion rendroit trop foibles.

Le partage de la Pologne de 1772 est le premier exemple, que l'histoire fournisse d'un partage réglé et terminé paisiblement entre trois puissances. Sans les conjonctures, où l'Europe se trouvoit alors, les plus habiles politiques y auroient échoué. Tout dépend des occasions et du moment, où les choses se font.

Des ambassades et des négociations.

Il faut avoir chez ses voisins, sur-tout chez ses ennemis, des oreilles et des yeux ouverts, qui rapportent fidellement ce qu'ils ont vu et entendu. Les hommes sont méchans : il faut se garder, sur-tout, d'être surpris, parce que tout ce qui surprend, effraie et décontenance ; ce qui n'arrive jamais, quand on est préparé, quelque fâcheux que soit l'évènement, auquel on doit s'attendre. La politique Européenne est si fallacieuse, que le plus avisé peut devenir dupe, s'il n'est pas toujours alerte et sur ses gardes.

Il est des temps, où le monde, moins agité, ne paroît vouloir être régi que par la douceur, où il ne faut que de la prudence et de la circonspection. C'est une espèce de calme heureux dans la politique, qui succède ordinairement après l'orage. C'est alors, que les négociations sont plus efficaces, que les batailles, et qu'il faut gagner par la plume, ce qu'on ne sauroit acquérir par l'épée.

Les négociations ne se font pas toutes par des ministres accrédités. Souvent, on envoie des personnes sans caractère dans des lieux-tiers, où ils font des propositions avec d'autant plus de liberté, qu'ils commettent moins la personne de leur maître.

La paix et le bonheur de l'Etat sont comme un centre, où tous les chemins de la politique doivent se réunir ; et ce doit être le but de toutes les négociations.

Le monde seroit bien heureux, s'il n'y avoit d'autres moyens, que celui de la négociation, pour maintenir la justice, et pour rétablir la paix et la bonne harmonie entre les nations. L'on employeroit les raisons, au lieu d'armes ; et l'on s'entre-disputeroit seulement, au lieu de s'entr'égorger. Une fâcheuse nécessité oblige les princes d'avoir recours à une voie beaucoup plus cruelle.

Des ambassadeurs.

Les ambassadeurs près des cours sont des espions privilégiés : les princes doivent prendre de justes mesures contre leurs artifices.

Les princes prudens ont ordinairement donné la préférence à ceux, chez qui les qualités du cœur prévaloient, pour les employer dans l'intérieur de leur pays. Ils leur ont préféré, au contraire, ceux qui avoient plus de souplesse, pour s'en servir dans les négociations. Il suffit de l'honnêteté, pour maintenir l'ordre et la justice dans leurs Etats ; et s'il faut persuader ses voisins et noner des intrigues, on sent bien que la probité n'y est pas tant requise que l'adresse et l'esprit.

Les ministres des princes aux cours étrangères veillent sur la conduite des souverains, chez lesquels ils sont envoyés. Ils doivent pénétrer leurs desseins, approfondir leurs démarches, et prévoir leurs actions, afin d'en informer leurs maîtres à tems.

L'objet principal de leur mission est de resserrer les liens d'amitié entre les souverains. Mais, au lieu d'être les artisans de la paix, ils sont souvent les organes de la guerre. Ils emploient la flatterie, la ruse et la séduction, pour arracher les secrets de l'Etat aux ministres. Ils gagnent les foibles par leur adresse ; les orgueilleux, par leurs paroles ; et les intéressés, par leurs présens. En un mot, ils font quelquefois tout le mal qu'ils peuvent : car, ils pensent pécher par devoir ; et ils sont sûrs de l'impunité.

Lorsque le sujet de la négociation devient important, les princes doivent alors examiner, à la rigueur, la conduite de leurs ministres, pour approfondir, si quelque pluie de Danaë n'auroit point amolli l'austérité de leur vertu.

Lorsqu'on se sert de son habileté et de sa discrétion pour une fin honnête, ce sont des qualités honorables et absolument requises dans un souverain.

C'est une règle générale, qu'il faut choisir les esprits les plus transcendans, pour les employer à des négociations difficiles ; qu'il faut, non-seulement des sujets rusés pour l'intrigue, souples pour s'insinuer, mais qui aient encore le coup-d'œil assez fin, pour lire sur la physionomie des autres les secrets de leurs cœurs, afin que rien n'échappe à leur pénétration, et que tout se découvre par la force de leur raisonnement.

Il ne s'agit pas seulement d'approfondir les secrets de la politique et de porter un regard profane jusques dans le sanctuaire des ministres : il faut encore observer les voies différentes, que suivent ces ministres, pour parvenir à leurs fins.

C'est une faute impardonnable en négociation de se livrer trop à sa vivacité, sans mettre de point, ni de virgule à son discours. La prudence veut, qu'on entende patiemment les autres et qu'on ne réponde qu'avec poids et mesure.

Des alliances.

Tout Etat se trompe, qui, au lieu de se reposer sur ses propres forces, se fie à celles de ses alliés.

Dans les tems de crise, où l'on traite d'alliances, il faut, que la prudence des souverains soit plus vigilante encore qu'à l'ordinaire. Il est nécessaire qu'ils dissèquent avec attention la nature des choses, qu'ils doivent promettre, pour qu'ils puissent remplir leurs engagemens.

La politique des princes de l'Europe semble exiger d'eux, qu'ils ne negligent jamais les alliances et les traités, par lesquels ils peuvent égaler les forces d'une puissance ambitieuse; et ils doivent se méfier de ceux, qui veulent semer parmi eux la désunion et la zizanie. Qu'on se souvienne de ce consul, qui, pour montrer combien l'union étoit nécessaire, prit un cheval par la queue, et fit d'inutiles efforts, pour la lui arracher; mais qui, lorsqu'il la prit crin à crin, en les séparant, en vint facilement à bout. Cette leçon est aussi propre pour certains souverains de nos jours, que pour les légionnaires romains. Il n'y a que leur réunion, qui puisse les rendre formidables, et maintenir en Europe la paix et la tranquillité.

Comme les souverains ne sauroient se passer d'alliances, puisqu'il n'y en a aucun en Europe, qui puisse se soutenir par ses propres forces, ils s'engagent à se donner un secours mutuel en cas de besoin; ce qui contribue à leur sûreté et à leur conservation. L'événement décide, lequel des alliés retire les fruits de l'alliance. Une heureuse occasion favorise une des parties, en un tems : une conjoncture favorable seconde l'autre partie contractante, en un autre.

J'ai fait ce que j'ai cru devoir à la gloire de ma nation : je fais à présent (en faisant la paix de Breslau) ce que je dois à son bonheur. Le sang de mes troupes m'est précieux : j'arrête tous les canaux d'une plus grande effusion, qu'une guerre, faite par des barbares, n'auroit pas laissé d'entraîner après soi. Je demande à tous les docteurs de la jurisprudence et de la morale politique, si, après avoir fait humainement ce qui dépend de moi, pour remplir mes engagemens, je suis obligé de ne m'en point départir, lorsque je vois, d'un côté, un allié, qui n'agit point ; de l'autre, un allié, qui agit mal, et que, pour surcroît, j'ai appréhension, au premier mauvais succès, d'être abandonné, moyennant une paix fourrée, par celui de mes alliés qui est le plus fort et le plus puissant? Je demande, si, dans un cas, où je prévois la ruine de mon armée, l'épuisement de mes trésors, la perte de mes conquêtes, le dépeuplement de l'Etat, le malheur de mes peuples, et, en un mot, toutes les mauvaises fortunes, auxquelles exposent le hasard des armes et la duplicité des politiques ; je demande, si, dans un cas semblable, un souverain n'a pas raison de se garantir, par une sage retraite, d'un naufrage certain ou d'un péril évident?

En 1740, de toutes les puissances de l'Europe, la France étoit, sans contredit, la plus propre à assister les Prussiens dans l'entreprise de la conquête de la Silésie. Tant de raisons rendoient les Français ennemis des Autrichiens, que leur intérêt devoit les porter à se déclarer les amis du roi.

La république des Grecs ne se soutenoit, que par l'étroite union, qui lioit les différentes petites républiques ensemble.

Les villes de Sparte et d'Athènes se distinguoient cependant de toutes les autres : c'étoient elles, qui donnoient le branle aux délibérations, et aux grandes choses qui s'exécutoient ; et les petites républiques étoient dépendantes de celles-là.

Si Philippe avoit attaqué cette ligue entière, il auroit trouvé des ennemis redoutables, qui, non-seulement lui auroient résisté, mais qui même auroient pu faire de ses propres Etats le théâtre de la guerre. Que fit la politique de ce prince, pour vaincre cette république ? Elle sema la dissention et la jalousie parmi ces petites villes allices. Elle cimenta leur désunion. Elle corrompit les orateurs. Elle prit le parti des plus foibles, pour les soutenir contre les plus puissans ; et ceux-ci abattus, les autres furent bientôt à sa discrétion.

Ce roi de Macédoine avoit déjà gagné les Thébains, les Olynthiens et les Messéniens. Il réduisit, ensuite, les Athéniens, affoiblis et peu en état de lui résister, à lui céder les villes d'Amphypolis et de Potidée, qui lui servirent de barrières. Ayant aussi la Phocide et les Thermopyles, il tenoit comme la Clef de la Grèce ; et il lui étoit facile de l'attaquer, toutes les fois qu'il le jugeoit convenable à ses intérêts.

Dans la situation, où l'Europe est de nos jours, où tous les princes sont armés, parmi lesquels il s'élève des puissances prépondérantes, en état d'écraser les foibles, la prudence exige, qu'on s'allie avec d'autres puissances, soit pour s'assurer des secours en cas d'attaque, soit pour réprimer les projets dangereux de ses ennemis, soit pour soutenir, à l'aide de ses alliés, de justes prétentions contre ceux, qui voudroient s'y opposer.

C'est par le moyen de ses grandes alliances, qui séparent l'Europe en deux puissans partis, que la balance des pouvoirs se soutient en équilibre ; que la puissance des uns tient la puissance des autres en respect, et que la sagesse des habiles politiques prévient souvent des guerres, et maintient la paix, lors même qu'elle est sur le point d'être rompue.

Lorsque la grandeur excessive d'une puissance, semble prête à se déborder et menace d'engloutir l'Univers, il est de la prudence de lui opposer des digues, et d'arrêter le cours du torrent, si l'on est encore le maître. On voit des nuages, qui s'assemblent, un orage, qui se forme, les éclairs, qui l'annoncent; et le souverain, que ce danger menace, ne pouvant tout seul conjurer la tempête, se réunira, s'il est sage, avec tous ceux, que le même péril met dans les mêmes intérêts.

Si les rois d'Egypte, de Syrie, de Macédoine, se fussent ligués contre la puissance romaine, jamais elle n'auroit pu bouleverser ces Empires. Une alliance, sagement concertée, et une guerre, vivement entreprise, auroient fait avorter les desseins ambitieux, dont l'accomplissement enchaîna l'Univers.

En politique, les alliés les plus naturels, et par conséquent les meilleurs, sont ceux, dont les intérêts concourent avec les nôtres, et qui ne sont pas assez proches voisins, pour qu'on puisse être engagé dans quelque discussion d'intérêt avec eux.

Quelquefois, néanmoins, des événemens bizarres donnent lieu à des combinaisons extraordinaires. Nous avons vu, de nos jours, des nations de tout tems rivales, et même ennemies, marcher sous les mêmes bannières. Mais ce sont des cas, qui arrivent rarement et qui ne serviront jamais d'exemples.

Ces sortes de liaisons ne peuvent être que momentanées; au lieu que le genre des autres, contractées par un intérêt commun, peut seul être durable.

Des Traités.

Tel est le sort de tous les actes publics, que la nécessité et l'impuissance font faire : la force, secondée de conjonctures favorables, ne manque presque jamais de les rompre.

Les accommodemens, faits à l'amiable, sont d'autant plus sages, que les princes, après les guerres les plus heureuses, sont tôt ou tard obligés d'en revenir là, sans obtenir de plus grands avantages.

Les traités, qui se font entre les souverains, suspendent les hostilités, sans déraciner les germes de discorde, qui subsistent entr'eux.

On dit, et cela se répète sans beaucoup de réflexions, que les traités sont inutiles, puisqu'on n'en remplit presque jamais tous les points, et qu'on n'est pas plus scrupuleux dans notre siècle, qu'en tout autre. Je réponds, qu'il est néanmoins très-avantageux de faire des traités. Les alliés, que vous vous faites, seront autant d'ennemis que vous aurez de moins; et s'ils ne vous sont d'aucun secours, vous les réduirez à observer, au moins, quelque tems, la neutralité.

Un traité, envisagé sous toutes ses faces, déduit avec toutes ses conséquences, est toute autre chose, que lorsqu'on se contente de le considérer en gros. Ce qui paroît un avantage réel ne se trouve, lorsqu'on l'examine de près, qu'un misérable palliatif, qui tend à la ruine de l'Etat.

Il faut ajouter à ces précautions le soin de bien éclaircir les termes d'un traité; et le grammairien pointilleux doit toujours précéder le politique habile, afin que cette distinction frauduleuse de la parole et de l'esprit du traité ne puisse point avoir lieu.

Un prince foible doit se prêter de bonne grace à ce qu'il n'est pas en état de refuser.

Les exemples de traités faits et rompus sont communs. L'intérêt de l'Etat doit servir de règle aux souverains. Les cas de rompre les alliances sont ceux; 1°. où l'allié manque à remplir ses engagemens; 2°. où l'allié médite de vous tromper, et où il ne vous reste de ressource, que de le prévenir; 3°. une force majeure, qui vous opprime; 4°. enfin, l'insuffisance des moyens, pour continuer la guerre.

Les princes sont les esclaves de leurs moyens: l'intérêt de l'Etat leur sert de loi; et cette loi est inévitable.

Si le prince est dans l'obligation de sacrifier sa personne même au salut de ses sujets, à plus forte raison doit-il leur sacrifier des liaisons, dont la continuation leur deviendroit préjudiciable.

Il est des traités, que la nécessité ou la sagesse, la prudence ou le bien des peuples obligent de transgresser, ne restant aux souverains que ce moyen là d'éviter leur ruine. Si François I avoit accompli le traité de Madrid, il auroit, en perdant la Bourgogne, établi un ennemi dans le cœur de ses Etats: c'étoit réduire la France à l'état malheureux, où elle étoit du tems de Louis XI et de Louis XII. Si, après la bataille de Muhlberg, gagnée par Charles-Quint, la ligue protestante d'Allemagne ne s'étoit pas fortifiée de l'appui de la France, elle n'auroit pu éviter de porter les chaînes, que l'Empereur lui préparoit de longue main. Si les Anglais n'avoient pas rompu l'alliance, si contraire à leurs intérêts, par laquelle

Charles II s'étoit uni avec Louis XIV, leur puissance couroit risque d'être diminuée; d'autant plus, que, dans la balance politique de l'Europe, la France l'auroit emporté de beaucoup sur l'Angleterre.

Les sages, qui prévoyent les effets dans les causes, doivent, à tems, s'opposer à ces causes, si diamétralement opposées à leurs intérêts Il me paroît clair et évident, qu'un particulier doit être attaché scrupuleusement à sa parole, l'eut-il même donnée inconsidérément. Si on lui manque, il peut recourir à la protection des lois; et quoiqu'il en arrive, ce n'est qu'un individu, qui souffre. Mais à quels tribunaux un souverain prendra-t-il recours, si un autre prince viole envers lui ses engagemens? La parole d'un particulier n'entraîne que le malheur d'un seul homme. Celle des souverains, des calamités générales pour des nations entières.

La question se réduit donc à ceci : vaut-il mieux que le peuple périsse ou que le prince rompe son traité? Quel imbécille balanceroit à décider cette question?

L'honêteté et la sagesse du monde exigent également des princes, qu'ils observent religieusement la foi des traités, et qu'ils les accomplissent avec scrupule; d'autant plus, que, par leurs alliances, ils rendent leur protection plus efficace à leurs peuples.

Les princes puissans éludent l'esclavage de leur parole par une volonté libre et indépendante : les princes, qui ont peu de forces, manquent à leurs engagemens, parce qu'ils sont souvent obligés de céder aux conjonctures.

Il y a des nécessités fâcheuses, où un prince ne sauroit s'empêcher de rompre ses traités et ses alliances : mais il doit s'en séparer en honnête homme, en avertissant ses alliés à tems, et surtout, n'en venir jamais à ces extrêmités, sans que le salut de ses peuples et une grande nécessité ne l'y obligent.

De la guerre.

La fureur de la guerre a parcouru le monde et a toujours produit les mêmes effets : car, l'esprit des hommes, et les passions, qui les gouvernent, étant toujours les mêmes, il faut nécessairement qu'il en résulte les mêmes effets.

Depuis l'année 34, l'Europe n'a vu qu'une succession de guerres perpétuelles, celle de 40 jusqu'à 48, celle de 50 jusqu'à 63, celle des Russes et des Turcs, qui dure encore (en 1771). L'Espagne a été sur le point de rompre avec l'Angleterre. Enfin, rarement se passe-t-il dix ans de suite, pendant lesquels l'Europe jouisse d'une paix durable.

La paix est, sans doute, le but, où tous les politiques doivent tendre. Mais que de matières combustibles, répandues dans le monde ! et que d'embrâsemens nouveaux à craindre !

En parcourant l'histoire, je vois, qu'il ne s'écoule guères dix ans sans quelque guerre. Cette fièvre intermittente peut être suspendue, mais jamais guérie. Il faut en chercher la raison dans l'inquiétude naturelle des hommes. Si ce n'est l'un, qui excite des troubles, c'est l'autre; et une étincelle cause souvent un embrâsement général.

J'aimerois autant déclamer contre la fièvre pourprée, que contre la guerre. On empêchera aussi peu l'une de faire ses ravages, que l'autre d'exciter les nations. Il y a des guerres depuis que le monde est monde ; et il y en aura, long-tems après que nous aurons payé le tribut à la nature.

Il faut l'avouer : il n'est aucun lieu, où l'inquiétude et l'enchaînement fatal des causes, ne puisse amener le fléau de la guerre.

Faut-il que des sujets frivoles arment les nations, les unes contre les autres, causent la ruine des plus florissantes provinces ; et que l'espèce humaine répande son sang et prodigue sa vie, pour contenter l'ambition et le caprice d'un seul homme ?

L'omission frivole, que la chancellerie polonaise fit, par oubli, de quelques titres du czar Pierre I.er, détermina ce prince à pénétrer jusqu'en Lithuanie. Il étoit étrange, qu'une nation, qui ne savoit peut-être pas lire, fît la guerre à ses voisins, pour la vétille grammaticale d'une adresse de lettre.

Si les hommes étoient capables de raison, feroient-ils des guerres si longues, si acharnées, si onéreuses, pour en revenir, tôt ou tard, à des conditions de paix, qui ne leur paroissent intolérables, que dans les momens, où la passion les gouverne ou dans lesquels la fortune les favorise.

Il y a des occasions, où il faut défendre, par les armes, la liberté des peuples, qu'on veut opprimer par injustice ; où il faut obtenir par violence ce que l'iniquité refuse à la douceur ; où les souverains doivent commettre la cause de leur nation au sort des batailles.

La guerre est une ressource dans l'extrémité : il ne faut s'en servir que dans des cas désespérés. On doit toujours bien examiner, si l'on y est porté par une illusion d'orgueil ou par une raison solide.

C'est le sujet de la guerre, qui la rend juste ou injuste.

Il y a des guerres défensives ; et ce sont, sans contredit, les plus justes.

Il y a des guerres d'intérêt, que les rois sont obligés de faire, pour maintenir eux-mêmes les droits qu'on leur conteste. Ils plaident, les armes à la main ; et les combats décident de la validité de leurs raisons.

Il y a des guerres de précaution, que les princes font sagement d'entreprendre. Elles sont offensives, à la vérité : mais elles n'en sont pas moins justes.

Une bonne guerre donne et affermit une bonne paix.

Toutes les guerres, qui n'auront pour but que de repousser les usurpateurs, de maintenir des droits légitimes, de garantir la liberté de l'Univers, seront conformes à la justice. Les souverains, qui en entreprennent de pareilles, n'ont point à se reprocher le sang répandu. La nécessité les fait agir ; et dans de pareilles circonstances, la guerre est un moindre malheur que la paix.

Un prince sage fait tous ses efforts, pour obtenir la paix et la bonne harmonie entre les puissances : mais il y a des bornes à tout ; et il se trouve des cas si épineux, que la volonté seule ne suffit pas toujours, pour maintenir les choses dans le repos et la tranquillité.

Il y a des guerres justes : celles, qu'exige sa propre défense, sont incontestablement de ce genre.

Dès qu'une armée nombreuse d'une puissance voisine s'assemble sur les frontières d'une province, la sûreté de l'Etat exige, qu'on se mette également en forces, pour ne pas recevoir la loi de son voisin.

Moins on voit clair dans les desseins de l'ennemi, plus il faut se préparer pour tous les cas.

Les guerres de religion, si ce sont des guerres civiles, sont presque toujours la suite de l'imprudence du souverain, qui a, mal-à-propos, favorisé une secte aux dépens d'une autre ; qui a trop resserré ou trop étendu l'exercice public de certaines religions ; qui, sur-tout, a donné du poids à des querelles de parti, lesquelles ne sont que des étincelles passagères, quand le souverain ne s'en mêle pas, et qui deviennent des embrâsemens, quand il les fomente.

Maintenir le gouvernement civil avec vigueur, et laisser à chacun la liberté de conscience; être toujours roi et ne jamais faire le prêtre, est le plus sûr moyen de préserver son Etat des tempêtes, que l'esprit dogmatique des théologiens cherche souvent à exciter.

Les guerres étrangères de religion sont le comble de l'injustice et de l'absurdité. Partir d'Aix-la-Chapelle, pour aller convertir les Saxons, le fer à la main, comme Charlemagne; ou équiper une flotte, pour aller proposer au soudan d'Egypte de se faire chrétien, sont des entreprises bien étranges. La fureur des croisades est passée : fasse le ciel, qu'elle ne revienne jamais!

Les guerres de religion ont toujours été plus sanglantes, plus opiniâtres, que celles, que l'ambition des princes ou l'indocilité des sujets ont suscitées.

Mais il paroît, que, pour le bien de l'humanité, la mode des guerres de religion est finie; et ce seroit assurément une folie de moins dans le monde. Nous en sommes en partie redevables à l'esprit philosophique, qui, depuis quelques années, prend beaucoup le dessus en Europe.

Plus on est éclairé; et moins on est superstitieux. Le siècle, où vivoit Henri IV, étoit bien différent. L'ignorance monacale, qui surpassoit toute imagination, et la barbarie des hommes, qui ne connoissoient d'autre occupation, que celle d'aller à la chasse et de s'entretuer, donnoit accès aux erreurs les plus palpables. Marie de Médicis et les princes factieux pouvoient donc alors abuser d'autant plus facilement de la crédulité des peuples, que les peuples étoient grossiers et ignorans. Les siècles polis, qui ont vu fleurir les sciences, n'ont point d'exemple à nous présenter de guerres de religion, ni de guerres séditieuses.

Dans les beaux tems de l'Empire romain, vers la fin du règne d'Auguste, tout cet Empire, qui composoit presque les deux tiers du monde, étoit tranquille et sans agitation. Les hommes abandonnoient les intérêts de la religion à ceux, dont l'emploi étoit d'y vacquer; et ils préféroient le repos, les plaisirs et l'étude à l'ambitieuse rage de s'égorger les uns les autres, soit pour des mots, soit pour l'intérêt ou pour une funeste gloire.

Le siècle de Louis - le - Grand, qui peut être égalé sans flatterie à celui d'Auguste, nous fournit de même un exemple d'un règne heureux et tranquille pour l'intérieur du royaume. S'il fut troublé, vers la fin, par l'ascendant, que le père le Tellier prit sur l'esprit de Louis XIV, ce fut l'ouvrage d'un particulier; et l'on n'en sauroit charger ce siècle, si fécond en grands hommes, que par une injustice manifeste.

Il est des Etats, qui, par leur local et par leur constitution, doivent être des puissances maritimes : telles sont l'Angleterre, la Hollande, la France, l'Espagne, le Danemarck. Ils sont environnés de la mer ; et les colonies éloignées , qu'ils possèdent, les obligent d'avoir des vaisseaux, pour entretenir la communication et le commerce entre la mère-patrie et ces membres détachés.

Il est d'autres Etats, comme l'Autriche, la Pologne, la Prusse et même la Russie, dont les uns pourroient se passer de marine, et dont les autres commettroient une faute impardonnable en politique, s'ils divisoient leurs forces, en voulant employer sur mer des troupes, dont ils ont un besoin indispensable sur terre.

L'idée des batteries flottantes (employées au siége de Gibraltar) étoit assurément très-hétérodoxe et ne pouvoit réussir. Les hommes les plus déterminés peuvent entreprendre des choses difficiles : mais les impossibles, ils les abandonnent aux foux.

Si l'impératrice de Russie (Catherine II) n'avoit signalé depuis longt-tems son règne par ses glorieux succès, il lui suffiroit d'avoir établi (en 1780) ce code maritime, pour rendre son nom immortel. Elle vengea Neptune, en lui rendant son trident, que des usurpateurs lui avoient arraché. A l'imitation de Louis XIV, elle pourroit placer dans ses palais un tableau, représentant la législatrice des mers, conduisant les pirates, que sa sagesse a su enchaîner à son char de triomphe.

La marine anglaise paroît avoir, dans la manœuvre, une grande supériorité sur celle de France. C'est faute d'exercice et d'expérience, de la part des Français. Ce sont des choses, où ils pourront parvenir à se perfectionner, si on les encourage à l'application et qu'on leur donne plus d'emploi en tems de paix.

La guerre, en général, est si féconde en malheurs, l'issue en est si peu certaine, et les suites en sont si ruineuses pour un pays, que les princes ne sauroient assez réfléchir, avant que de s'y engager. Les violences, que les troupes commettent dans un pays ennemi, ne sont rien, en comparaison des malheurs, qui rejaillissent directement sur les Etats des princes, qui entrent en guerre.

Je me persuade, que, si les monarques voyoient un tableau vrai des misères, qu'attire sur les peuples une seule déclaration de guerre, ils n'y seroient point insensibles. Leur imagination n'est pas assez vive, pour leur représenter au naturel des maux qu'ils n'ont point connus, et à l'abri desquels les met leur condition.

Comment sentiront-ils ces impôts, qui accablent les peuples ; la privation de la jeunesse du pays, que les recrues emportent ; ces maladies contagieuses, qui désolent les armées ; l'horreur des batailles, et ces sièges plus meurtriers encore; la désolation des blessés, que le fer ennemi a privés de quelques-uns de leurs membres, uniques instrumens de leur industrie et de leur subsistance; la douleur des orphelins, qui ont perdu, par la mort de leur père, l'unique soutien de leur foiblesse; la perte de tant d'hommes, utiles à l'Etat, que la mort moissonne avant le tems?

Les souverains, qui regardent leurs sujets comme leurs esclaves, les hasardent sans pitié et les voient périr sans regret : mais les princes, qui considèrent les hommes comme leurs égaux, et qui envisagent le peuple, comme le corps dont ils sont l'ame, sont économes du sang de leurs sujets.

On ne peut se représenter la Prusse, après la guerre de sept ans, que sous l'image d'un homme criblé de blessures, affoibli par la perte de son sang, et près de succomber sous le poids de ses souffrances. La noblesse étoit dans le plus triste état d'épuisement; le petit peuple étoit ruiné; nombre de villages avoient été brûlés; beaucoup de ville détruites, soit par des sièges, soit par des incendiaires, apostés par l'ennemi. Une anarchie complète avoit bouleversé tout l'ordre de la police et du gouvernement. Les finances étoient dans la plus grande confusion ; en un mot, la désolation étoit générale.

L'armée ne se trouvoit pas dans une meilleure situation, que le reste du pays. Dix-sept batailles avoient fait périr la fleur des officiers et des soldats. Les régimens étoient délabrés.

Des trèves et traités de paix.

Quelquefois une campagne de plus ou de la fermeté dans les négociations, termineroit pour long-tems les querelles des souverains. Mais on préfère les palliatifs aux topiques, et une trève, que l'on signe par impatience, à une paix solide.

Le traité d'Aix-la-Chapelle fut l'ouvrage d'un mouvement précipité. Les puissances sacrifioient, à l'embarras présent de leurs affaires, les intérêts de l'avenir. On éteignoit, d'une part, l'incendie, qui embrâsoit l'Europe ; et, de l'autre, on amassoit des matières combustibles, propres à prendre feu, à la première occasion.

La voie des congrès est la plus lente de toutes, lorsque plusieurs puissances belligérantes veulent faire leur paix. Le congrès de Munster consuma huit années, avant que d'en venir à la conclusion du traité de Westphalie.

Toutes les garanties sont comme des ouvrages de filigrane, plus propres à satisfaire les yeux, qu'à être de quelque utilité.

On peut faire la paix, lorsque les armes sont heureuses. Mais si l'on a du dessous, l'ennemi ne se trouve guères dans la disposition de se réconcilier.

Lorsqu'en 1745, le roi prit la ville de Dresde, on répandit les bruits les plus injurieux, au sujet de ses intentions sur cette capitale de la Saxe. On disoit, que le prince d'Anhalt avoit demandé le pillage de Dresde pour son armée, à laquelle le sac de cette ville avoit été promis, pour l'encourager pendant l'action. Le penchant des hommes à la crédulité pouvoit seul accréditer de telles calomnies. Jamais le prince d'Anhalt n'auroit osé faire au roi une proposition aussi barbare. Ces sortes de promesses peuvent se faire à des troupes indisciplinées, et non à des Prussiens, qui ne combattent que pour l'honneur et pour la gloire. Le principe de leurs succès doit s'attribuer uniquement à l'ambition des officiers, comme à l'obéissance des soldats. Le roi, étant entré dans Dresde, fit inviter chez lui tous les ministres Saxons. Il récapitula tout ce qui s'étoit passé. Il leur exposa avec vérité ses sentimens, et les conditions de paix modérées, qu'il offroit à ses ennemis. Il fut assez heureux, pour les convaincre, que ces conditions étoient telles, qu'ils auroient pu les souhaiter ou les dicter eux-mêmes, et que leur roi n'avoit d'autre part à prendre, que de les signer. Il mit, en effet, dans ses procédés, toute la douceur possible, afin que ce pays voisin et malheureux ne se ressentit que légèrement des fléaux d'une guerre, dont le peuple étoit innocent.

Après la fin des grandes guerres, la situation des Empires change ; et leurs vues changent en même tems. De nouveaux projets se font, de nouvelles alliances se traitent ; et chacun en particulier prend les arrangemens, qu'il croit les plus propres à l'exécution de ses desseins ambitieux.

CHAPITRE X.

DES RÉVOLUTIONS POLITIQUES.

Les révolutions, inévitables dans les Gouvernemens.

Aucun gouvernement ne s'est soutenu dans toute son intégrité. Pourquoi ? parce que les hommes sont imparfaits, et que tous leurs ouvrages le sont ; parce que les citoyens, poussés par leurs passions, se laissent aveugler par l'intérêt particulier, qui souvent contrarie l'intérêt général ; enfin, parce que rien n'est stable dans le monde.

Dans les aristocraties, l'abus, que les premiers membres de l'Etat font de leur autorité, est, pour l'ordinaire, la cause des révolutions, qui s'ensuivent.

La démocratie des Romains fut bouleversée par le peuple même. La masse aveuglée des Plébéiens se laissa corrompre par des citoyens ambitieux, qui, ensuite, les asservirent et les privèrent de leur liberté.

La liberté ne subsiste dans les États républicains, que par les partis différens, qui contiennent alternativement l'ambition des factions contraires. Ils doivent, en quelque sorte, entretenir la jalousie entre leurs membres : car, si aucun parti ne veille sur l'autre, la forme du gouvernement se change en monarchie.

Plusieurs républiques sont retombées, par la suite des tems, sous le despotisme. Il paroît même, que c'est un malheur inévitable, qui les attend toutes : car, comment une république résisteroit-elle éternellement à toutes les causes, qui minent sa liberté ? Comment pourroit-elle contenir toujours l'ambition des grands, qu'elle nourrit dans son sein ? Comment, à la longue, veiller sur les séductions, les sourdes pratiques de ses voisins, et sur la corruption de ses membres, tant que l'intérêt sera tout puissant sur les hommes ? Comment peut-elle espérer, de sortir toujours heureusement des guerres, qu'elle aura à soutenir ? Comment prévenir ces conjonctures fâcheuses pour la liberté, ces momens critiques, ces hasards, qui favorisent les hommes corrompus et audacieux ? Si ses troupes sont commandées par des chefs lâches et timides, elle deviendra la proie de ses ennemis ; et si elles ont, à leur tête, des hommes vaillans et hardis, ils seront dangereux dans la paix, après avoir servi dans la guerre.

Les républiques se sont presque toutes élevées de l'abîme de la servitude au comble de la liberté ; et elles sont presque toutes retombées de cette liberté dans l'esclavage.

Ces mêmes Athéniens, qui, du tems de Démosthène, outrageoient Philippe de Macédoine, rampèrent devant Alexandre. Ces mêmes Romains, qui abhorroient la royauté, après l'expulsion des rois, souffrirent patiemment, après la révolution de quelques siècles, toutes les cruautés de leurs Empereurs ; et ces mêmes Anglais, qui mirent à mort Charles I, parce qu'il avoit usurpé quelques foibles droits, plièrent la roideur de leur courage, sous la tyrannie fière et adroite de leur protecteur.

Ce n'est pas par leur choix, que ces républiques se sont donné des maîtres : ce sont des hommes entreprenans, qui, aidés de quelques conjonctures favorables, les ont soumises contre leur volonté.

De même que les hommes naissent, vivent un

tems, et meurent par maladies ou par vieillesse; de même les républiques fleurissent quelques siècles, et périssent enfin par l'audace d'un citoyen ou par les armes de leurs ennemis.

Tout a son période. Les plus grandes monarchies même n'ont qu'un tems. Les républiques sentent toutes, que ce tems arrivera pour elles; et elles regardent toute famille trop puissante, comme le germe de la maladie, qui doit leur donner le coup de la mort.

En touchant aux lois fondamentales des républiques, on est sûr de les renverser de fond en comble; la sagesse des législateurs ayant formé un tout, auquel toutes les parties du gouvernement tiennent essentiellement. Rejetter les uns, c'est détruire les autres, par l'enchaînement des conséquences, qui les lient ensemble, et qui en forment un système assortissant et complet.

La raison de la chûte des plus grands Empires, a toujours été la même : elle s'est toujours trouvée dans la foiblesse de la constitution des Etats. La décadence de l'Empire romain trouva son période marqué dans le tems qu'il n'y eut plus d'ordre dans les troupes, que la discipline fut anéantie, et qu'on négligea les précautions, que la prudence dicte pour la sûreté des Etats.

La France a été subjugée par les Romains, les Saliens, les Francs, les Anglais. Ces conquérans ont promulgué des lois, ce qui a fait un chaos de la jurisprudence de ce royaume. Pour bien faire, il faudroit détruire pour édifier. Ceux, qui l'entreprendroient, trouveroient contr'eux la coutume, les préjugés, et tout le peuple, attaché aux anciens usages, sans qu'il sache les apprécier, qui croit, que toucher à ces usages ou bouleverser le royaume, c'est la même chose.

Le gouvernement de la Pensilvanie n'existe que depuis un siècle, tel qu'il est établi à présent. Ajoutez-en encore cinq ou six à sa durée; et vous ne le connoîtrez plus. Que des philosophes fondent le gouvernement le plus sage : il aura le même sort.

Tout se dénature par les lois de la vicissitude. La ville de Jérusalem, bâtie pour le peuple de Dieu, est possédée par les Turcs. Le Capitole, cet asyle des nations, ce lieu auguste, où s'assembloit un sénat, maître de l'Univers, est maintenant habité par des récollets.

Le monde est un théâtre perpétuel de vicissitudes. C'est une scène mouvante, où tout change. Ici, les arts, les sciences et les Empires s'élèvent. Là, c'est la barbarie, qui succède aux connoissances et des potentats, dont les trônes se renversent.

Dans cent ans d'ici, quiconque ressusciteroit de nos contemporains, ne reconnoîtroit plus notre continent.

Le sort des Etats est de se trouver alternativement, tantôt acteurs, tantôt spectateurs sur le grand théâtre des événemens.

Tel est le sort des choses humaines, que des hommes, conduits par des passions, les gouvernent, et que des causes, souvent puériles dans leur origine, deviennent les principes d'une suite de faits, qui donne lieu aux plus grandes révolutions.

Tous les hommes tendent à leur bien-être : ils endurent l'oppression et le mal, pendant un tems : mais, à la fin, la patience leur échappe.

La fragilité et l'instabilité sont inséparables des ouvrages des hommes. Les révolutions, que les monarchies et les républiques éprouvent ont leur cause dans les lois immuables de la nature. Il faut, que les passions humaines servent de ressorts, pour amener et mouvoir sans cesse de nouvelles décorations sur le grand théâtre ; que la fureur audacieuse des uns enlève ce que la foiblesse des autres ne peut défendre ; que des ambitieux renversent des républiques et que l'artifice triomphe quelquefois de la simplicité.

Sans ces grands bouleversemens, l'Univers resteroit toujours le même : il n'y auroit point d'événemens nouveaux. Il n'y auroit pas d'égalité entre les destins des nations. Quelques peuples seroient toujours civilisés et heureux, et d'autres, toujours barbares et infortunés.

A quoi tiennent les choses humaines ! les plus petits ressorts influent sur le destin des Empires et le changent. Tels sont les jeux du hasard, qui, se riant de la vaine prudence des mortels, relève les espérances des uns, pour renverser celles des autres. Ne paroit-il pas étonnant, que ce qu'il y a de plus raffiné dans la prudence humaine, jointe à la force, soit si souvent le jouet d'événemens inattendus ou des coups de la fortune ? Et ne semble-t-il pas, qu'il y a un certain je ne sais quoi, qui se joue avec mépris des projets des hommes ?

Quelque étendu que soit l'esprit humain, il ne l'est jamais assez, pour pénétrer les fines combinaisons, qu'il faudroit pouvoir développer, pour prévoir ou arranger les événemens, qui dépendent des futurs contingens. Nous expliquons clairement les événemens passés, parce que les causes s'en découvrent. Mais nous nous trompons toujours sur ceux, qui sont à naître, parce que les causes secondes se dérobent à nos téméraires regards.

Les conjurations et les assassinats ne se commettent plus guères dans le monde. Les princes sont en sûreté de ce côté-là. Les crimes sont usés : ils sont sortis de mode (1). Il n'y a tout au plus que le fanatisme, qui puisse faire commettre un crime aussi épouvantable.

Il semble, en parcourant l'histoire, que les vicissitudes et les révolutions soient une des lois permanentes de la nature. Tout dans ce monde est sujet au changement ; et cependant des fous s'attachent aux objets de leur ambition, et les idolâtrent ; et ils ne se détrompent point des illusions

---

(1) Qu'auroit dit le grand Frédéric, s'il avoit assez vécu, pour être témoin des trames infernales du gouvernement d'Angleterre, contre les jours précieux du grand homme, qui gouverne aujourd'hui la France ?

On frémit d'horreur, quand on pense à l'affreux événement de la rue Saint-Nicaise, et à toutes les machinations atroces, que les ministres de Georges III n'ont pas cessé d'ourdir, depuis, dans le même objet, mais heureusement sans succès.

Dans les deux chambres du parlement, des fanatiques ont eu l'audace d'entreprendre la justification de ceux, qu'on accusoit d'avoir dirigé ces épouvantables complots, ou de s'être chargés de leur exécution. Comment l'indignation n'a-t-elle pas fait armer l'Europe entière contre un gouvernement, à qui la jalousie, la cupidité, l'esprit d'animosité et de vengeance, ont fait commettre de tels attentats !

de cette lanterne magique, qui sans cesse se reproduit à leurs yeux. Mais il est des hochets pour tous les âges, l'amour pour les adolescens, l'ambition pour l'âge mûr, les calculs de la politique pour les vieillards.

Tel est le jeu des choses les plus graves du monde : la Providence se rit de la sagesse et des grandeurs humaines. Des causes frivoles, et quelquefois ridicules, changent souvent la fortune de monarchies entières.

Des causes et des résultats des révolutions; ainsi que des moyens, qu'on peut employer, pour les prévenir.

Tout peuple a un caractère à soi, qui peut être modifié par le plus ou le moins d'éducation qu'il reçoit, mais dont le fond ne s'efface jamais.

La cause politique des changemens, qui s'opèrent chez les peuples, se trouve vraisemblablement dans les différentes formes de gouvernement, par lesquelles ils passent.

Tant que les Suédois, par exemple, servoient une monarchie, le militaire étoit en honneur : il étoit utile pour la défense de l'État; et il ne pouvoit jamais lui être redoutable. Dans une république, c'est le contraire. Le gouvernement doit en être pacifique par sa nature. Le militaire y doit être avili. On a tout à craindre de généraux, qui peuvent s'attacher les troupes : c'est d'eux que peut venir une révolution. Dans les républiques, l'ambition se jette du côté de l'intrigue, pour parvenir. Les corruptions les avilissent insensiblement; et le vrai point d'honneur se perd, parce qu'on peut faire fortune par des voies, qui n'exigent aucun mérite dans le postulant. Outre cela, jamais le secret n'est gardé dans les républiques : l'ennemi est averti d'avance de leurs desseins ; et il peut les prévenir.

Toute l'attention d'un prince doit être de rendre son peuple heureux. Un peuple content ne songera pas à se révolter. Un peuple heureux craint plus de perdre son prince, qui est en même tems son bienfaiteur, que ce souverain même ne peut appréhender par la diminution de sa puissance.

Les Hollandais ne se seroient jamais révoltés contre les Espagnols, si la tyrannie des Espagnols n'étoit parvenue à un excès si énorme, que les Hollandais ne pouvoient devenir plus malheureux.

Le royaume de Naples et celui de Sicile ont passé, plus d'une fois, des mains des Espagnols à celles de l'Empereur, et de l'Empereur aux

Espagnols. La conquête en a toujours été très-facile ; puisque l'une et l'autre domination leur sembloit rigoureuse, et que ses peuples espéroient toujours trouver des libérateurs dans leurs nouveaux maîtres.

Lorsque les Lorrains ont été obligés de changer de domination, toute la Lorraine étoit en pleurs. Ils regrettoient de perdre les rejetons de ces ducs, qui, depuis tant de siècles, furent en possession de ce pays, et parmi lesquels on en compte de si estimables par leur bonté, qu'ils mériteroient d'être l'exemple des rois.

Le poids de la tyrannie ne s'appésantit jamais davantage, que lorsque le tyran veut revêtir les dehors de l'innocence, et que l'oppression se fait à l'ombre des lois.

Qu'on lise la vie d'un Denys, d'un Tibère, d'un Néron, d'un Louis XI, d'un Jean Basilowitz ; et l'on verra, que ces hommes méchans finissent de la manière du monde la plus malheureuse.

Jamais roi bon et sage n'a été détrôné, en Angleterre, par de grandes armées ; et tous leurs mauvais rois ont succombé sous des compétiteurs, qui n'avoient pas commencé la guerre avec quatre mille hommes de troupes réglées.

Les tyrans péchent ordinairement, en envisageant les choses sous un certain point de vue : ils ne considèrent le monde, que par rapport à eux-mêmes ; et pour être trop au-dsssus de certains malheurs vulgaires, les cœurs y sont insensibles. S'ils oppriment leurs sujets, s'ils sont durs, s'ils sont violens et cruels, c'est qu'ils ne connoissent pas la nature du mal qu'ils font, et que, pour n'avoir point souffert le mal, ils le croient trop léger.

Etre prudemment barbare et exercer la tyrannie conséquemment, c'est, selon Machiavel, exécuter tout d'un coup toutes les violences et tous les crimes, que l'on juge utiles à ses intérêts. Faites assassiner ceux qui vous sont suspects, et ceux qui se déclarent vos ennemis : mais ne faites point traîner votre vengeance.

Quand même le crime pourroit se commettre avec sécurité, quand même le tyran ne craindroit point une mort tragique, il sera également malheureux de se voir l'opprobre du genre humain. Il ne pourra point étouffer ce témoignage intérieur de sa conscience, qui dépose contre lui; supplice réel, supplice insupportable qu'il porte toujours dans le fond de son cœur. Non, il n'est point dans la nature de notre Etre, qu'un scélérat soit heureux.

Machiavel dit, que, sans l'amour des peuples, sans l'affection des grands et sans une armée bien disciplinée, il est impossible à un prince de se soutenir sur le trône. La vérité semble le forcer à rendre cet hommage, à-peu-près, comme les théologiens l'assurent des anges maudits, qui reconnoissent un Dieu et qui le blasphèment.

Les révolutions, moins fréquentes qu'autrefois.

L'esprit des hommes est le même dans tous les pays et dans tous les siècles. Ils ont, à-peu-près, les mêmes passions. Leurs inclinations ne diffèrent presque en rien. Ils sont quelquefois plus furieux, quelquefois moins, selon qu'un malheureux démon d'ambition et d'injustice leur communique son souffle infect et contagieux.

Certaines époques se sont distinguées, parce que les passions des hommes y ont été plus agitées et souvent récompensées. Telle est celle des conquêtes de Cyrus parmi les Perses, la bataille de Salamine et de Platée parmi les Grecs, le règne de Philippe et d'Alexandre chez les Macédoniens, les guerres civiles de Sylla, les triumvirats, les règnes d'Auguste et des premiers Césars chez les Romains.

Dans le quinzième siècle, le monde étoit dans

une fermentation générale. L'esprit de sédition et de révolte régnoit par-tout. On ne voyoit que des factions et des tyrans. Les révolutions fréquentes et continuelles obligèrent les princes de bâtir des citadelles sur les hauteurs des villes, pour contenir, par ce moyen, l'esprit inquiet des habitans.

Depuis ce siècle barbare, soit que les hommes se soient lassés de s'entredétruire, soit plutôt que les souverains aient, dans leurs Etats, un pouvoir plus despotique, on n'entend plus parler de séditions et de révoltes; et l'on diroit, que cet esprit d'inquiétude, après avoir assez travaillé, s'est mis à présent dans une assiette tranquille, de sorte qu'on n'a plus besoin de citadelles, pour répondre de la fidélité d'un pays.

Depuis l'année 1640, nous voyons quelques-uns des Etats de l'Europe dans leur accroissement. D'autres demeurent, pour ainsi dire, dans la même situation; et d'autres enfin tombent en consomption et menacent ruine.

Le Portugal, la Hollande, le Danemarck, la Pologne, étaient demeurés, tels qu'ils avaient été, sans augmentation, ni perte, jusques vers le milieu du siècle dernier.

De toutes ces puissances, la France et l'Angleterre avoient une prépondérance décidée sur les autres : l'une, par ses troupes de terre et ses grandes ressources ; l'autre, par ses flottes et les richesses, qu'elle devoit à son commerce. Ces puissances étoient rivales, jalouses de leur agrandissement. Elles pensoient tenir la balance de l'Europe, et se regardoient comme deux chefs de parti, auxquels devoient s'attacher les princes et les rois.

Autrefois, on ne connoissoit d'art en Suède, en Danemarck et dans la plus grande partie de l'Allemagne, que l'agriculture et la chasse. Les terres labourables étoient partagées entre un certain nombre de propriétaires, qui les cultivoient et qu'elles pouvoient nourrir. Mais comme la race humaine a été, de tout tems, très-féconde dans les climats froids, il arrivoit, qu'il y avoit deux fois plus d'habitans dans un pays, qu'il n'en pouvoit subsister par le labourage.

Les indigens s'attroupoient alors : ils étoient d'illustres brigands, par nécessité. Ils ravageoient d'autres pays et en dépossédoient les maîtres. Aussi, voit-on, dans l'Empire d'orient et d'occident, que les barbares ne demandoient, pour l'ordinaire, que des champs pour cultiver, afin de fournir à leur subsistance.

Les pays du nord ne sont pas moins peuplés ; qu'ils ne l'étoient alors : mais comme le luxe a très-heureusement multiplié nos besoins, il a donné lieu à des manufactures et à tous les arts, qui font subsister des peuples entiers, qui autrement seroient obligés de chercher leur subsistance ailleurs.

Effets funestes de l'intolérance et des persécutions.

Louis XIV, dont la politique avoit protégé les protestans d'Allemagne contre l'Empereur, persécuta ceux de son royaume, qui étoient inquiets et remuans ; et il troubla la France par la révocation du fameux Edit de Nantes. Il se fit une émigration, dont on n'avoit guères vu d'exemples dans l'histoire. Un peuple entier sortit du royaume par esprit de parti, en haine du pape, et pour recevoir, sous un autre ciel, la communion sous les deux espèces. Quatre cents mille ames s'expatrièrent ainsi, et abandonnèrent tous leurs biens, pour détonner, dans d'autres temples, les vieux pseaumes de Clément Marot. Beaucoup enrichirent l'Angleterre et la Hollande de leur industrie. Vingt mille Français s'établirent dans les Etats du grand Electeur.

La religion réformée, tantôt persécutée, tantôt tolérée en France, servoit souvent de prétexte à des guerres sanglantes, qui pensèrent, plus d'une fois, bouleverser ce royaume.

Henri VIII, roi d'Angleterre, secoua, en 1533, le joug du pape. Il se fit pape à Londres, et fraya lui-même le chemin à la nouvelle religion, qui s'établit après lui en Angleterre.

Si l'on veut réduire les causes des progrès de la réforme à des principes simples, on verra, qu'en Allemagne, ce fut l'ouvrage de l'intérêt; en Angleterre, celui de l'amour; et en France, celui de la nouveauté ou peut-être d'une chanson.

Il ne faut pas croire, que Jean Huss, Luther et Calvin fussent des génies supérieurs. Il en est des chefs de sectes, comme des ambassadeurs: souvent les esprits médiocres réussissent le mieux, pourvu que les conditions, qu'ils offrent soient avantageuses.

La réforme fut utile aux progrès de l'esprit humain. Les catholiques, vivement attaqués, furent obligés de se défendre, les ecclésiastiques étudièrent; et ils sortirent de l'ignorance crasse et honteuse, dans laquelle ils croupissoient presque généralement.

Les princes du nord ont incontestablement de

grandes obligations à Luther et à Calvin (pauvres gens d'ailleurs), qui les ont affranchis du joug des prêtres, et ont augmenté très-considérablement leurs revenus par la sécularisation des biens ecclésiastiques.

Dans ces temps, où les prêtres abusoient grossièrement de la crédulité des hommes, où ils se servoient de la religion, pour s'enrichir, où les ecclésiastiques menoient la vie la plus scandaleuse, un simple moine entreprit de réformer tant d'abus.

Tous les hommes tendent à leur bien-être. Ils endurent l'oppression et le mal, pendant un tems : mais à la fin, la patience leur échappe. Luther attaqua avec véhémence les abus de l'église. Il devint bientôt chef de parti; et comme sa doctrine dépouilloit les évêques de leurs bénéfices et les couvens de leurs richesses, les souverains suivirent en foule ce nouveau convertisseur.

La religion luthérienne, en paroissant tout-à-coup dans le monde, divisa l'Europe, changea l'ordre des possessions, et donna lieu à de nouvelles combinaisons politiques.

Les Bohêmiens étoient trop grossiers, pour entrer dans les disputes sophistiques des Théologiens : ils n'embrassèrent cette nouvelle secte, que par un esprit d'indépendance et de mutinerie. Ils se servirent des libertés de leur conscience, pour couvrir le crime de leur révolte.

Luther renonça au froc, et épousa en 1525, Catherine de Bore, encourageant par son exemple les prêtres et les moines à rentrer dans les droits de la nature et de la raison. S'il rendit des citoyens à la justice, il lui rendit aussi son patrimoine, en mettant dans son parti beaucoup de princes, pour qui la dépouille des biens ecclésiastiques étoit une double amorce.

Peu de tems après Luther, Calvin parut en France. Il fut obligé, à plusieurs reprises, de la quitter. Ce convertisseur, qui croyoit connoître le génie de sa nation, s'imagina, qu'elle seroit plutôt persuadée par des chansons, que par des argumens; et il composa, dit-on, un Vaudeville, dont le refrein étoit: *O moines, ô moines! il faut vous marier;* ce qui eut un succès étonnant.

En 1536, il acheva de ranger la ville de Genève à ses sentimens; et il y fit brûler Michel Servet, son ennemi: de persécuté, il devint persécuteur.

MÉMOIRES
HISTORIQUES ET CRITIQUES

SUR

LA CIVILISATION

DES DIFFÉRENTES NATIONS DE L'EUROPE.

SECONDE PARTIE.
CHAPITRE PREMIER.

DE L'ALLEMAGNE.

Des causes qui ont retardé les progrès des lumières et de la civilisation en Allemagne.

On sera peut-être surpris, que les lettres, qui fleurissent en France, en Angleterre, en Italie, n'aient pas brillé avec autant d'éclat en Allemagne. La raison en est, qu'en Italie, elles avoient été rapportées, une seconde fois, de la Grèce, après y avoir joui, sur la fin de la république et des premiers Empereurs, de toute la considération, qu'elles méritent. Le terrain étoit tout préparé, pour les recevoir ; et la protection des Médicis, sur-tout celle de Léon X, contribua beaucoup à leurs progrès.

Les lettres s'étendirent facilement en Angleterre, parce que la forme du gouvernement autorise les membres des chambres à haranguer dans le parlement. L'esprit de parti les animoit même à étudier, afin qu'employant dans leurs discours les secours de la rhétorique, sur-tout de la dialectique, ils se procurassent un ascendant sur le parti, qui leur étoit opposé.

De-là vient, que les Anglais possèdent presque tous les auteurs classiques, qu'ils sont versés dans le grec et dans le latin, ainsi que dans l'histoire ancienne.

Le caractère de leur esprit, sombre, taciturne, opiniâtre, les a fait réussir dans la géométrie transcendante.

Les Français, du tems de François I, avoient attiré quelques savans à la cour : ceux-là avoient, pour ainsi dire, répandu les germes des connoissances dans ce royaume. Mais les guerres de religion, qui suivirent, étouffèrent cette semence, comme une gelée tardive retarde les productions de la terre.

Cette crise dura jusqu'à la fin du règne de Louis XIII, où le cardinal de Richelieu, ensuite Mazarin, et sur-tout Louis XIV, donnèrent une protection éclatante aux sciences, comme aux beaux-arts.

Les Français étoient jaloux des Espagnols et des Italiens, qui les devançoient dans cette carrière ; et la nature fit naître, chez eux, de ces génies heureux, qui bientôt surpassèrent leurs émules. C'est sur-tout par la méthode et par un goût plus raffiné, que les auteurs français se distinguent.

Ce qui retarda le progrès des arts en Allemagne, ce furent les guerres, qui se suivirent, depuis Charles-Quint, jusqu'à celle de la succession d'Espagne. Les peuples étoient malheureux et les princes pauvres. Il fallut penser premièrement à s'assurer les alimens indispensables, en remettant les terres en culture : il fallut établir les manufactures, selon que les premières productions les indiquoient; et ces soins, presque généraux, empêchèrent la nation de se tirer des restes de la barbarie, dont elle se ressentoit encore.

Ajoutez, qu'en Allemagne les arts manquoient d'un point de ralliement, comme étoient Rome et Florence en Italie, Paris en France, et Londres en Angleterre.

Les universités avoient, à la vérité, des professeurs érudits, pédans et toujours dogmatiques. Personne ne les fréquentoit, à cause de leur rusticité.

Il n'y eut que deux hommes, qui se distinguèrent, à cause de leur génie, et qui firent honneur à la nation : l'un fut le grand Leibnitz, et l'autre, le docteur Thomasius.

Je ne fais point mention de Wolff, qui ruminoit le système de Leibnitz et rabâchoit longuement ce que l'autre avoit écrit avec feu.

La plupart des savans allemands étoient des manœuvres; les Français, des artistes.

Les ouvrages des Français se répandirent si universellement, que leur langue remplaça celle des Latins, et qu'à présent quiconque sait le français peut voyager par toute l'Europe, sans avoir besoin d'un interprète.

L'usage de cette langue étrangère fit encore du tort à la langue nationale, qui, ne restant que dans la bouche du peuple, ne pouvoit acquérir ce ton de politesse, qu'elle ne gagne que dans la bonne compagnie.

La noblesse n'étudioit que le droit public : mais sans goût pour la belle littérature, elle remportoit des universités le dégoût de la pédanterie et de ses instituteurs. Des candidats ou théologiens, fils de cordonniers et de tailleurs, étoient les Mentors de ces Télémaques : qu'on juge de l'éducation, qu'ils étoient capables de donner.

Les Allemands avoient des spectales, mais grossiers et même indécens. Des bouffons orduriers y représentoient des pièces sans génie, qui faisoient rougir la pudeur.

Notre stérilité nous obligea d'avoir recours à l'abondance des Français; et dans la plupart des cours, on voyoit des troupes de cette nation y représenter les chefs-d'œuvre des Molière et des Racine.

Les opéra, les tragédies et les comédies étoient inconnues en Allemagne, il y a soixante ans.

De la langue et de la littérature, allemandes.

Une difficulté, qui empêchera toujours, que nous n'ayions de bons livres en notre langue, consiste en ce qu'on n'a pas fixé l'usage des mots ; et comme l'Allemagne est partagée entre une infinité de souverains, il n'y aura jamais moyen de faire consentir les Allemands à se soumettre aux décisions d'une académie.

Il ne reste donc plus, à nos savans, d'autre ressource, que d'écrire dans des langues étrangères ; et comme il est difficile de les posséder à fond, il est fort à craindre, que notre littérature ne fasse jamais de fort grands progrès.

Il se trouve encore une difficulté, qui n'est pas moindre que la première; c'est que les princes méprisent généralement les savans. Le peu de soin, que ces messieurs donnent à leur habillement, la poudre du cabinet, dont ils sont couverts, et le peu de proportion, qu'il y a, d'une tête, meublée de bons écrits, et de la cervelle, vuide de ces seigneurs, fait, que ceux-ci se moquent de l'extérieur des savans, tandis que le grand homme leur échappe.

Nos Allemands ont l'ambition de jouir, à leur tour, des avantages des beaux-arts : ils s'efforcent d'égaler Athènes, Rome, Florence et Paris. Quelque amour que j'aie pour ma patrie, je ne saurois dire, qu'ils réussissent jusqu'ici.

Deux choses leur manquent, la langue et le goût.

La langue est trop verbeuse. La bonne compagnie parle français. Quelques cuistres de l'école et quelques professeurs ne peuvent lui donner la politesse et les tours aisés, qu'elle ne peut acquérir que dans la société du grand monde.

Ajoutez à cela la diversité des dialectes. Chaque

province soutient le sien ; et jusqu'à présent, rien n'est décidé sur la préférence.

Le goût est ce dont ils manquent le plus. Il n'ont pas encore pu imiter les auteurs du siècle d'Auguste. Ils font un mélange vicieux du goût romain, anglois, français et tudesque. Ils n'ont pas ce discernement fin, qui saisit les beautés, où il les trouve, qui sait distinguer le médiocre du parfait, le noble du sublime, et les appliquer à leurs places.

Ils croyent, que les mots de leur poésie sont harmonieux ; et, pour l'ordinaire, ce n'est qu'un galimathias de termes ampoulés.

Pour l'histoire, ils n'omettroient pas la moindre, la plus inutile circonstance.

Leurs meilleurs ouvrages sont sur le droit public.

Quant à la philosophie, depuis le génie de Leibnitz et la grosse monade de Wolff, personne ne s'en mêle plus.

Ils croient réussir au théâtre : mais, jusqu'ici, rien de parfait n'a paru.

Nos bons Germains ne sont encore, qu'à l'aurore des connoissances. On aime les beaux-arts : on les recherche. Des étrangers les transplantent chez nous : mais le sol n'est pas encore assez préparé, pour les produire lui-même.

L'Allemagne en est, à présent, précisément où en étoit la France, du tems de François I. Le goût des lettres commence à se répandre. Il faut attendre, que la nature fasse naître de vrais génies, comme sous les ministères de Richelieu et de Mazarin. Le sol, qui a produit un Leibnitz, peut en produire d'autres. Je ne verrai pas ces beaux jours de ma patrie : mais j'en prévois la possibilité.

Le défaut des Allemands n'est pas de manquer d'esprit. Leur caractère approche assez de celui des Anglais. Ils sont laborieux et profonds. Quand une fois ils se sont emparé d'une matière, ils pèsent dessus : leurs livres sont d'une diffusion assomante. Si on pouvoit les corriger de leur pesanteur, et les familiariser un peu avec les grâces, je ne désespérerois pas, que ma nation ne produisît de grands hommes.

Tant que la reine Charlotte, épouse de Frédéric I, vécut, l'académie de Berlin se soutint assez bien. Mais, après sa mort, il n'en fut pas de même. A présent (sous Frédéric-Guillaume I), les arts dépérissent de jour en jour ; et je vois, les larmes aux yeux, le savoir fuir de chez nous, et l'ignorance arrogante et la barbarie des mœurs s'approprier la place.

La guerre de trente ans a plus nui à l'Allemagne, que ne le croient les étrangers. Il a fallu commencer par la culture des terres, ensuite par les manufactures, enfin par un foible commerce. A mesure que ces établissemens s'affermissent, il naît un bien-être, qui est suivi de l'aisance, sans laquelle les arts ne sauroient prospérer. Les muses veulent, que les eaux du Pactole arrosent les pieds du Parnasse. Il faut avoir de quoi vivre, pour pouvoir s'instruire et penser librement. Aussi, Athènes l'emporta-t-elle sur Sparte, en fait de connoissances et de beaux-arts.

Le goût ne se communiquera en Allemagne, que par une étude réfléchie des auteurs classiques, tant grecs, que latins et français. Deux ou trois génies rectifieront la langue, la rendront moins barbare, et naturaliseront, chez nous, les chefs-d'œuvre des étrangers.

J'aurois voulu contribuer à la naissance de cet heureux tems. Mais qu'a pu un Etre, tracassé, pendant les deux tiers de sa course, par des guerres continuelles; obligé de réparer les maux qu'elles avoient causés, et né avec des talens trop médiocres pour d'aussi grandes entreprises?

La connoissance de la langue latine est bien plus connue en Allemagne, que celle de la langue grecque. Je suis obligé d'encourager l'étude de celle-ci, qui, sans les soins que je prends, se perdroit tout-à-fait.

J'essaie de rectifier les écoles sur le goût de la saine critique, cette partie si essentielle des humanités. Mais peut-être suis-je un borgne, qui veut enseigner le chemin à des aveugles.

Nos auteurs ont, ce me semble, toujours péché, faute de discerner les choses essentielles des accessoires, d'éclaircir les faits, de resserrer leur prose traînante, et excessivement sujette aux inversions, aux nombreuses épithètes. Ils écrivent en pédans, plutôt qu'en hommes de génie.

Tout se ressent du flègme d'une nation, qui n'a que des passions ébauchées. Nous sommes une espèce de végétaux, en comparaison des Français. Aussi, n'avons-nous produit, ni la Jérusalem délivrée, ni la Henriade.

Plus le goût des lettres gagnera, plus il y aura de distinction et de fortune à attendre pour ceux, qui les cultivent supérieurement; et plus l'exemple de ceux-là en animera d'autres. L'Allemagne produit des hommes à recherches laborieuses, des philosophes, des génies, et tout ce que l'on peut désirer. Il ne faut qu'un Prométhée, qui dérobe le feu céleste, pour les animer.

Le sol, qui a produit le fameux Desvignes, chancelier du malheureux Empereur Frédéric II;

celui, où sont nés les auteurs des lettres des hommes obscurs ; le sol, qui a produit le célèbre Erasme, dont l'éloge de la folie pétille d'esprit, et qui vaudroit encore mieux, si l'on en retranchoit quelques platitudes monacales, qui se ressentent du mauvais goût du tems ; le sol, qui a vu naître un Melanchthon, aussi sage qu'érudit ; ce sol, dis-je, qui a produit ces grands hommes, n'est point épuisé, et en feroit éclore bien d'autres.

Je fais des recherches, pour déterrer nos Homère, nos Virgile, nos Anacréon, nos Horace, nos Démosthènes, nos Thucidide, nos Tite-Live : je ne trouve rien ; mes peines sont perdues.

J'entends parler un jargon dépourvu d'agrément, que chacun manie selon son caprice ; ce sont des termes, employés sans choix. Les mots propres et les plus expressifs sont négligés ; et le sens des choses est noyé dans des mers épisodiques.

Le pédantisme affecte jusqu'aux poëtes. La langue des dieux est prostituée par la bouche de quelque régent d'un collége obscur ou par celle de quelque étudiant dissolu. Les honnêtes gens sont, ou trop paresseux, ou, trop fiers, pour manier la lyre d'Horace ou la trompette de Virgile.

La clarté est la première règle, que doivent se prescrire ceux, qui parlent ou écrivent, parcequ'il s'agit de peindre sa pensée ou d'exprimer ses idées par des paroles. A quoi servent les pensées les plus justes, les plus fortes, les plus brillantes, si vous ne les rendez intelligibles ? Beaucoup de nos auteurs se complaisent dans un style diffus. Ils entassent les parenthèses ; et souvent vous ne trouvez, qu'au bout d'une page entière, le verbe, d'où dépend le sens de toute une phrase ; et rien n'obscurcit plus la construction. Ils sont lâches, au lieu d'être abondans ; et l'on devineroit plutôt l'énigme du Sphynx, que leur pensée.

C'est le défaut des bonnes études, qui nuit parmi nous au progrès des lettres. Nous avons eu une foule de commentateurs vétilleux et pesans ; et notre nation a été accusée de pédanterie. Pour se laver de ce reproche, on commence à négliger les langues savantes ; et de peur de passer pour pédant, on va devenir superficiel. Peu de nos savans peuvent lire sans difficulté les auteurs classiques, tant grecs que latins.

Soyons donc sincères ; et confessons de bonnefoi, que, jusqu'ici, les belles-lettres n'ont pas prospéré dans notre sol.

Jusqu'ici, notre nation n'a su, que manger,

boire, faire l'amour et se battre. Toutefois, on désire d'être utile. J'ai marqué, dans une petite brochure, les défauts de la littérature allemande, et indiqué les moyens de la perfectionner. Souvent un mot, jeté dans une terre féconde, germe et pousse des fruits, auxquels on ne s'attendoit pas. Je voudrois, que ma nation perfectionnât autant les lettres, que l'ont fait les nations, ses voisines, et qui l'ont précédée de quelques siècles. Loin d'être sévère, je ne l'ai fouettée qu'avec des roses. Il ne faut point abaisser ceux, que l'on veut encourager. Au contraire, il faut leur faire croire, qu'ils ont le talent, et qu'il ne leur manque, que la volonté de le perfectionner.

La langue allemande n'a pas valu, jusqu'ici, la peine d'être apprise : car, une langue ne mérite d'être étudiée, qu'en faveur des bons auteurs, qui l'ont illustrée ; et ceux-là nous manquent entièrement. Nous n'avons aucun ouvrage classique ; et s'il nous reste encore quelque chose de notre ancienne liberté républicaine, c'est le stérile avantage d'estropier, selon notre fantaisie, une langue grossière et presque barbare.

Notre langue a besoin d'être limée et rabotée : elle a besoin d'être maniée par des mains habiles. Elle est diffuse, peu sonore. Elle manque de cette abondance de termes métaphoriques, si nécessaires, pour fournir des tours nouveaux et pour donner des grâces aux langues polies.

Elle se divise en autant de dialectes différens, que l'Allemagne contient de provinces. Chaque cercle se persuade, que son patois est le meilleur. Il n'existe point encore de recueil, muni de la sanction nationale, où l'on trouve un choix de mots et de phrases, qui constitue la pureté du langage.

Il est donc physiquement impossible, qu'un auteur, doué du plus beau génie, puisse manier supérieurement cette langue brute. Si l'on exige, qu'un Phidias fasse une Vénus de Gnide, qu'on lui donne un bloc de marbre sans défaut, des cizeaux fins et de bons poinçons : alors, il pourra réussir. Point d'instrument, point d'artiste.

On a fait, long-tems, bien peu d'usage de l'allemand dans la plupart des cours de l'Allemagne. Sous le règne de l'Empereur Joseph I, on ne parloit, à Vienne, qu'Italien. L'Espagnol prévalut sous Charles VI ; et sous François I, né Lorrain, le Français se parloit à sa cour plus familièrement, que l'Allemand. Il en étoit de même dans les cours Electorales. Quelle pouvait en être la raison ? C'est que l'Espagnol, l'Italien, le Français, étoient des langues fixées, et que la nôtre ne l'étoit pas.

Parmi les historiens allemands, je ne trouve que l'histoire d'Allemagne du professeur Mascow, que je puisse citer comme la moins défectueuse.

On a écrit l'histoire de tous les pays policés de l'Europe : il n'y avoit que les Prussiens, qui n'eussent point la leur. Mais il est vrai, que l'histoire de la maison de Brandebourg n'intéresse, que depuis Jean Sigismond, par l'acquisition, que ce prince fit de la Prusse, autant que par la succession de Clèves, qui lui revenoit de droit, en vertu d'un mariage, qu'il avoit contracté.

Je ne compte point, au nombre des historiens, un Hartknoch, un Puffendorff, auteurs laborieux, à la vérité, qui ont compilé des faits, et dont les ouvrages sont plutôt des dictionnaires historiques, que des histoires même.

Je ne compte point Læckel, qui n'a fait qu'une chronique diffuse, où l'on achette un événement intéressant par cent pages d'ennui.

Ces sortes d'auteurs ne sont que des manœuvres, qui amassent, scrupuleusement et sans choix, quantité de matériaux, qui restent inutiles, jusqu'à ce qu'un architecte leur ait donné la forme, qu'ils devoient avoir. On lisoit peu ces auteurs; et l'histoire de Brandebourg étoit peu connue.

Dès le règne de Frédéric I, on sentit le besoin, qu'on avoit d'un auteur, qui rédigeât cette histoire dans une forme convenable.

Tessier fut appellé de Hollande, pour se charger de cet ouvrage. Mais, au lieu d'une histoire, il fit un panégyrique : il paroît avoir ignoré, que la vérité est aussi essentielle à l'histoire, que l'ame l'est au corps humain.

Puffendorff écrivit la vie de Frédéric-Guillaume; et, pour ne rien omettre, il n'oublia, ni ses clercs de chancellerie, ni ses valets-de-chambre, dont il put recueillir les noms.

J'ai trouvé, devant moi, cette carrière vuide; et j'ai essayé de la remplir, tant pour faire un ouvrage utile, que pour donner au public une histoire, qui lui manquoit.

Je ne puis produire, parmi les orateurs, que le célèbre Kant de Kônigsberg, qui possédoit le rare et unique talent de rendre sa langue harmonieuse; et je dois ajouter, à notre honte, que son mérite n'a été, ni reconnu, ni célébré.

Le Brandebourg eut un bon poëte : c'étoit M. de Canitz. Il crut, quoique d'une maison illustre, que l'esprit et le talent de la poésie ne dérogeoient pas; et les cultiva avec succès. Il eut une charge à la cour, et puisa, dans l'usage de la bonne compagnie, cette politesse et cette aménité, qui plaisent tant dans son style.

M. de Canitz traduisit heureusement quelques épîtres de Boileau. Il fit des vers, à l'imitation d'Horace, et quelques ouvrages, où il est tout-à-fait original. C'est le Pope de l'Allemagne, le poëte le plus élégant, le plus correct et le moins diffus, qui ait fait des vers en notre langue.

Nous avons, dans le genre des Fables, un Gellert, qui a sû se placer à côté de Phèdre et d'Esope; et; dans le genre buccolique, un Gessner.

Quand je me promènerai dans les Champs-Elysées, je présenterai les Idylles de Gessner au cygne de Mantoue. Ces Idylles trouvent quelques partisans : mais on me permettra de leur préférer les ouvrages de Catulle, de Tibulle et de Properce.

Le goût du Théâtre Français passa en Allemagne, avec celui des modes de cette nation. A la cour de Frédéric I, et de la Reine Charlotte, on représentoit les chefs-d'œuvre de Molière, de Corneille et de Racine. Mais le théâtre allemand mérite peu, qu'on en parle. Nos auteurs dramatiques ignorent jusqu'aux moindres règles.

Melpomène n'a été courtisée, que par des amans bourrus; les uns, guindés sur des échasses; les autres, rampans dans la boue, et qui, tous, rebelles à ses lois, ne sachant, ni intéresser, ni toucher, ont été rejettés de ses autels. Ce qu'on appelle *tragédie* est communément un monstre, composé d'enflure et de basse plaisanterie.

Les amans de Thalie ont été plus fortunés : ils nous ont fourni, du moins, une vraie comédie originale ; c'est le *postzug*. Le poëte expose sur le théâtre nos mœurs, nos ridicules. La pièce est bien faite. Si Molière avoit travaillé sur le même sujet, il n'auroit pas mieux réussi. Mais, en général, notre comédie est une farce grossière, qui choque le goût, les bonnes mœurs et les honnêtes gens.

Par quels moyens on pourroit perfectionner la langue et la littérature, allemandes.

Si nous voulons perfectionner notre langue, nous devons tâcher de former chez nous de grands poëtes et de grands orateurs. Mais comme on ne fait pas naître des génies à point nommé, il nous faut employer des secours intermédiaires.

Pour resserrer notre style, retranchons toute parenthèse inutile. Pour acquérir de l'énergie, traduisons les auteurs anciens, qui se sont exprimés avec le plus de force et de grâce. Ceux, qui les traduiront, auront soin de fuir les termes oiseux et les paroles inutiles. Ils emploieront toute leur sagacité à resserrer leurs idées, pour que leur traduction ait la même force, que l'on admire dans les originaux.

Toutefois, en rendant leur style plus énergique, ils seront attentifs à ne point devenir obscurs ; et pour conserver cette clarté, le premier des devoirs de tout écrivain, ils ne s'écarteront jamais des règles de la Grammaire, afin que les verbes, qui régissent les phrases, soient placés de manière qu'il n'en résulte aucun sens amphibologique.

Des traductions, ainsi faites, serviront de modèles, sur lesquels nos écrivains pourront se mouler.

Il sera plus difficile d'adoucir les sons durs, dont la plupart des mots de notre langue abondent. Les voyelles plaisent aux oreilles. Trop de consonnes rapprochées les choquent, parce qu'elles coûtent à prononcer et n'ont rien de sonore. Nous avons, de plus, quantité de verbes auxiliaires et actifs, dont les dernières syllabes sont sourdes et désagréables. Les Français ont adouci, par la prononciation, bien des mots, qui choquent les oreilles, et qui avoient fait dire à l'Empereur Julien, que les Gaulois croassoient comme les corneilles. Je crois, que, pour certains mots, nous pourrions en user de même.

La traduction dans notre langue de tous les auteurs classiques des langues anciennes, nous procureroit le double avantage de former notre idiôme et de rendre les connoissances plus universelles. En naturalisant tous les bons auteurs, ils nous apporteroient des idées neuves, et nous enrichiroient de leur diction, de leurs grâces et de leurs agrémens.

Ce n'est que depuis peu, que les gens de lettres ont pris la hardiesse d'écrire dans leur langue maternelle, et qu'ils ne rougissent plus d'être Allemands. Il n'y a pas long-temps, qu'a paru le premier dictionnaire de la langue allemande. Je rougis de ce qu'un ouvrage si utile ne m'a pas devancé d'un siècle.

Cependant on commence à s'appercevoir, qu'il se prépare un changement dans les esprits. La gloire nationale se fait entendre. On ambitionne de se mettre de niveau avec ses voisins; et l'on veut se frayer des routes au Parnasse, ainsi qu'au temple de Mémoire.

Etat actuel des sciences en Allemagne.

Nos premiers savans furent, comme par-tout,

des hommes, qui entassoient faits sur faits dans leur mémoire, des pédans sans jugement, des Lipsius, de Freinshémius, des Gronowius, des Graevius; pesans restaurateurs de quelques phrases obscures, qui se trouvoient dans les anciens manuscrits.

Ils n'écrivoient qu'en latin; et la langue allemande, n'étant point cultivée, demeura chargée de son ancienne rouille. La masse de la nation elle-même, qui ne savoit pas le latin, ne pouvant s'instruire, continua de croupir dans la plus crasse, ignorance.

Les querelles de religion nous fournissent quelques ergoteurs, qui, discutant obscurément des matières inintelligibles, soutenoient, combattoient les mêmes argumens; et mêloient les injures aux sophismes.

Il y a encore des érudits. Nous ne manquons, ni de physiciens, ni de mécaniciens. Mais le goût de la géométrie ne prend pas encore. J'ai beau dire à mes concitoyens, qu'il faut des successeurs à Leibnitz: il ne s'en trouve point. Cependant, je crains la géométrie: elle dessèche trop l'esprit. Nous autres allemands, nous ne l'avons que trop sec. C'est un terrain ingrat, qu'il faut cultiver et arroser sans cesse pour qu'il produise.

Nous avons à Berlin un véritable génie de mécanicien. Il s'appelle Hermite. Fécond en inventions ingénieuses et utiles, il ne lui manque que de la célébrité. Sa simplicité et sa modestie relèvent autant son mérite, que ses connoissances.

L'Allemagne a eu des philosophes, qui soutiennent la comparaison avec les anciens, qui même les ont surpassés en plus d'un genre. Mais elle ne manque ni de superstitieux, ni de fanatiques, entêtés de leurs préjugés et malfaiteurs au dernier point. Ils sont d'autant plus incorrigibles, que leur stupide ignorance leur interdit l'usage du raisonnement.

Si Dieu daigne communiquer à l'homme son souffle divin, il faut que la nation Westphalienne en ait eu en très-petite quantité. Elle en est si mal partagée, que c'est un fait à mettre en question, si ces figures humaines sont des hommes, qui pensent ou non. Je suspends mon jugement pour l'amour de l'humanité !

Leibnitz enseigna les principes de la philosophie et particulièrement de la métaphysique, à la reine Charlotte, épouse de Frédéric Ier. princesse qui, avec tous les dons de la nature, avoit reçu une excellente éducation.

Ce philosophe aimoit toutes les sciences. Aussi

les possédoit-il toutes. M. de Fontenelle, dit, qu'en le décomposant, on trouveroit assez de matières, pour former beaucoup d'autres savans.

L'attachement de Leibnitz pour les sciences ne lui laissoit jamais perdre de vue le soin de les établir. En moins de rien, l'Observatoire fut construit, à Berlin; le théâtre de l'anatomie, ouvert; et l'académie, toute formée, eut Leibnitz pour protecteur.

Ses deux Systèmes les plus remarquables sont celui des monades et celui de l'harmonie préétablie. Sans doute, point de nombre sans unité. Donc il faut admettre des corps insolubles, dont la matière soit composée. Idéalement, la matière peut se diviser à l'infini : mais dans la pratique, les premiers corps, pour être trop déliés, échappent à nos sens; et il faut, de toute nécessité de premières parties indestructibles, qui servent de principes aux élémens : car, rien ne se fait de rien et rien ne s'anéantit. Le système de l'harmonie préétablie n'est que le roman d'un homme de beaucoup de génie. La nature prend la voie la plus courte, pour arriver à ses fins. Il ne faut pas multiplier les Etres sans nécessité.

Leibnitz a rempli l'Europe de son nom. Si son imagination l'a entraîné dans quelques visions systématiques, on doit convenir que ses écrits mêmes sont ceux d'un grand génie.

Othon de Guerike florissoit à Magdebourg, sous le règne de Frédéric I. C'est le même, auquel nous devons l'invention de la pompe pneumatique, et qui, par une heureuse destinée, à rendu héréditaire à ses descendans son esprit philosophique et inventif.

Wolff commenta l'ingénieux système de Leibnitz sur les monades, et noya dans un déluge de paroles, d'argumens, de corollaires et de citations, quelques problèmes, que Leibnitz avoit jetés peut-être comme une amorce aux métaphysiciens. Le professeur de Halle écrivit laborieusement nombre de volumes, qui, au lieu de pouvoir instruire des hommes faits, servirent tout au plus de catéchisme de dialectique pour des enfans. Les monades ont mis aux prises les métaphysiciens et les géomètres d'Allemagne; et ils disputent encore sur la divisibilité de la matière.

Cependant la métaphysique de Wolff est un des ouvrages les plus achevés, qui se soient faits dans ce genre. Le grand ordre, qui y règne, et la connexion intime, qui lie toutes les propositions, les unes aux autres, est, à mon avis, ce qu'il y a de plus admirable dans ce livre. La façon de raisonner de l'auteur est applicable à toutes sortes de sujets. Elle peut être d'un grand usage à un politique, qui sait s'en servir. Je dirois presque, qu'elle est applicable à tous les cas de la vie civile.

Nous venons de perdre (en 1739) l'homme le plus savant de Berlin, le répertoire de tous les savans d'Allemagne, un vrai magasin de science. Le célèbre M. de la Croze vient d'être enterré avec une vingtaine de langues différentes, la quintescence de toute l'histoire, et une multitude d'historiettes, dont sa mémoire prodigieuse n'avoit laissé échapper aucune circonstance. L'endroit, par lequel il brilloit le plus, c'étoit, sans contredit, la mémoire. Il en donnoit des preuves sur tous les sujets, qu'on lui proposoit. Les ouvrages, qui nous restent de ce savant prodigieux, ne le font pas assez connoître. Falloit-il tant étudier, pour mourir au bout de quatre-vingts ans? ou plutôt, ne devoit-il pas vivre éternellement pour récompense de ses belles études? Les infirmités de l'âge n'ont en rien diminué le talent extraordinaire de sa mémoire; et jusqu'au dernier soupir de sa vie, il a fait amas de trésors d'érudition, que la mort vient d'enfouir pour jamais, avec une connoissance parfaite de tous les systêmes philosophiques, qui embrassoit également les points principaux des opinions et les moindres minuties.

M. de la Croze étoit assez mauvais philosophe. Il suivoit le système de Descartes, dans lequel on l'avoit élevé, probablement par prévention, et pour ne point perdre la coutume, qu'il avoit contractée, depuis soixante-dix années, d'être de ce sentiment. Le jugement, la pénétration, et un certain feu d'esprit, qui caractérise si bien les esprits originaux et les génies supérieurs, n'étoit point de son ressort. En revanche, une probité, égale dans toutes ses ... unes, le rendoit respectable et digne de l'estime des honnêtes gens.

Je suis fâché de ne pouvoir étaler un catalogue plus ample de nos grands hommes et de nos bonnes productions. Je n'accuse pas la nation : elle ne manque, ni d'esprit, ni de génie. Mais elle n'a pu s'élever en même tems que ses voisins. Les muses demandent des asyles tranquilles : elles fuyent des lieux, où règne le trouble, où tout est en subversion.

Du corps Germanique.

Le corps germanique est puissant, si vous

considérez le nombre de rois, d'Electeurs et de princes, qui le composent. Il est foible, si vous examinez les intérêts opposés, qui le divisent.

Les diètes de Ratisbonne ne sont qu'une espèce de fantôme, qui rappelle la mémoire de ce qu'elles étoient jadis. C'est une assemblée de publicistes, plus attachés aux formes, qu'aux choses. Un ministre, qu'un souverain envoie à cette assemblée, est l'équivalent d'un mâtin de basse-cour, qui aboie à la lune.

S'il est question de faire la guerre, la cour impériale sait confondre habilement sa querelle particulière, avec les intérêts de l'Empire, pour faire servir les forces germaniques d'instrument à ses vues ambitieuses.

Autrefois, la plupart des ducs, des princes et des Etats de l'Empire, étoient gouvernés par la cour impériale avec un sceptre de fer. Les foibles étoient esclaves. Les puissans, seuls, étoient libres. Les petits princes portoient le joug, faute de moyens, pour le secouer. Leurs ministres, qui étoient gagés et titrés par les Empereurs, assujétissoient leurs maîtres au despotisme autrichien.

CHAPITRE II.

DE L'AUTRICHE; DE LA SAXE; DE LA BAVIÈRE; ET DU PALATINAT.

De l'Autriche.

La politique de la cour de Vienne a toujours pour but d'établir le despotisme et la souveraineté de la maison d'Autriche dans l'Empire. Elle a voulu constamment accoutumer à son joug tous les souverains d'Allemagne.

Le ministère travaille sur ce plan, qui est transmis aux successeurs de l'Empire; et ces princes, aussi ignorans que superstitieux, se bercent vainement d'une chimère ambitieuse, que l'injustice de la chose devroit leur faire détester.

C'est, pour rendre l'Empire héréditaire dans la maison d'Autriche, que la cour impériale a fait la pragmatique-sanction qu'elle a sollicité; tous les princes d'Allemagne; qu'elle a fait une infinité de traités particuliers.

Elle souhaitoit d'ôter, avec le tems, à l'Empire le droit d'élection, de cimenter la puissance arbitraire dans sa race, et de changer, en monarchique, le gouvernement démocratique, qui, de tems immémorial, est celui de l'Allemagne.

Tant que le prince Eugène conserva la vigueur de son esprit, les armes et les négociations des Autrichiens prospérèrent. Mais lorsque l'âge et les infirmités l'eurent affoibli, cette tête, qui avoit si long-tems travaillé pour le bien de la maison impériale, fut hors d'état de continuer ce même travail, et de lui rendre les mêmes services.

Cependant, l'Empire autrichien, malgré ses vices et ses foibles cachés, figuroit encore, en 1740, au nombre des Puissances les plus formidables. On considéroit ses ressources. Une bonne tête, y pouvoit tout changer. En attendant, sa fierté suppléoit à sa force, et sa gloire passée, à son humiliation présente.

La cause des infortunes de Charles VI ne doit s'attribuer, qu'à la perte du prince Eugène. Après la mort de ce grand homme, il n'y eut personne pour le remplacer. L'Etat manqua de nerf, et tomba dans la langueur et le dépérissement.

En 1733, on avoit supputé, que l'Empereur avoit vingt-huit millions de revenus : il ne lui en restoit plus que vingt en 1740. Les dépenses de deux guerres consécutives l'avoient abîmé de dettes, qu'il lui étoit bien difficile d'acquitter. Ses finances étoient dans la plus grande confusion.

La guerre de succession avoit fait, de l'empereur Charles VI, un des plus puissans princes de l'Europe. Mais l'envie de ses voisins le dépouilla bientôt d'une partie de ses acquisitions, et le remit au niveau de la fortune de ses prédécesseurs.

Depuis l'extinction de la branche de Charles-Quint en Espagne, la maison d'Autriche a perdu, premièrement, l'Espagne, passée entre les mains des Bourbons et une partie de la Flandre; depuis, le royaume de Naples et une partie du Milanais.

Il ne resta donc, à Charles VI, de la succession de Charles II, que quelques villes en Flandre et une partie du Milanais.

Les Turcs lui enlevèrent encore la Servie, qui fut également cédée par la paix de Belgrade.

Il y a dans le cœur de l'homme un levain de férocité, qui reparoît quelquefois, quand on croit l'avoir détruit. Ceux, que les sciences et les arts ont décrassés, sont comme les ours, auxquels les conducteurs ont appris à danser sur les pattes de derrière. Les ignorans sont comme les ours qui ne dansent point. Les Autrichiens pourroient bien être de cette dernière classe.

On a vu, de tous tems, l'esprit de la cour de

Vienne suivre les impressions brutales de la nature. Enflée dans la bonne fortune et rampante dans l'adversité, elle n'a jamais pu parvenir à cette sage modération, qui rend les hommes impassibles, à l'égard des biens et des maux, que le hasard dispense. Alors, son orgueil et son astuce reprennent le dessus.

Depuis Ferdinand I, ses principes tendoient à établir le despotisme en Allemagne. Quelque pesant que soit pour ma vieillesse (en 1778) le fardeau de la guerre, je le porterai gaîement, pourvu que, par mes travaux, je consolide la la paix et la tranquillité de l'Allemagne pour l'avenir.

Il faut opposer une digue aux principes tyranniques d'un gouvernement arbitraire, et réfréner une ambition démesurée, qui ne connoît de borne, que celle d'une force assez puissante, pour l'arrêter. Il faut donc nous battre.

Dans la guerre, les principes, selon lesquels se conduit la cour de Vienne, sont bien différens de ceux de la cour de France. A Vienne, des ministres, qui ne sont que politiques, dressent des projets de campagne, qui ne sont pas militaires ; et prétendent mener les généraux par la lisière dans une carrière, où il faut voler, pour la remplir. A Versailles, des ministres, qui savent, que les expéditions militaires ne sont pas de leur ressort, s'en tiennent aux idées générales des projets de campagne, et croient les Condé, les Turenne, d'assez grands hommes, pour s'en rapporter à eux sur la manière de les exécuter. Les généraux français, presque souverains dans leurs armées, s'abandonnent à la libre impulsion de leur génie; ils profitent de l'occasion, lorsqu'elle se présente : au lieu que les Autrichiens la perdent souvent, par l'envoi de courriers, pour demander à l'Empereur la permission d'entreprendre des choses, qui ne sont plus faisables, à leur retour.

Dans la petite guerre de 1778, il parut, que les troupes prussiennes avoient de l'avantage sur leurs ennemis, toutes les fois qu'elles pouvoient combattre en règle; et que les impériaux l'emportoient par les ruses, les surprises et les stratagêmes, qui sont proprement de la petite guerre.

Les Autrichiens sont les ennemis naturels et irréconciliables des Prussiens.

De la Saxe.

La Saxe est une des provinces les plus opulentes de l'Allemagne. Elle doit cet avantage à la bonté de son sol et à l'industrie de ses sujets, qui rendent leurs fabriques florissantes.

Le souverain en retiroit 6,000,000 de revenus, dont on décomptoit 1,500,000 écus, employés à l'acquit des dettes, auxquelles les deux élections de Pologne avoient donné lieu.

L'électeur entretenoit 24,000 hommes de troupes réglées; et le pays pouvoit encore lui fournir une milice de 8,000 hommes.

Pendant la seconde campagne de la guerre de sept ans, on dispensa les officiers Saxons de la parole d'honneur, qu'ils avoient donnée aux Prussiens de ne plus servir contr'eux. Plusieurs officiers furent assez lâches, pour obéir. Dans des siècles d'ignorance, on trouve des papes, qui relevoient les peuples du serment de fidélité, qu'ils avoient prêté à leurs souverains. On trouve un cardinal Julien Césarini, qui oblige un Ladislas, roi de Hongrie, à violer la paix, qu'il avoit jurée à Soliman. Ce crime, qui autorise le parjure, n'avoit été que celui de quelques pontifes ambitieux et implacables, mais jamais celui des rois, chez lesquels, en effet, on devroit retrouver la bonne-foi, si elle étoit bannie du reste de la terre.

De la Bavière.

L'électeur de Bavière est, après l'électeur de Saxe, un des plus puissans princes d'Allemagne.

La Bavière rapporte 5,000,000 ; dont un million, à-peu-près, sert à payer les vieilles dettes. La France donnoit à l'Electeur un subside de 300,000 écus.

Son pays est celui de l'Allemagne le plus fertile, et où il y a le moins de génie : c'est le paradis terrestre, habité par des bêtes.

Les troupes (en 1756) étoient délabrées : de 6,000 hommes, qu'il avoit envoyés en Hongrie au service de l'Empereur, il n'en étoit pas revenu la moitié. Tout ce que la Bavière pouvoit mettre en campagne, ne passoit pas 12,000 hommes.

Du Palatinat.

L'Electeur Palatin avoit soutenu la neutralité, dans la guerre de 1733; et son pays souffrit des désordres, que les deux armées y commirent. Il entretient 8 à 10,000 hommes.

Il a deux forteresses, Manheim et Dusseldorff : mais il manque de soldats, pour les défendre.

CHAPITRE III.

De la Pologne; de la Suède; du Danemarck; de la Russie; et de la Turquie.

De la Pologne.

La Pologne n'a pas de lois fixes : elle ne jouit pas de ce qu'on appelle *liberté*. Le gouvernement (en 1772) a dégénéré en une anarchie licentieuse. Les seigneurs y exercent la plus cruelle tyrannie sur leurs esclaves : en un mot, c'est, de tous les gouvernemens de l'Europe, le plus mauvais, si vous en exceptez celui des Turcs.

On ne peut comparer les provinces polonaises à aucun autre Etat de l'Europe : elles ne peuvent entrer en parallèle, qu'avec le Canada. Il faudra de l'ouvrage et du tems, pour leur faire regagner ce que leur mauvaise administration a négligé pendant tant de siècles.

Les grandes familles sont toutes divisées d'intérêt. Les seigneurs préfèrent leurs avantages au bien public, et ne se réunissent, qu'en usant de la même dureté envers leurs sujets, qu'ils traitent moins en hommes qu'en bêtes.

Les Polonais sont, en général, méprisables à tous égards ; et l'on ne peut les excuser, qu'en considération de leur ignorance. Ils sont vains ; hauts dans la fortune ; rampans dans l'adversité ; capables de tout, pour amasser de l'argent, qu'ils jettent aussi-tôt par les fenêtres, lorsqu'ils l'ont ; frivoles, sans jugement ; toujours disposés à prendre et à quitter un parti sans raison, et à se précipiter, par l'inconséquence de leur conduite, dans les plus mauvaises affaires.

Ils ont des lois : mais personne ne les observe, faute de justice coërcitive.

L'esprit est tombé en quenouille dans ce royaume. Les femmes font les intrigues : elles disposent de tout, tandis que leurs maris s'enivrent.

La cour voit grossir son parti, lorsque beaucoup de charges viennent à vacquer. Le roi a le privilége d'en disposer, et de faire, à chaque gratification, de nouveaux ingrats.

La république de Pologne est comme le tonneau des Danaïdes. Le roi le plus généreux répandra vainement ses bienfaits sur les Magnats : il ne les remplira jamais. Cependant, un roi de Pologne, qui a beaucoup de graces à faire, peut se ménager des ressources fréquentes, en ne faisant des libéralités, que dans les occasions, où il a besoin des familles, qu'il enrichit.

La Pologne a beaucoup de productions, et pas assez d'habitans, pour les consommer. Les principales villes sont Varsovie, Cracovie, Dantzick et Léopold. Les autres seroient, en tout autre pays, de mauvais villages.

Comme la république manque entièrement de manufactures, le surplus du bled de la consommation monte, seul, à deux cents mille winspels. Ajoutez-y le bois, la potasse, les peaux, les bestiaux et les chevaux, dont les Polonais fournissent leurs voisins.

Tant de branches d'exportation rendent la balance du commerce avantageuse.

La Pologne entretient vingt-quatre mille hommes effectifs de mauvaises troupes : elle peut rassembler, dans les cas pressans, son arrière-ban.

Les revenus du roi ne passent pas un million d'écus. Les rois saxons en employoient la plus grande partie en corruption, dans l'espérance de perpétuer le gouvernement dans leur famille, et de rendre, avec le tems, ce royaume héréditaire.

De la Suède.

Quel pays pour les arts que la Suède! Un de ses plus grands hommes soutient, que le Paradis perdu s'est retrouvé en Scanie. Un certain Lynnæus, botaniste, assure, que les chevaux et les hommes sont d'une même espèce. Je ne sais quel autre (Swedenbork) conjure les ames et s'entretient avec tel mort, qu'on lui propose. On ne diroit jamais, qu'un philosophe de la trempe de Descartes a mis le pied en Suède. Ou il a mal cultivé ce terrain; ou les germes, qu'il a répandus, ont étrangement dégénéré.

La Suède et le Danemarck sont deux royaumes, à-peu-près égaux en puissance, mais moins célèbres, qu'ils ne l'avoient été autrefois. On ne trouve rien de commun entr'eux, si ce n'est l'avidité des subsides.

Les neuf dernières années du règne de Charles XII avoient été signalées par des malheurs. Ce royaume avoit perdu la Livonie, un grand morceau de la Poméranie, et les duchés de Brême et de Verden. Ce démembrement la privoit de revenus, de soldats et de grains, qu'elle retiroit auparavant de ces provinces.

Quoique la Suède ne contienne qu'environ deux

millions d'ames, son sol stérile et quantité de montagnes arides, dont elle est couverte, ne lui fournissent pas même de quoi nourrir cette foible population. La cession de la Livonie la réduisit aux abois.

Les revenus de ce royaume montoient à quatre millions d'écus. Il n'entretenoit que sept mille hommes de troupes réglées; et trente-trois mille de milice étoient payés d'un fond différent.

Ses ports contenoient vingt-quatre vaisseaux de ligne et trente six frégates.

Une longue paix avoit rendu les soldats paysans. Les meilleurs généraux étoient morts : mais un instinct belliqueux animoit encore cette nation; et il ne lui manquoit qu'un peu de discipline et de bons conducteurs. C'est le pays de Pharasmane, qui ne produit que du fer et des soldats.

De toutes les nations de l'Europe, la Suédoise est la plus pauvre. L'or et l'argent (j'en excepte les subsides) y est aussi peu connu qu'à Sparte. De grandes plaques de cuivre timbrées leur tiennent lieu de monnoie; et pour éviter l'incommedité du transport de ces lourdes masses, on y avoit substitué le papier.

L'exportation de ce royaume se borne au cuivre, au fer et au bois. Mais dans la balance du commerce, la Suède perd annuellement cinqcent mille écus.

Le climat rigoureux, où elle est située, lui interdit toute industrie. Sa laine grossière ne produit que des draps, propres à vêtir le bas peuple. Les plus beaux édifices de Stockholm et les meilleurs palais, que les seigneurs aient dans leurs terres, datent de la guerre de trente ans.

La Suède jeta son feu sous Gustave-Adolphe. Elle dicta, avec la France, la paix de Westphalie. Sous Charles XII, elle vainquit les Danois, les Russes, et disposa, pour un tems, du trône de Pologne. Il semble, que cette puissance ait alors rassemblé toutes ses forces, pour paroître comme une comète, qui jette un grand éclat et se perd ensuite dans l'immensité de l'espace. Ses ennemis la démembrèrent, en lui arrachant l'Estonie, la Livonie, les principautés de Brême et de Verden, et une grande partie de la Poméranie.

Dans la guerre, où M. de Lascy commanda les

troupes russes, les Suédois plièrent par-tout. Le nom russe, qu'ils ne proféroient qu'avec mépris, du tems de la bataille de Narva, étoit devenu pour eux un objet de terreur. Les postes inattaquables n'étoient plus des lieux de sûreté. Après avoir fui de poste en poste, ils se virent resserrés à Friedricsham par les Russes, qui leur coupèrent l'unique retraite qui leur restoit. Ces Suédois enfin eurent la foiblesse de mettre bas les armes, et signèrent une capitulation, ignominieuse et flétrissante, qui imprima une tache à la gloire de leur nation. Vingt mille Suédois passèrent sous le joug de vingt-sept mille Russes.

Quel exemple humiliant pour l'orgueil et la vanité des peuples ! Ainsi, les royaumes et les peuples, après s'être élevés, s'affoiblissent et se précipitent vers leur chute. C'est bien à ce sujet, qu'on peut dire : Vanité des vanités ! tout est vanité.

Le gouvernement suédois est un mélange de l'aristocratie, de la démocratie et du gouvernement monarchique, entre lesquels les deux premiers genres prévalent.

Vers l'année 1741, la Suède conservoit encore, sous la forme du gouvernement républicain, la fierté de ses tems monarchiques. Un Suédois se croyoit supérieur au citoyen de toute autre nation. Le génie de Gustave-Adolphe et de Charles XII, avoit laissé des impressions si profondes dans l'esprit des peuples, que, ni les vicissitudes de la fortune, ni les tems, n'avoient pu les effacer.

La Suède éprouva le sort de tout Etat monarchique, qui se change en républicain. Elle s'affoiblit. L'amour de la gloire se changea en esprit d'intrigue; le désintéressement, en avidité. Le bien public fut sacrifié au bien personnel. Les corruptions allèrent au point, que, tantôt le parti français, tantôt la faction russe l'emportoit.

Avec ces défauts, les Suédois avoient conservé l'esprit de conquête, directement opposé à l'esprit républicain, qui doit être pacifique, s'il veut conserver la forme du gouvernement établi.

Du Danemarck.

Le roi de Danemarck entretient 36,000 hommes de troupes réglées. Il achète les recrues en Allemagne, et vend ces troupes, à la puissance, qui les paie le mieux. Il peut rassembler 30,000 miliciens, dont ceux de la Norwège sont les meilleurs.

La marine danoise est composée de vingt-sept

vaisseaux de ligne, et de trente-trois d'un ordre inférieur. Cette marine est la partie de l'administration de ce pays, la plus perfectionnée.

Les revenus du Danemarck ne passent pas 5,600,000 écus.

Cette puissance peut être comptée au nombre de celles du second ordre, et comme un accessoire, qui, se rangeant d'un parti, peut ajouter un grain à la balance des pouvoirs.

De la Russie.

Jettez les yeux sur la Russie : c'est un pays immense, qui se présente à votre vue : c'est un monde, semblable à l'Univers, lorsqu'il fut tiré du chaos.

Ce pays est limitrophe, d'un côté, de la grande Tartarie et des Indes; d'un autre, de la mer Noire et de la Hongrie. Ses frontières s'étendent jusqu'à la Pologne, la Lithuanie et la Courlande. La Suède la borne, du côté du nord-ouest.

La Russie peut avoir trois cent milles d'Allemagne de largeur, sur plus de six cents milles de longueur.

Le pays est fertile en bleds, et fournit toutes les denrées nécessaires à la vie, et principalement aux environs de Moskow et vers la Petite Tartarie.

Cependant, avec tous ces avantages, il ne contient, tout au plus, que quinze millions d'habitans.

L'esprit de la nation est un mélange de défiance et de finesse. Paresseux, mais intéressés, ils ont l'adresse de copier, mais non le génie de l'invention. Les grands sont factieux, et les gardes, redoutables aux souverains. Le peuple est stupide, ivrogne, superstitieux et malheureux.

Dans un pays, où règnent des mœurs, telles qu'en Russie, un souverain ne peut prendre trop de précautions pour la sûreté de sa personne. Des entreprises, qui paroîtroient téméraires dans d'autres gouvernemens, peuvent quelquefois s'exécuter en Russie. L'esprit de la nation est enclin aux révoltes. Les Russes ont cela de commun avec les autres peuples, qu'ils sont mécontens du présent et qu'ils espèrent tout de l'avenir.

Cet Etat, jadis barbare, avoit été ignoré en Europe, avant le Czar-Iwan-Basilide. Pierre Ier., pour policer cette nation, travailla sur elle, comme l'eau-forte sur le fer. Il fut, et le législateur, et le fondateur de ce vaste Empire. Il créa des hommes, des soldats, des ministres. Il fonda la ville de Pétersbourg. Il établit une marine considérable, et parvint à faire respecter sa nation, et ses talens singuliers, à l'Europe entière.

Les sciences et les arts n'avoient point encore pénétré en Russie, au commencement du dix-huitième siècle. Le Czar lui-même n'avoit aucune teinture d'humanité, de magnanimité et de vertu. Il avoit été élevé dans la plus crasse ignorance, et n'agissoit que selon l'impulsion de ses passions déréglées.

Milord Baltimore disoit, que Pétersbourg étoit l'œil de la Russie; que, si on lui ôtoit cet œil, avec lequel elle regarde les pays policés, elle retomberoit dans la barbarie, dont elle est à peine sortie.

Cette nation, qui commence à figurer en Europe, n'est guere plus puissante, que la Hollande, en troupes de mer et de terre, et lui est beaucoup inférieure en richesses et en ressources.

Du tems où le comte de Munick étoit à la tête de l'armée russe, le gouvernement entretenoit dix mille hommes de gardes; cent bataillons, qui faisoient le nombre de soixante mille hommes; vingt mille dragons; deux mille cuirassiers, ce qui faisoit quatre-vingt-douze mille hommes de troupes réglées; trente-deux mille de milice, et autant de Cosaques, de Tartares et de Kalmoucks: de sorte que cette puissance pouvoit, sans faire d'efforts, mettre en campagne cent soixante et dix mille hommes.

La flotte étoit, alors, évaluée à douze vaisseaux de ligne, vingt-six vaisseaux d'un ordre inférieur et quarante galères.

Les revenus de l'Empire montoient à quatorze ou quinze millions d'écus. Cette somme paroît modique, en la comparant à l'étendue immense de ces Etats : mais tout y est à bon marché. La denrée, la plus nécessaire aux souverains, les soldats, ne coûtent pas, pour leur entretien, la moitié de ce que paient les autres puissances de l'Europe.

Tout annonce à cet Empire, que sa population, ses forces, ses richesses et son commerce, feront les progrès les plus considérables.

La chute de la Suède, sous Charles XII, fut l'époque de l'élevation de la Russie. Cette puissance semble sortir du néant, pour paroître, tout-à-coup, avec grandeur, et pour se mettre, peu de tems après, au niveau des puissances les plus redoutées.

On pourroit appliquer à Pierre Ier. ce qu'Homère dit de Jupiter : *Il fit trois pas : et il fut au bout du monde.* En effet, abattre la Suède, donner successivement des rois à la Pologne, abaisser la Porte Ottomane, et envoyer des troupes, pour combattre les Français sur leurs frontières, c'est bien aller *au bout du monde.*

La Russie n'avoit point, alors, assez de poids dans la politique Européenne, pour déterminer, dans la balance, la supériorité du parti, qu'elle embrassoit. L'influence de ce nouvel Empire ne s'étendoit encore, que sur ses voisins, les Suédois et les Polonais.

Depuis les désastres de Charles XII, l'établissement d'Auguste de Saxe en Pologne et les victoires du maréchal de Munich sur les Turcs, les Russes étoient réellement les arbitres du nord.

Personne ne pouvoit gagner, en les attaquant, ayant des espèces de déserts à traverser, pour les atteindre; et il y avoit tout à perdre, en se réduisant même à la guerre défensive, s'ils venoient vous attaquer.

Ce qui paroît, sur-tout, leur donner cet avantage, c'est le nombre de Tartares, de Cosaques et de Kalmouks, qu'ils ont dans leurs armées. Ces hordes de pillards et d'incendiaires sont capables de détruire, par leurs incursions, les provinces les plus florissantes, sans que leur armée, elle-même, y mette les pieds.

Tous leurs voisins, pour éviter ces dévastations, les ménagent; et les Russes envisagent l'alliance, qu'ils contractent avec d'autres peuples, comme une protection, qu'ils accordent à leurs cliens.

Il est impossible de rendre à la Russie le mal pour le mal, à moins d'avoir une flotte considérable, pour protéger et nourrir l'armée, qui dirigeroit ses opérations sur Petersbourg même.

Cet Empire est, de tous les voisins de la Prusse, le plus dangereux. Le roi (Frédéric II) appréhendoit moins le nombre de ses troupes, que cet essaim de Cosaques et de Tartares, qui brûlent les contrées, tuent les habitans ou les amènent en esclavage : ils font la ruine des Etats, qu'ils inondent.

Les Suédois ayant fait une irruption soudaine dans les Etats du grand Electeur, les ministres de ce prince lui conseillèrent d'appeller à son secours le Czar de Russie. Mais Frédéric-Guillaume, plus pénétrant qu'eux, leur répondit, *que les Moskowites étoient comme des ours, qu'il ne falloit point déchaîner, de crainte de ne pouvoir plus remettre leurs chaînes.* Il prit généreusement sur lui les soins de la vengeance ; et il n'eut pas lieu de s'en repentir.

De la Turquie.

La nation turque a naturellement de l'esprit. C'est l'ignorance, qui l'abrutit. Elle est brave sans art. Elle ne connoît rien à la police. Sa politique est encore plus pitoyable.

Le dogme de la fatalité, qui, chez-elle, a beaucoup de créance, fait, que ces peuples rejettent, sur Dieu, la cause de tous leurs malheurs, et qu'ils ne se corrigent jamais de leurs fautes.

Bonneval, ce fameux aventurier, qui n'étoit pas dépourvu de talent, proposa au Grand-Visir de former l'artillerie sur le pied Européen ; de discipliner les Jannissaires ; et d'introduire de l'ordre dans cette multitude innombrable de troupes, qui ne combat qu'en confusion. Ce projet pouvoit devenir dangereux pour les voisins : mais il fut rejetté, comme contraire à l'alkoran, dans lequel Mahomet recommande, sur-tout, de ne jamais toucher aux anciennes coutumes.

Les nations orientales sont peu propres à suivre les principes d'une bonne et saine politique. Ce défaut vient, principalement, de leur grande ignorance sur les intérêts des princes de l'Europe, de la vénalité de ces peuples, et du vice du gouvernement, qui assujettit tout ce qui est relatif à la paix et à la guerre aux décisions du mufti, sans le fetfa duquel il seroit impossible de mettre en mouvement les troupes Ottomanes.

La différence qu'il y a, de l'esprit d'intérêt des Orientaux, à celui des autres nations, est, ce me semble, que les premiers s'abandonnent à cette infâme passion, et se déshonorent, sans en rougir, et que les peuples de l'Europe en affectent, au moins, quelque honte.

La puissance de l'Empire ottoman vient de sa grande étendue et de son immense population. La ville de Constantinople contient deux millions d'habitans.

Cependant, il ne subsisteroit plus, sans la jalousie des princes de l'Europe, qui le soutient; et si, cette fois (en 1772), les Turs n'ont pas été expulsés de l'Europe, il ne faut l'attribuer qu'aux conjonctures. Mais ils ne tiennent plus qu'à un filet; et la première guerre, qu'ils entreprendront, achèvera, probablement, leur ruine.

Mustapha ne séjournera donc plus long-tems en Europe. Cela dépendra des causes secondes, obscures et impénétrables, des insinuations guerrières de certaines cours, de la morgue d'un négociateur; et voilà comme le monde va : il ne se gouverne que par compère et par comère.

Quelquefois, quand on a assez de données, on devine l'avenir : souvent on s'y trompe.

La domination des Turcs est dure et barbare; et la Grèce est, de tous les pays de cette domination, celui, qui est le plus à plaindre.

En Turquie, le souverain est despotique; et dans les Etats despotiques, c'est un principe de politique, qu'il vaut mieux, que le gouvernement commande à des ignorans, qu'à une nation éclairée.

Ce souverain peut commettre impunément les cruautés les plus révoltantes. Mais aussi arrive-t-il souvent, par une vicissitude commune chez les nations barbares ou par une juste rétribution, qu'il est étranglé à son tour.

CHAPITRE IV.

DE L'ITALIE ; DE L'ESPAGNE ; DE LA SUISSE ;
DE LA HOLLANDE ; ET DE L'ANGLETERRE.

De l'Italie.

CET ancien Empire romain est divisé en autant de parties, que l'ambition des princes a pu le démembrer.

La Lombardie est partagée entre les Vénitiens, les Autrichiens, les Savoyards et les Génois.

De ces possessions, celles du roi de Sardaigne paroissent les plus considérables. Ses Etats lui rapportoient environ cinq millions de revenus ; avec lesquels il entretenoit, en tems de paix, trente mille hommes, qu'il pouvoit porter à quarante mille en tems de guerre.

La politique de cet Etat consistoit à tenir la balance, entre la maison d'Autriche et les deux branches de la maison de Bourbon, afin de se ménager, par cet équilibre, les moyens d'étendre et d'augmenter ses possessions. Charles-Emmanuel avoit souvent dit : « Mon fils, le Milanais est comme un artichaut ; il faut le manger, feuille par feuille. »

Les politiques regardent la maison de Savoie, comme un cancer, qui ronge la Lombardie.

L'Empereur possédoit, dans le reste de la Lombardie, le Milanais, le Mantouan, le Plaisantin ; et on avoit établi, en Toscane, son gendre, le duc de Lorraine.

La république de Gênes, étoit encore fameuse par sa banque, par un reste de commerce et par ses beaux palais de marbre.

La Corse s'étoit révoltée contre elle.

Venise est plus considérable, que Gênes. Cette superbe cité s'élève sur soixante-douze îles, qui contiennent deux cents mille habitans. Elle est gouvernée par un conseil, à la tête duquel est un Doge, soumis à la ridicule cérémonie de se marier, tous les ans, avec la mer Adriatique.

Au dix-huitième siècle, la république perdit l'île de Candie ; et alliée des Autrichiens au dix-huitième, lorsque le grand Eugène conquit Belgrade et Témeswar, elle perdit la Morée.

Venise a des vaisseaux, sans qu'ils soient assez nombreux, pour former une flotte. Elle entretient quinze mille hommes de troupes de terre.

Les Vénitiens et les Génois, avant la découverte de la boussole, fournissoient l'Allemagne de toutes les marchandises, que le luxe fait ramasser aux extrêmités de l'Asie. De nos tems, les Anglais et les Hollandais, qui leur ont enlevé ce négoce, s'en sont attribué les avantages.

Le royaume de Naples, y compris la Sicile, rapportoit environ quatre millions à son souverain. L'Etat n'entrenoit que douze mille hommes.

L'Etat du duc de Modène, la république de Lucques et celle de Raguse, ne sont que des miniatures, qui seroient déplacées dans une grande galerie de tableaux.

A l'avènement de Lambertini au pontificat, sous le nom de Benoît XIV, Rome ne gouvernoit plus le monde comme autrefois. Les Empereurs ne servoient plus de marche-pied aux pontifes, et n'alloient plus s'avilir à Rome comme les Frédéric-Barberousse. Charles-Quint leur avoit fait sentir sa puissance.

Le pape n'étoit, l'année 1740, que le premier évêque de la chretienté : il avoit le département de la foi, qu'on lui abandonnoit : mais il n'influoit plus dans les affaires politiques. Il étoit réduit à l'humiliant emploi d'exercer les fonctions de son sacerdoce, et de faire en hâte la fortune de ses neveux.

Qu'est-ce qui mérite plus l'attention d'un philosophe, que l'avilissement, où est tombé ce peuple-roi, cette nation maîtresse de l'Univers, en un mot les Romains ? Au lieu que des consuls menoient en triomphe des rois captifs, du tems de la république, de nos tems les successeurs des Caton et des Emile se dégradent de la virilité, pour aspirer à l'honneur de chanter sur les théâtres des souverains, qui, du tems des Scipion, étoient regardés avec autant de mépris, que nous en inspirent les Iroquois. *O tempora ! o mores !*

La barbarie s'est introduite, insensiblement et par degrés, dans la capitale de l'Univers, après le siècle heureux des Cicéron et des Virgile. Lorsque le poëte est remplacé par le poëte, le philosophe par le philosophe, l'orateur par l'orateur, on peut se flatter de voir les sciences se perpétuer. Mais lorsque la mort les ravit les uns après les autres, sans qu'on voie ceux, qui peuvent les remplacer dans les siècles à venir, il ne semble point, qu'on enterre un savant, mais plutôt qu'on enterre les sciences.

En Italie, du temps de Charlemagne, on parloit encore un jargon barbare. C'étoit un mélange de mots, pris des Huns et des Lombards, entremêlés de phrases latines, mais qui auroient été inintelligibles aux oreilles de Cicéron ou de Virgile.

Ce dialecte, durant les siècles, qui se succédèrent, demeura ce qu'il étoit.

Long-tems après, parut le Dante. Ses vers charmèrent ses lecteurs; et les Italiens commencèrent à croire, que leur langue pourroit succéder à celle des vainqueurs de l'Univers.

Ensuite, peu avant et durant la renaissance des lettres, fleurirent Pétrarque, l'Arioste, Sannazar, et le cardinal Bembo.

C'est principalement le génie de ces hommes célèbres, qui a fixé la langue italienne. L'on vit se former, en même tems, l'académie de la Crusca, qui veille à la conservation comme à la pureté du style.

A l'époque de la renaissance des lettres en Europe, l'Italie en redevint le berceau. La maison d'Est, les Médicis, et le pape Léon X contribuèrent à leurs progrès, en les protégeant.

L'abbé Dubos, dans son parallèle de la poésie et de la peinture, cite Machiavel, cet Italien politique, au nombre des grands hommes, que l'Italie a produits depuis le renouvellement des sciences. Il s'est trompé assurément; et je voudrois, que, dans les livres, on pût rayer le nom de ce fourbe politique.

J'ai toujours regardé *le prince* de Machiavel, comme un des ouvrages les plus dangereux, qui se soient répandus dans le monde. C'est un livre, qui doit tomber naturellement entre les mains des princes, et de ceux, qui se sentent du goût pour la politique. Il n'est que trop facile, qu'un jeune homme, ambitieux, dont le cœur et le jugement ne sont pas assez formés, pour distinguer sûrement le bon du mauvais, soit corrompu par des maximes, qui flattent ses passions.

Si la méchanceté de Machiavel fait horreur, ses raisonnemens font pitié; et il auroit mieux fait d'apprendre à bien raisonner, que d'enseigner sa politique monstrueuse.

Machiavel ne fait voir l'ambition que dans son beau jour, si elle en a un. Il ne parle que des ambitieux, qui ont été secondés de la fortune : mais il garde un profond silence sur ceux, qui ont été les victimes de leurs passions. Cela s'appelle en imposer au monde. Machiavel, en ce chapitre, joue le rôle de charlatan du crime.

Abuser de la foi des hommes, user de ruses infâmes, se parjurer, assassiner : voilà ce que ce docteur de la scélératesse appelle prudence.

Il est des peintres singuliers, qui n'ont peint que des monstres et des diables. Machiavel est un peintre de ce genre. Il représente l'Univers comme un enfer, et tous les hommes comme des démons. On diroit, que ce politique a voulu calomnier le genre humain par haine pour l'espèce entière, et qu'il a pris à tâche d'anéantir la vertu, pour rendre tous les habitans de ce continent ses semblables.

Machiavel avance, qu'il n'est pas possible d'être tout-à-fait bon dans un monde aussi scélérat et aussi corrompu, sans qu'on périsse : et moi, je dis, que, pour ne pas périr, il faut être bon et prudent : alors, les scélérats vous craindront et vous respecteront.

Spinosa paroît nier l'existence du premier Etre; et rien n'est plus facile, que de le réduire en poudre, sur-tout, en montrant la destination de toute chose, et le but, pour lequel elle est faite. Tout, jusqu'à la végétation d'un brin d'herbe, prouve la Divinité; et si l'homme jouit d'un degré d'intelligence, qu'il ne s'est pas donné, il faut, à plus forte raison, que l'Être, dont il tient tout, ait un esprit infiniment plus profond et plus immense.

De l'Espagne.

Les Espagnols ne sont pas aussi riches en Europe, qu'ils pourroient l'être, parce qu'ils ne sont pas laborieux. Les trésors du nouveau monde sont, pour les nations étrangères, qui, sous des noms espagnols, se sont appropriés ce commerce. Les Français, les Hollandais et les Anglais jouissent proprement du Pérou et du Mexique.

L'Espagne est devenue un entrepôt, d'où les richesses s'écoulent; et les plus habiles les attirent en foule.

Il n'y a pas assez d'habitans en Espagne, pour cultiver les terres. La police a été négligée jusqu'ici; et la superstition range ce peuple spirituel au rang des nations les plus foibles.

Le roi jouit de 24,000,000 d'écus de revenus: mais le gouvernement est endetté.

L'Espagne entretient 55 à 60,000 hommes de

troupes réglées. Sa marine peut aller à cinquante vaisseaux de ligne.

De la Suisse.

La Suisse, depuis le tems de César, avoit conservé sa liberté, à l'exception d'un court espace, où la maison d'Apspourg l'avoit subjuguée. Elle ne porta pas long-tems ce joug. Les Empereurs autrichiens tentèrent vainement, à différentes reprises, d'assujétir ces montagnards belliqueux. L'amour de la liberté, et leurs rochers escarpés les défendent contre l'ambition de leurs voisins.

Tous les deux ans, les treize cantons tiennent une diète générale. Le canton de Berne, joue, dans cette république, le rôle de la ville d'Amsterdam dans la république de Hollande : il y jouit d'une prépondérance décidée.

Les deux tiers de la Suisse sont de la religion réformée : le reste est catholique. Ces réformés, par leur rigidité, ressemblent aux presbytériens d'Angleterre, et les catholiques, à ce que l'Espagne produit de plus fanatique.

La sagesse de ce gouvernement consiste, en ce que les peuples, n'y étant pas foulés, sont aussi heureux que le comporte leur état, et que, ne s'écartant jamais des bornes de la modération, ils se sont toujours conservés indépendans par leur sagesse.

Cette république peut rassembler sans effort cent mille hommes pour sa défense ; et elle a accumulé assez de richesses, pour soudoyer, pendant trois années, ce nombre de troupes.

Tant d'arrangemens, sages et estimables, semblent avilis par l'usage barbare de vendre leurs sujets, à qui veut les payer (1) : d'où il résulte,

---

(1) Est-ce un avilissement ou une sage politique, dans le gouvernement des Treize-Cantons, que l'usage, où il est, de placer, chez les différentes puissances de notre Continent, une partie de ses troupes, qui, selon Frédéric, ne devroient être levées que pour la défense de leur pays ?

Les Suisses sont, de toutes les nations, celle, qui a le moins à craindre d'être envahie. Leurs montagnes sont des barrières, qu'il est bien difficile de franchir ; et si elles n'ont pu arrêter, dans ces derniers tems, nos braves armées, c'est qu'elles sont, aujourd'hui, familiarisées, en quelque sorte, avec tous les prodiges ; c'est que leur intrépidité naturelle n'est plus enchaînée, comme autrefois, par des chefs pusillanimes, lâches ou corrompus ; c'est qu'elles ont une confiance entière dans l'audace et l'habileté de leurs généraux ; c'est, enfin, que leurs belles actions sont toujours honorablement recueillies et dignement récompensées.

Il n'est pas moins vrai, néanmoins, que, par sa situation, et sous la protection immédiate de notre gouverne-

que les Suisses d'un même canton, au service de France, font la guerre à leurs proches, au service de Hollande. Mais qu'y a-t-il de parfait au monde ?

De la Hollande.

Comparez la Hollande avec la Russie : vous ne voyez qu'îles marécageuses et stériles, qui s'élèvent du sein de l'océan, une petite république, qui n'a que quarante-huit lieues de long sur quarante de large : mais ce petit corps est tout nerf.

---

ment, la Suisse peut s'assurer, sans peine, d'une paix de longue durée, et qu'une guerre, avec ses voisins, sera toujours moins dangereuse pour elle, qu'elle ne l'est d'ordinaire pour tout autre peuple.

Or, quelle que soit la bravoure innée des heureux habitans de cette république, si justement respectée, l'effet inévitable d'une très-longue paix seroit, sinon de l'éteindre, du moins de l'affoiblir.

Elle fait donc bien, de disperser une foible parcelle de sa nombreuse population, dans les différens royaumes, où l'on se fait un mérite de s'attacher de pareils soldats. Ils s'y perfectionnent dans le métier des armes. Ils s'y plient à une discipline exacte et rigoureuse. Ils s'y accoutument à supporter toutes les fatigues et à braver tous les dangers de la guerre ; et si leur terre natale est menacée de quelque invasion, ils y rentrent, pour être les exemples et les modèles de leurs concitoyens.

(Note de l'Editeur)

Un peuple immense l'habite ; et ce peuple industrieux est très-puissant et très-riche. Il a secoué le joug de la domination espagnole, qui étoit alors la monarchie la plus formidable de l'Europe. Le commerce de cette république s'étend jusqu'aux extrémités du monde. Elle figure immédiatement après les rois. Elle peut entretenir, en tems de guerre, une armée de cinquante mille combattans, sans compter une flotte nombreuse et bien entretenue.

La Hollande subsiste, sans que ses champs lui rapportent la centième partie de ce qu'elle consomme. C'est un petit pays, chez lequel le commerce supplée à l'agriculture.

La Hollande se range à la suite de la puissance anglaise, comme une chaloupe, qui suit l'impression d'un vaisseau de guerre, auquel elle est attachée.

Depuis l'abolition du stathoudérat, cette république avoit pris une forme aristocratique. Le grand-pensionnaire, assisté du greffier, propose les affaires à l'assemblée des Etats-Généraux, donne des audiences aux ministres étrangers et en fait le rapport au conseil. Les délibérations de ces assemblées sont lentes. Le secret est mal gardé, parce qu'il faut communiquer les affaires à un trop grand nombre de députés.

Les Hollandais, comme citoyens, abhorrent le stathoudérat, qu'ils envisagent comme un acheminement à la tyrannie; et comme marchands, ils n'ont de politique que leur intérêt. Leur gouvernement, par ses principes, les rend plus propres à se défendre, qu'à attaquer leurs voisins.

C'est avec une surprise, mêlée d'admiration, que l'on considère cette république, établie sur un terrain marécageux et stérile, à moitié entourée de l'Océan, qui menace d'emporter ses digues et de l'inonder. Une population de deux millions d'ames, y jouit des richesses et de l'opulence, qu'elle doit à son commerce, et aux prodiges, que son industrie a opérés.

La république, en 1740, pouvoit avoir 12 millions d'écus de revenus, sans compter les ressources de son crédit. Elle pouvoit mettre en mer quarante vaisseaux de guerre. Elle entretenoit trente mille hommes de troupes réglées, qui servoient principalement à la garde de ses barrières : mais son militaire n'étoit plus, comme autrefois, l'école des héros. Depuis la bataille de Malplaquet, où les Hollandais perdirent la fleur de leurs troupes et la pépinière de leurs officiers, et depuis l'abolition du stathouderat, leurs troupes s'avilirent, manque de discipline et de considération : elles n'avoient plus de généraux, capables du commadement.

Dans cette situation, la république de Hollande étoit ménagée par ses voisins, peu considérée pour son influence dans les affaires générales : elle étoit pacifique par principe et guerrière par accident.

De l'Angleterre.

Il me semble, que, s'il y a un gouvernement, dont on pourroit, de nos jours, proposer la sagesse pour modèle, c'est celui d'Angleterre. Là, le parlement est l'arbitre du peuple et du roi. Le roi a tout le pouvoir de faire le bien : mais il n'en a point, pour faire le mal (1).

---

(1) C'est ainsi, que raisonnoient, autrefois, la plupart de nos politiques : le gouvernement d'Angleterre étoit, à leurs yeux, ce que l'esprit humain et la politique avoient conçu de plus merveilleux et de plus sublime : les ressorts d'un Etat ne pouvoient être combinés avec plus de sagesse. On commence à les mieux juger. L'expérience nous a fait connoître d'énormes abus, qui doivent finir par renverser ce gouvernement tant vanté. Un habile ministre, tel que

Sous Georges II, l'Angleterre entretenoit quatre-vingts vaisseaux des quatre premiers rangs, et cinquante d'un ordre supérieur. Elle avoit environ trente mille hommes de troupes de terre. Ses revenus, en tems de paix, montoient à vingt-quatre millions d'écus.

De toutes les nations de l'Europe, l'anglaise étoit la plus opulente. Son commerce embrassoit tout le monde. Ses richesses étoient excessives, et ses ressources, presque inépuisables.

Quoique les sciences et les arts se fussent enracinées dans ce royaume, la douceur de leur commerce n'avoit pas fléchi la férocité des mœurs nationales. Le caractère dur des Anglais vouloit des tragédies sanglantes. Ils avoient perpétué ces combats de gladiateurs, qui sont l'opprobre de l'humanité. Ils avoient produit le grand Newton, mais aucun peintre, aucun sculpteur, ni aucun bon musicien. Pope fleurissoit encore et embellis-

---

Pitt, fait plier à ses volontés, tous les membres influans des deux chambres, par l'appât des honneurs, des titres, des emplois lucratifs ; et la corruption, qui règne dans les élections des représentans de la nation dans le parlement, remplit cette auguste assemblée d'une foule d'hommes cupides, ambitieux, intrigans, qui n'y entrent, que pour se concilier la faveur de l'autorité souveraine ou ministérielle, en sacrifiant l'intérêt public. (*Note de l'Editeur*).

soit la poésie des idées mâles, que lui fournissoient les Shastesbury et les Bolinbroke. Le docteur Swist, qu'on ne peut comparer à personne, étoit supérieur à ses compatriotes pour le goût, et se signaloit par des critiques fines des mœurs et des usages.

La ville de Londres l'emportoit sur celle de Paris, en fait de population, de deux cents mille ames. Les habitans des trois royaumes montoient à près de huit millions.

Cette nation, inquiette et libre, étoit mécontente du gouvernement, parce que la guerre des Indes se faisoit à son désavantage, et que la Grande-Bretagne ne jouoit pas un rôle convenable dans le Continent. On fouetta le roi sur le dos de son ministre : il fut obligé de chasser Walpole, que milord Carteret remplaça.

L'Angleterre doit s'attendre à être bouleversée, si la chambre basse ne préfère pas les véritables intérêts de la nation, à cette corruption infâme, qui l'avilit (1).

---

(1) Le plus grand ennemi, qu'ait aujourd'hui la constitution anglaise, suivant M. l'abbé de Mably, c'est la vénalité, que les richesses, le luxe et l'avarice y ont introduite. Ce n'est point par des coups d'éclat et de violence, que cette corruption des mœurs domestiques prépare une révolution. Elle ne rompra pas avec effort les ressorts du

Gibraltar et Port-Mahon ont été des acquisitions importantes pour une nation commerçante, que toutes sortes de trafics ont prodigieusement enrichie.

Les Anglais ont manqué, dans tous les tems, d'art et de souplesse dans leurs négociations. Attachés avec acharnement à leurs intérêts, ils ne savent pas flatter ceux des autres : ils pensent, qu'en offrant des guinées, ils peuvent tout obtenir.

Peut-être que l'Electorat d'Hanovre, assujetti à leur domination, ne leur est pas inutile, par l'influence, qu'il leur donne dans les affaires

---

gouvernement : elle les rouille et les carie. Elle agit insensiblement ; elle intimide la raison ; elle flatte toutes les passions ; elle rend insensible au bien public ; et des citoyens, qui ont l'ame avilie, ont beau avoir des lois, pour être libres, ils veulent être esclaves.

Ce savant publiciste remarque encore, que l'Angleterre, maîtresse de la mer, n'a rien à craindre de la part des étrangers ; mais que sa trop grande puissance au dehors, des colonies trop vastes, un commerce trop étendu, sont ce qu'elle doit le plus redouter. « Peut-être, ajoute-t-il,
» auroit-elle besoin de quelque disgrace, pour conserver
» le plus grand de ses biens, je veux dire, sa liberté :
» mais qui oseroit assurer, qu'elle sût profiter d'une dis-
» grace, qui choqueroit son avarice et son ambition ? »

(*Note de l'Editeur.*)

d'Allemagne, auxquelles ils ne prenoient autrefois aucune part.

C'est en Angleterre, qu'il est permis de ne point être stupide, que l'on ose penser, que l'on ose tout dire. Cette liberté, dont elle jouit, a beaucoup contribué aux progrès de la philosophie. Il n'en est pas de même des Français : un Anglais pense tout haut : un Français ose à peine laisser soupçonner ses idées.

Je ne crois pas, que la métaphysique fasse jamais fortune, autre part qu'en Angleterre.

Pendant que Cromwel bouleversoit sa patrie et faisoit décapiter son roi sur un échafaud, Toland publioit son *Léviathan*.

Peu après lui, Milton mit en lumière son *Paradis Perdu*.

Du tems même de la reine Elisabeth, le chancelier Bacon avoit déjà éclairé l'Europe, et s'étoit rendu l'oracle de la philosophie, en indiquant les découvertes à faire, et en montrant le chemin, qu'il falloit suivre, pour y parvenir. Il avoit les yeux pénétrans de l'aigle de Jupiter, pour scruter les sciences, et la sagesse de Minerve, pour les digérer. Le génie de Bacon est comme ces phénomènes, qu'on voit paroître de loin, et qui font autant d'honneur au siècle, qu'à l'esprit humain.

Le sage Locke est le seul des métaphysiciens, qui ait sacrifié l'imagination au bon sens, qui suive l'expérience, autant qu'elle peut le conduire, et qui s'arrête prudemment, quand ce guide vient à lui manquer.

Quant à la langue anglaise, elle n'a pas plus de perfection, que la nôtre. J'étois, un jour, avec des gens de lettres. Quelqu'un leur demanda : en quelle langue s'étoit énoncé le serpent, qui tenta notre première mère ? *En anglais*, répondit un érudit. Prenez cette plaisanterie pour ce qu'elle vaut.

L'Angleterre avoit été subjuguée par les Romains, par les Saxons, par les Danois, et enfin par Guillaume le Conquérant, duc de Normandie. De cette confusion des langues de leurs vainqueurs, en y joignant le jargon, qu'on parle encore dans la principauté de Galles, se forma l'anglais.

Dans ces tems de barbarie, cette langue étoit, au moins, aussi grossière, que celles, dont je viens de parler. La renaissance des lettres opéra le même effet sur toutes les nations. L'Europe étoit lasse de l'ignorance crasse, dans laquelle elle avoit croupi durant tant de siècles : elle voulut s'éclairer.

L'Angleterre, toujours jalouse de la France, aspiroit à produire elle-même ses auteurs; et comme, pour écrire, il faut avoir une langue, elle commença à perfectionner la sienne.

Pour aller plus vite, elle s'appropria, du latin, du français, de l'italien, tous les termes, qu'elle jugea lui être nécessaires. Elle eut des écrivains célèbres : mais ils ne purent adoucir ces sons aigus de leur langue, qui choquent les oreilles étrangères. Les autres idiômes perdent, quand on les traduit : l'anglais seul y gagne.

CHAPITRE V.

DE LA FRANCE.

Grandeur, force et puissance de cette Monarchie.

La France est bornée, à l'occident, par les Monts-Pyrénées, qui la séparent de l'Espagne, et qui forment une espèce de barrière, que la nature elle-même a posée. L'océan sert de bornes au côté septentrional de ce royaume ; la mer méditerranée et les Alpes, au midi. Mais, du côté de l'orient, la France n'a d'autres limites, que celles de sa modération et de sa justice.

L'Alsace et la Lorraine, démembrées de l'Empire, ont reculé les bornes de sa domination jusqu'au Rhin.

Il seroit à souhaiter, que ce fleuve pût faire la lisière de cette monarchie. Pour cet effet, il se trouveroit un petit duché de Luxembourg à envahir ; un petit Electorat de Trèves à acquérir par quelque traité ; un duché de Liège, par droit de bienséance.

Les places de la barrière, la Flandre et quelques bagatelles pareilles, devroient être nécessairement comprises dans cette réunion.

Mais la France ne se précipite en rien. Constamment attachée à son plan, elle attend tout des conjonctures. Il faut, pour ainsi dire, que les conquêtes viennent s'offrir à elle naturellement. Elle cache tout ce qu'il y a d'étudié dans ses desseins; et, à n'en juger que par les apparences, il semble, que la fortune la favorise avec un soin tout particulier.

Ne nous y trompons point : la fortune, le hasard, sont des mots, qui ne signifient rien de réel. La véritable fortune de la France, c'est la pénétration, la prévoyance de ses ministres, et les bonnes mesures, qu'ils prennent.

La France auroit voulu ranger sous ses lois la Flandre et le Brabant, et pousser les limites de sa domination jusqu'aux bords du Rhin. Un tel projet ne pouvoit pas s'exécuter de suite : il falloit, que le tems le mûrit et que les occasions le favorisassent.

Les Français veulent vaincre, pour faire des conquêtes : les Anglais veulent acheter des princes, pour en faire des esclaves. Tous deux donnent le change au public, pour détourner ses regards de leur propre ambition.

Les agrandissemens de la France sont dûs à ses armes et à sa politique.

Louis XV se trouva, par ses possessions, supérieur d'un tiers à celles de Louis XIII. La Franche-Comté, l'Alsace, la Lorraine, et une partie de la Flandre, annexée à cet Empire, lui donnoient une force bien supérieure à celle des tems passés.

Ajoutez-y, sur-tout, l'Espagne, soumise à une branche de la maison de Bourbon, qui, la délivrant, au moins pour long-tems, des diversions, qu'elle avoit toujours à craindre des rois d'Espagne de la branche autrichienne, lui donne, à présent, la faculté de se servir de ses forces entières contre celui de ses voisins, qu'elle juge nécessaire de combattre.

Quant aux autres pays, que la France pourroient conquérir, il est de sa prudence de ne point trop se hâter, afin de s'affermir dans ses anciennes conquêtes et de ne point effaroucher ses voisins.

La comparaison, qu'on a faite de la France à un homme riche et prudent, entouré de voisins prodigues et malheureux, est l'une des plus heureuses, qu'on puisse trouver. Elle met très-bien en évidence la force des Français et la foiblesse des Puissances, qui les entourent. Elle en découvre la raison, et permet à l'imagination de pércer dans ces siècles, qui s'écouleront après nous, pour y voir le continuel accroissement de la monarchie française, émané d'un principe, toujours constant, toujours uniforme, de cette Puissance, réunie sous un chef despotique, qui, selon toutes les apparences, engloutira, un jour, tous ses voisins.

C'est de cette manière, qu'elle tient la Lorraine, de la désunion de l'Empire et de la foiblesse de l'Empereur.

Autrefois, les Français étoient obligés de combattre contre toute l'Europe, liguée et conjurée contr'eux; et c'étoit à leur valeur, seule, qu'ils devoient leurs conquêtes. Aujourd'hui (sous le ministère du cardinal de Fleury), ils doivent leurs plus beaux succès à leurs négociations; et c'est moins à leur force, qu'à la foiblesse de leurs ennemis, qu'on peut attribuer le cours triomphant de leurs prospérités.

Rendons justice à la politique française : elle n'est jamais si bornée, qu'on pourroit le croire. Elle paie des subsides aux cours de Suède et de Danemarck, ou simplement pour les contenir, ou pour qu'elles soient en état de s'opposer à ceux, qui voudroient prendre des mesures, contraires à ses intentions et à ses arrangemens.

De puissantes armées et un très-grand nombre de forteresses, assurent, à jamais, la possession de ce royaume à ses souverains : ils n'ont, à présent, rien à redouter des guerres intestines, non plus que des entreprises de leurs voisins.

Depuis la paix de Vienne, la France étoit l'arbitre de l'Europe. Elle a la même politique, que les Romains. A-t-on des différends ? la France les décide. Veut-on faire la guerre ? la France est de la partie. S'agit-il de régler les articles de la paix ? la France donne la loi : elle s'érige en arbitre souveraine de l'Univers.

A l'époque, dont nous parlons, ses armées avoient triomphé en Italie comme en Allemagne. Ses forces militaires consistoient en cent trente mille quatre cents combattans; outre trente-six mille hommes de milice. Sa marine étoit considérable : elle pouvoit mettre en mer quatre-vingt vaisseaux de différens rangs, y compris les frégates. On comptoit soixante mille matelots enclassés. Les revenus du royaume, en 1740, montoient à soixante millions d'écus.

Un royaume, comme la France, est inépuisable en ressources; et il faut être bien mal-adroit (sous le ministère de M. l'abbé Terray), avec quatre cents millions de revenu, pour ne pouvoir pas payer ses dettes.

Un mot suffiroit, en France, pour rappeler dans ce royaume la même abondance d'espèces, qui s'y trouvoient autrefois. Le crédit rétabli, voilà tout. Ce mot ressusciteroit les trésors, enfouis, crainte de les perdre : il remettroit l'or et l'argent en circulation.

Un royaume, aussi riche que la France, un royaume à ressources immenses, que les déprédations de tant de brigands de finances n'ont pu épuiser, ne sauroit manquer d'argent ; et le roi très-chrétien, le plus ancien monarque de la chrétienté, doit avoir des richesses bien plus considérables, que les Montezuma et les Mogols n'en ont jamais possédé.

Il est fâcheux, que les Français, d'ailleurs si aimables, si polis, ne puissent pas dompter cette fougue barbare (dans la fameuse affaire d'Abbeville), qui les porte si souvent à persécuter les innocens.

On leur a bien des fois reproché de n'avoir pas pris leurs mesures à tems. Amis des Autrichiens, ils leur avoient fait perdre Belgrade. Devenus leurs ennemis, ils ne leur faisoient aucun mal. C'est par cette conduite molle, qu'ils perdirent les affaires de l'Empereur et que la prudence engagea la plupart de leurs alliés à les abandonner.

La vivacité de la nation française s'emporte toujours aux extrêmes.

Cette nation gentille fourre son nez par-tout, souvent où elle n'a que faire, et porte l'inquiétude, qui la dévore, d'un bout du globe à l'autre.

Je ne sais, par quelle fatalité il arrive, que jamais deux Français ne sont amis dans les pays étrangers. Des millions se comportent ensemble dans leur patrie : mais tout change, dès qu'ils ont franchi les Pyrénées, le Rhin et les Alpes.

La légèreté et l'inconstance ont toujours fait le caractère de la nation française. Les Français sont inquiets, libertins, et très-enclins à s'ennuyer de tout. Leur amour pour le changement s'est manifesté jusques dans les choses les plus graves.

La même politique, qui engagea les cardinaux de Richelieu et Mazarin à l'établissement du pouvoir absolu en France, leur enseigna l'adresse d'amuser la légèreté et l'inconstance de la nation, pour la rendre moins dangereuse. La bagatelle et le plaisir donnèrent le change au génie des Français ; de sorte que ces mêmes hommes, qui avoient si long-tems combattu le grand César, qui secouèrent si souvent le joug sous les Empereurs ; qui, du tems des Valois, appelèrent les étrangers à leur secours, qui se liguèrent sous Henri IV, qui cabalèrent sous les minorités ; les

Français, dis-je, ne sont occupés, de nos jours, qu'à suivre le torrent de la mode, à changer très-soigneusement de goût, à mépriser aujourd'hui ce qu'ils ont admiré hier, à mettre l'inconstance et la légèreté en tout ce qui dépend d'eux, à changer de maîtresses, d'amusemens et de lieux.

La nation française juge de tout par légèreté ou par caprice.

Les Français sont de plaisans fous. J'aime des ennemis (pendant la guerre de sept ans), qui me donnent occasion de rire ; et je hais mes Autrichiens rébarbatifs, bouffis d'orgueil et d'impertinence, qui ne sont bons, qu'à faire bâiller ou à insulter les malheureux.

Les Français m'amusent. Cette nation, si avide de nouveautés, m'offre sans cesse des scènes nouvelles. Tantôt, ce sont les jésuites chassés ; tantôt, des billets de confession ; le parlement cassé ; les jésuites rappelés ; de nouveaux ministres, tous les trois mois (1). Enfin, ils fournissent, seuls,

_____

(1) Ces sortes de changemens n'ont été, nulle part, plus fréquens, qu'en France et sous le règne de Louis XV. Ce prince insouciant, livré à ses plaisirs, esclave des caprices de ses maîtresses, ne savoit que plaisanter des intrigues et des cabales de sa cour. Il disoit de l'un de ses ministres : *C'est un honnête homme ; il ne manque pas de talent ; mais il finira par être culbuté, n'ayant que moi pour pro-*

des sujets de conversation à toute l'Europe. Si la Providence a pensé à moi, en faisant le monde, elle a créé ce peuple pour mes menus plaisirs.

Les Français se consolent de tout par un vaudeville : ils crient un peu, quand la guerre oblige à lever de nouveaux impôts ; et quelques plaisanteries leur font tout oublier. Ainsi, par un heureux effet de leur légéreté, le penchant, qu'ils ont à la joie, l'emporte sur toutes les raisons, qu'ils ont de s'affliger.

Ils ont ce fonds de gaîté au suprême degré. Une chanson, un mot bien frappé, dissipe leurs ennuis. Si l'année est stérile, la Providence a son couplet. Si les impôts haussent, malheur aux traitans, dont les noms peuvent entrer dans leurs vers. Ils n'ont pas tort de se consoler de tout ; et

---

tecteur: et sa prédiction ne tarda pas à s'accomplir. Combien de contrôleurs-généraux, sur-tout, n'ont pas éprouvé, tant qu'il a vécu, de semblables vicissitudes ? Aussi, le duc d'Ayen, après une disgrace, qui venoit d'avoir lieu dans le ministère, s'entretenant familièrement avec le monarque, lui dit plaisamment : *Votre majesté devroit bien avoir la bonté de me nommer à la place de contrôleur-général : je n'en connois pas de meilleure. Pourquoi cela,* lui répondit Louis XV ? *C'est, sire,* repliqua-t-il, *parce qu'on n'y meurt pas.* (*Note de l'Editeur*).

je me range de leur avis. Il y a du ridicule à s'affliger de choses passagères, dont le propre est l'instabilité. Si Démocrite en pleure, Héraclite en rit.

J'admire beaucoup les Français, quand ils ont du bon sens et de l'esprit. Je fais grand cas des Turenne, des Condé, des Luxembourg, des Gassendi, des Bayle, des Boileau, des Racine, des Bossuet, des Déshoulières même, et, dans ce siècle, des Voltaire et des d'Alembert : mais il m'est impossible d'englober dans ces actes de vénération des avortons du Parnasse, des philosophes à paradoxes et à sophismes, de faux beaux-esprits, des généraux toujours battus et jamais battans, des peintres sans coloris, des ministres sans probité.

De la langue française; et de la restauration des lettres jusqu'à Louis XIV.

Dans le tems de la révolution, qui se fit dans l'esprit humain, et lorsque l'Italie se polissoit sous le règne des Médicis et de Léon X, François Ier. entreprit de partager, avec ces grands hommes, la gloire d'avoir contribué à restaurer les lettres en France. Il se consuma en vains efforts, pour les transplanter dans sa patrie. Ses peines furent infructueuses. La monarchie, épuisée par la rançon de son roi, qu'elle payoit à l'Espagne, étoit dans un état de langueur.

A la cour de ce prince, on parloit un jargon, aussi discordant, pour le moins, que notre allemand l'est encore; et n'en déplaise aux admirateurs de Marot, de Rabelais et de Montagne, leurs écrits, grossiers et dépourvus de grâces, ne m'ont causé que de l'ennui et du dégoût.

Sous Charles IX et Henri III, l'espagnol et l'italien continuèrent d'être le langage de la bonne compagnie.

Vers la fin du règne de Henri IV et sous Lous XIII, fleurit Malherbe. C'est le premier poëte que la France ait eu ; ou, pour mieux dire, il est, en qualité de versificateur, moins défectueux, que ses devanciers.

La langue nationale ne fut en vogue, que lorsqu'elle devint polie, claire, élégante, et qu'une infinité de livres classiques l'eurent embellie d'expressions pittoresques, et eurent fixé sa marche grammaticale.

Cette gloire étoit réservée aux Corneille, aux Racine, aux Despréaux, aux Bossuet, aux Fléchier, aux Pascal, aux Fénélon, aux Boursault, aux Vaugelas, les véritables pères de la langue Française. Ce sont eux, qui formèrent le style, déterminèrent l'usage des mots, rendirent les phrases harmonieuses, et qui donnèrent de la force et de l'énergie au vieux jargon de leurs ancêtres.

On dévora les ouvrages de ces beaux génies. Ce qui plaît, se retient. Ceux, qui avoient du talent pour les lettres, les imitèrent. Le style et le goût de ces grands hommes se communiqua, depuis, à toutes les nations.

Les guerres de la ligue, qui étoient survenues après la mort de François Ier., avoient empêché les citoyens de s'appliquer aux beaux-arts; et ce ne fut, que, vers la fin du règne de Louis XIII, après que les plaies des guerres civiles furent guéries sous le ministère du cardinal de Richelieu, qu'on reprit le projet de François Ier. La cour encouragea les savans et les beaux-esprits. Tout se piqua d'émulation; et bientôt Paris ne le céda, ni à Florence, ni à Rome.

C'est alors, que les anciens Grecs sont ressuscités en France; et cette nouvelle patrie des arts nous dédommage de celle, qui n'existe plus.

Nous avons l'obligation aux Français d'avoir fait revivre les sciences chez nous, après que des guerres cruelles et les fréquentes invasions des barbares, avoient porté un coup mortel aux arts, réfugiés de Grèce en Italie. Quelques siècles s'écoulèrent, au bout desquels, enfin, ce flambeau se ralluma chez eux. Ils ont écarté les ronces et les épines, qui avoient presqu'interdit aux hommes le chemin de la gloire, qu'on peut acquérir dans les belles-lettres. N'est-il pas juste, que les autres nations conservent l'obligation, qu'elles ont à la France, du service, qu'elle leur a rendu ? Ne doit-on pas une reconnoissance égale à ceux, qui nous donnent la vie, et à ceux, qui nous fournissent les moyens de nous instruire ?

La France et l'Angleterre sont les deux seuls Etats, où les arts soient en considération. C'est chez eux, que les autres nations doivent s'instruire. Ceux, qui ne peuvent pas s'y transporter en personne, peuvent, du moins, dans les écrits de leurs auteurs célèbres, puiser des connoissances et des lumières.

Du siècle de Louis XIV.

Le ministère de Richelieu prépara le beau siècle de Louis XIV. Les lumières commencèrent à se répandre : La guerre de la fronde n'étoit qu'un jeu d'enfant. Le goût attique et l'élégance romaine renâquirent à Paris. Uranie eut un compas d'or entre ses mains. Calliope ne se plaignit plus de la stérilité de ses lauriers; et des palais somptueux servirent d'asyle aux Muses.

François I.er avoit vainement essayé d'attirer les beaux-arts en France. Louis XIV les y fixa. Sa protection libérale servit à éclairer le monde : les sciences lui doivent des statues : il mérita l'immortalité.

Avide de toute sorte de gloire, il voulut que sa nation fût la première par la littérature et le bon goût, comme en puissance, en conquêtes, en politique et en commerce.

Il porta ses armes victorieuses dans les pays ennemis. La France se glorifioit des succès de son monarque, sans se ressentir des ravages de la guerre. Il étoit donc naturel, que les Muses, qui se complaisent dans le repos et dans l'abondance, se fixassent dans son royaume.

Sous son règne, la langue française se répandit dans toute l'Europe ; et maintenant cette langue est devenue un *passe-partout*, qui vous introduit dans toutes les maisons et dans toutes les villes. Voyagez, de Lisbonne à Pétersbourg et de Stockholm à Naples : en parlant le français, vous vous faites entendre partout. Par ce seul idiôme, vous vous épargnez quantité de langues, qu'il vous faudroit savoir; qui surchargeroient votre mémoire de mots, à la place desquels vous pouvez la remplir de choses ; ce qui est bien préférable.

Dans quelques siècles d'ici, l'on traduira les

bons auteurs du siècle de Louis XIV, comme on traduit ceux du tems de Périclès et d'Auguste.

Je me trouve heureux d'être venu au monde dans un tems, où j'ai pu jouir des derniers auteurs, qui ont rendu ce beau siècle si fameux. Ceux, qui viendront après nous, naîtront avec moins d'enthousiasme pour les chefs - d'œuvre de l'esprit humain, parce que le tems de l'effervescence est passé.

Du dix-huitième siècle.

Le règne de Louis XV a été, pour la France, stérile en grands hommes : celui de Louis XIV en produisit en foule. Sous Louis XV, l'administration d'un prêtre perdit le militaire : Fleury n'eut, pour généraux des armées, que des courtisans sybarites : sous Mazarin, c'étoient des héros.

L'éclat, que la France jeta, au siècle de Louis XIV, étoit trop grand, pour pouvoir se soutenir long-tems. Il y a un certain point d'élévation, qu'il ne nous est pas possible de surpasser. Les matières les plus intéressantes sont épuisées. Il ne reste plus qu'à glaner sur les pas de ceux, qui ont fait d'amples moissons ; et avec un génie, aussi élevé que le leur, on ne les égaleroit pas ; parce que le succès des ouvrages dépend, en grande partie, du choix judicieux de la matière qu'on traite.

La France se ressent de la stérilité de ce siècle : on y voit des talens, mais peu de génies. L'Angleterre et l'Italie sont languissantes : un Hume, un Métastasio, ne peuvent entrer en parallèle, ni avec lord Bolingbroke, ni même avec l'Arioste. Nos tudesques ont vingt idiômes, et n'ont aucune langue fixée : cet instrument essentiel, qui leur manque, nuit à la culture des belles-lettres. Le goût de la saine critique ne leur est pas encore assez familier.

Notre pauvre siècle est d'une stérilité affreuse en grands hommes, comme en bons ouvrages. Du siècle de Louis XIV, qui fait honneur à l'esprit humain, il ne nous est resté que la lie; et dans peu, il n'y aura plus rien du tout. Nous avons beaucoup plus de gens médiocres, qu'il n'y en avoit dans le siècle passé : mais il nous surpassoit en génies. Il semble que le monde en est lassé.

Je ne suis pas le seul, qui remarque, que le génie et les talens sont plus rares, en France et en Europe, dans notre siècle, qu'à la fin du siècle précédent : il reste à la France trois poëtes, mais qui sont du second ordre, Laharpe, Marmontel et Saint-Lambert.

Avec Voltaire, finit le siècle de Louis XIV : il est le dernier, qui nous reste de cette époque, si féconde en grands hommes. Le dégoût des lettres, la satiété des chefs-d'œuvre, que l'esprit humain a produits, un esprit de calcul, voilà le goût du tems présent. Parmi la foule de gens d'esprit, dont la France abonde, je ne trouve pas de ces esprits créateurs, de ces vrais génies, qui s'annoncent par de grandes beautés, des traits brillans et des écarts même. On se plaît à tout analyser. Les Français se piquent, à présent, d'être profonds. Leurs livres semblent tous faits par de froids raisonneurs; et ils négligent les grâces qui leur étoient si naturelles.

Je suis dégoûté des nouveaux livres, qui nous viennent de France. On y voit tant de superfluités, tant de paradoxes, des raisonnemens si lâches, si inconséquens, et, avec ces défauts, si peu de génie, qu'il y auroit de quoi se dégoûter des lettres même, si le siècle précédent ne nous avoit pas fourni des chefs-d'œuvre en tout genre. L'heureuse fécondité de ce siècle nous dédommage de la stérilité du nôtre. Je suis venu au monde à la fin de cette époque, où l'esprit humain brilloit dans toute sa splendeur. Les grands hommes, qui ont fait la gloire de ces tems heureux, sont passés.

Il n'est plus de poëtes dramatiques en France ; plus de ces jolis vers de société, dont on voyoit tant autrefois. On remarque un esprit d'analyse et de géométrie dans tout ce qu'on écrit : les belles-lettres sont sur leur déclin. Il n'est plus d'orateurs célèbres : on ne lit plus de vers agréables, plus de ces ouvrages charmans, qui faisoient autrefois une partie de la gloire de la nation française. Voltaire a, le dernier, soutenu cette gloire : mais il n'aura point de successeurs.

Les livres nouveaux font regretter ceux du commencement de ce siècle. Je n'appelle pas des livres ce tas d'ouvrages, faits sur le commerce et sur l'agriculture par des hommes, qui n'ont jamais vu, ni vaisseaux, ni charrues.

J'ai vu les restes du beau siècle de Louis XIV, de ce siècle à jamais mémorable pour l'esprit humain. Tout dépérit de nos jours ; et la génération suivante sera plus mal que la nôtre. Il paroit, que cela ira, en empirant, jusqu'au tems, où quelque génie supérieur s'élévera, pour réveiller le monde de son assoupissement, et lui rendre ce *stimulus*, qui le porte à l'amour de ce qui est estimable et utile à toute l'espèce humaine.

Le goût des sciences et des arts paroit passer de mode et se perdre. L'Europe ne produit plus rien : il semble, qu'elle se repose, après avoir fourni de si abondantes moissons. En tout pays, les cervelles se dessèchent, et ne donnent plus, ni fleurs, ni fruits. Ma dernière passion sera celle des lettres. Je vois avec douleur leur dépérissement, soit faute de génie ou corruption de goût. Il ne reste, pour la fin de ce siècle, que la physique, dans laquelle il s'est fait des recherches curieuses. Les trônes de la littérature demeurent vacans, faute de successeurs; et l'Europe entière se ressent de la disette des grands hommes.

J'ai abandonné (en 1782) tout ce qui tient aux lettres françaises; à l'exception de l'abbé de Lille, le seul digne, selon moi, du siècle de Louis XIV; et je ne me soucie, ni du théâtre de cette nation, ni de ses farces, ni de son Ramponet, ni de tous ses batteleurs comiques.

Après avoir porté les belles-lettres à leur perfection, la nation française, comme rassasiée des chefs-d'œuvre, dont elle jouit, commence à s'en dégoûter. Le néologisme détériore le langage. La sévère âcreté de l'esprit philosophique combat l'effervescence de l'imagination; et le génie, resserré dans des bornes trop étroites, ne fournit plus que des productions médiocres.

Je ne sais, pourquoi les Français, si amateurs de nouveautés, ressuscitent, de nos jours, le langage antique de Marot. Il est certain, que, du tems de ce poëte, la langue française n'étoit pas, à beaucoup près, aussi polie, qu'elle l'est à présent. Quel plaisir notre oreille peut-elle trouver à des sons rudes, comme ceux de ces vieux mots, *oncques, preux, la machine publique, les accoutremens?* On trouveroit étrange, à Paris, si quelqu'un y paroissoit vêtu, comme on l'étoit du tems de Henri IV, quoique cet habillement pût être tout aussi bon, que le moderne. D'où vient donc, que l'on veut parler, et qu'on aime à rajeunir la langue contemporaine de ces modes, qu'on ne peut plus souffrir? Ce qu'il y a de plus extraordinaire, c'est que cette langue est peu entendue; que celle, qu'on parle de nos jours est beaucoup plus correcte; qu'elle est susceptible de toute la naïveté de celle de Marot, et qu'elle a des beautés, auxquelles l'autre n'osera jamais prétendre. Ce sont-là des effets du mauvais goût et de la bizarrerie du caprice. Il faut avouer, que l'esprit humain est une étrange chose!

Bien des raisons contribuent au peu de cas, que les Français font maintenant de la littérature. La nation, avide de gloire, protégea les premiers grands hommes, qui, après la renaissance des lettres, illustrèrent leur patrie par leurs écrits, et dont quelques-uns ne le cédèrent pas en mérite aux plus célèbres auteurs anciens. Ensuite, on se rassasia de ces chefs-d'œuvre. Les auteurs, qui suivirent ces grands hommes, ne les égalèrent pas. Les études furent moins profondes ; et tout le monde se mêla d'écrire et d'imprimer. La plupart de ces auteurs, décriés par leurs mœurs, ne sauroient mériter l'estime du public ; et l'on passe, du mépris de la personne, au mépris de l'art.

Ajoutez à ces considérations, que Paris est un gouffre de débauche, dans lequel se précipite la jeunesse ardente de toute la France. Beaucoup de jeunes gens y périssent et perdent le goût de l'application ; et comme les hommes n'aiment que les choses, dans lesquelles ils espèrent de réussir, cette jeunesse frivole, ne connoissant que les plaisirs grossiers des sens, n'aime point les arts, qu'elle ne connoît point assez, pour en juger ; et il lui est plus facile de mépriser ce qu'elle n'a point étudié, que de convenir de son ignorance.

Quel tems reste-t-il à un homme du grand monde à Paris, je ne dis pas pour étudier, mais pour penser ? La matinée, des visites, un déjeûner ; ensuite, le spectacle ; de-là, au jeu, au souper, encore au jeu, jusqu'à deux heures du matin ; puis, bonnes aventures ; enfin, on se couche ; on se lève à onze heures. Ainsi, tous les momens sont pris ; et l'on est fort occupé, sans rien faire.

Aussi faut-il convenir, que, si les lettres jouissent, à présent, en France, de peu d'honneur, beaucoup de ceux, qui les cultivent ou qui en font profession, donnent lieu, par leur conduite, à la mésestime, où ils vivent. Le gros du monde, qui ne réfléchit point, confond le caractère et le talent de l'artiste ; et du mépris de ses mœurs, il passe à celui de son art. De ce que les connoissances n'adoucissent et ne corrigent pas le caractère des plus savans, et de ce qu'un grand nombre même abuse de ses connoissances, on conclud, qu'il est inutile d'apprendre et de savoir, que les lumières de l'esprit ne servent qu'à une vaine ostentation, et qu'elles sont inutiles à la société, puisqu'il n'en revient aucun avantage.

On devroit se souvenir, à Paris, qu'autrefois Athènes attiroit le concours de toutes les nations et même de ses vainqueurs, les Romains, qui rendoient hommage aux connoissances et au génie de ses plus illustres citoyens, et qui venoient auprès d'eux, pour s'instruire. A présent, cette ville, devenue agreste, n'est plus visitée de personne. Le même sort menace Paris, s'il ne sait pas mieux conserver les avantages, dont il jouit.

J'aime le siècle où je suis né. Je m'affectionne à tous ceux, qui l'honorent ; et, j'abhorre tout ce qui pourroit replonger notre postérité dans la barbarie. Mais il faut l'avouer : nous vivons dans le siècle des petitesses. Les siècles des génies et des vertus se sont écoulés. Ces heureux jours, dont les Italiens, les Français et les Anglais ont joui avant nous, déclinent sensiblement ; et ces nations, qui se croyent en possession de la gloire, que leurs auteurs leur ont acquise, s'endorment sur leurs lauriers.

La France n'a produit, jusqu'à nos jours, que des femmes d'esprit ou des pédantes. Les Rambouillets, les Deshoulières, les Sévigné, ont brillés par la beauté de leur génie et la finesse de leurs pensées. Les Dacier étoient savantes et rien de plus.

Les ouvrages philosophiques des Français sont, sans doute, fort inférieurs à ceux des Anglais, parce que toute hardiesse leur est interdite. Mais ils se sont dédommagés de la contrainte, qu'on leur a imposée, en traitant supérieurement les matières de goût et tout ce qui est du ressort des belles-lettres ; et la nation n'a pas à craindre, que ses rivales la surpassent.

Il faut convenir, que les auteurs français ont égalé, par la politesse, les grâces et la légèreté, tout ce que le tems nous a conservé de plus précieux des écrits de l'antiquité ; et qu'en fait de méthode, ils l'emportent sur les Grecs et sur les

Romains. Racine surpasse tous ses émules grecs. Boileau peut se comparer avec Juvenal et Horace. Chaulieu, tout incorrect qu'il est, l'emporte sûrement de beaucoup, dans quelques morceaux, sur Anacréon. Rousseau a excellé dans quelques odes. L'éloquence de Bossuet approche de celle de Démosthène. Fléchier peut passer pour le Cicéron de la France; sans compter les Patru, les Cochin, et tant d'autres, qui se sont rendus célèbres dans le barreau. La pluralité des mondes et les Lettres Persannes sont d'un genre, inconnu à l'antiquité : ces écrits passeront à la postérité la plus reculée.

Si les Français n'ont rien à opposer à Thucydide, ils ont le discours de Bossuet sur l'Histoire Universelle : ils ont les ouvrages du sage président de Thou; les Révolutions Romaines par Vertot, ouvrage classique; la Décadence des Romains de Montesquieu; enfin, tant d'autres morceaux, ou d'histoire, ou de belles-lettres, et d'agrément, ou de commerce.

CHAPITRE VI.

De la Prusse.

Quel étoit l'Electorat de Brandebourg, lorsque la maison de Hohenzollern s'y établit.

A l'époque, où la maison de Hohenzollern se transporta dans l'Electorat de Brandebourg, les pays, qui le composoient, étoient la Vieille Marche, la Moyenne, la Nouvelle, la Marche d'Uckérane et la Prignitz. Mais la Nouvelle Marche étoit engagée à l'ordre Teutonique, et l'Uckérane, usurpée par les ducs de Poméranie.

Le caractère farouche et belliqueux des peuples, qui habitoient ces pays, les garantirent constamment contre les entreprises des Romains, qui ne passèrent jamais l'Elbe.

Les plus anciens habitans de la Marche furent les Suèves. Ils en furent chassés par les Venèdes, les Slaves, les Saxons et les Francs; et Charlemagne eut bien de la peine à les subjuguer en 780.

En 927, le roi Henri l'Oiseleur établit des margraves dans ces pays, pour contenir ces peuples, enclins à la révolte, aussi bien que leurs voisins, dont la valeur errante s'exerçoit par des incursions et des brigandages.

Sigefroi, beau-frère de l'Empereur Henri l'Oiseleur, fut le premier margrave de Brandebourg. On compte, depuis son administration, jusqu'à celle de Hohenzollern, neuf races différentes de ces margraves.

De la Prusse royale.

La Prusse est un pays, plus propre à nourrir des ours, qu'à servir de théâtre aux sciences. Les habitans souples, flatteurs, rampans, mais fiers, hautains et arrogans, sont aussi fades dans leur humilité, qu'insupportables par leur insolence.

Les arts n'ont jamais été cultivés à Kônigsberg; et il y a grande apparence, qu'ils ne le seront jamais.

Des Etats Prussiens en 1740.

Notre population (en 1776) ne va qu'à cinq millions deux cens mille ames. Si la France a vingt millions d'habitans, cela fait à-peu-près le quart.

A la mort de Frédéric-Guillaume Ier. (en 1740), cette population, dans toutes les provinces, pouvoit aller à trois millions d'ames.

A cette époque, les revenus de l'Etat ne montoient qu'à sept millions, quatre cens mille écus. L'acquisition de la Silésie procura au roi une augmentation de revenus de trois millions, six cens mille écus.

L'Etat n'avoit pas de forme régulière. Il étoit dans la nécessité d'être armé et préparé à tout évènement, pour ne pas servir de jouet à ses voisins et à ses ennemis. Des provinces peu larges, et, pour ainsi dire, éparpillées, tenoient depuis la Courlande jusqu'au Brabant. Cette situation entrecoupée multiplioit les voisins de l'Etat, sans lui donner de consistance, et faisoit, qu'il avoit bien plus d'ennemis à redouter, que s'il avoit été arrondi.

La Prusse ne pouvoit agir alors, qu'en s'épaulant de la France ou de l'Angleterre. On pouvoit cheminer avec la France, qui avoit fort à cœur sa gloire et l'abaissement de la maison d'Autriche. On ne pouvoit tirer des Anglais que des subsides, destinés à se servir des forces étrangères pour leurs propres intérêts.

Le feu roi (Frédéric Guillaume Ier.), avoit laissé, dans ses épargnes, huit millions sept cens mille écus, point de dettes, les finances bien administrées, mais peu de ressources. La balance du commerce perdoit annuellement un million, deux cens mille écus, qui passoient à l'étranger.

L'armée étoit forte de soixante-seize mille hommes, dont, à-peu-près, vingt-six mille étrangers. Trois millions d'habitans ne pouvoient pas fournir à recruter même cinquante mille hommes, sur-tout en tems de guerre.

Ce fut en 1720, qu'on vit la maison de Brandebourg quitter le banc des Electeurs, pour s'asseoir parmi les rois. Elle ne figuroit aucunement dans la guerre de trente ans. La paix de Westphalie lui valut des provinces, qu'une bonne administration rendit opulentes. La paix et la sagesse du gouvernement formèrent une puissance naissante, presque ignorée de l'Europe, parce qu'elle travailloit en silence, et que ses progrès n'étoient pas rapides, mais l'ouvrage du tems. On parut étonné, lorsqu'elle commença à se développer.

Frédéric Ier., en érigeant la Prusse en royaume, avoit, par cette vaine grandeur, mis un germe d'ambition dans sa postérité, qui devoit fructifier tôt ou tard. La monarchie, qu'il avoit laissée à ses descendans, étoit, s'il m'est permis de m'exprimer ainsi, une espèce d'hermaphrodite, qui tenoit plus de l'Electorat, que du royaume. Il y avoit de la gloire à décider cet Etre; et ce sentiment fut sûrement un de ceux qui fortifièrent le roi (Frédéric II) dans de grandes entreprises.

Les provinces pauvres et arriérées par les malheurs, qu'elles avoient soufferts de la guerre de trente ans, étoient hors d'état de fournir des ressources au souverain : il ne lui en restoit d'autres, que ses épargnes. Frédéric Guillaume Ier., en avoit fait; et quoique ces moyens ne fussent pas fort considérables, ils pouvoient suffire dans le besoin.

De l'accroissement progressif de l'armée, jusqu'en 1740.

Les premiers Electeurs de la maison de Brandebourg n'entretenoient aucune milice réglée : ils n'avoient qu'une garde à cheval de cent hommes, et quelques compagnies de lansquenets, partagées dans les châteaux ou places fortes, dont ils augmentoient ou diminuoient le nombre selon le besoin.

Lorsqu'ils appréhendoient la guerre, eux et les Etats convoquoient l'arrière-ban : c'étoit, pour ainsi dire, l'armement général de tout le pays.

La noblesse devoit former la cavalerie; et ses vassaux, enrégimentés, devoient composer l'infanterie de cette armée.

Jean-Sigismond, se croyant à la veille de recueillir la succession de Juliers et de Berg, et prévoyant, qu'il seroit obligé de soutenir ses droits par la force des armes, ordonna un armement général de sept cens quatre-vingt-sept chevaliers, qui se trouvèrent au lieu de l'assemblée. Il en choisit quatre cens des plus lestes. La noblesse fournit, d'ailleurs, mille fantassins, sans compter les piquiers; et les villes mirent deux mille six cens hommes en campagne.

Ces troupes étoient entretenues, aux dépens des Etats; et, pour l'ordinaire, elles ne recevoient la paie que pour trois mois. Après ce terme, chacun se retiroit chez soi.

L'Electeur nommoit les officiers; et dès que le besoin de ces armemens cessoit, ces troupes étoient licentiées tout-à-fait.

Pendant la régence orageuse de Georges-Guillaume, à l'occasion de la guerre de trente ans, les Etats, en 1620, levèrent des troupes, en leur donnant le privilège de faire des quêtes dans tout le pays, pour fournir à leur subsistance. Les paysans avoient ordre de leur donner un liard, chaque fois qu'ils gueuseroient, et des coups de bâtons, s'ils ne s'en contentoient pas.

En 1623, la cour enjoignit, par un Edit à tous ses sujets, à l'exception des prêtres et des échevins, de se rendre avec armes et bagage à un lieu marqué, où les commissaires devoient les passer en revue. On choisit de ce nombre trois mille neuf cens hommes, qui furent partagés en vingt-cinq compagnies d'infanterie et en dix escadrons.

En 1635, après la paix de Prague, le comte de Schwartzenberg persuada à Georges-Guillaume d'augmenter ses troupes, et de les entretenir, moyennant les subsides, que les Espagnols et l'Empereur leur paieroient. Selon le projet de ce ministre, le nombre devoit en être porté à vingt-cinq mille hommes. Les levées se firent; et les troupes prêtèrent serment à l'Empereur et à Georges-Guillaume.

Klitzing, qui les commanda, est le premier général, dont il soit fait mention dans l'histoire de Brandebourg.

Ces troupes furent augmentées et diminuées, selon le tems, les moyens et les occasions : mais elles ne passèrent jamais onze mille hommes.

Georges-Guillaume, en mourant, laissa à son fils la milice suivante; en fantassins, trois mille six cens hommes, et en cavaliers, deux mille cinq cens.

Frédéric-Guillaume, trouvant ses provinces épuisées d'hommes et d'argent, fit une réforme dans ses troupes. La cavalerie refusa de lui prêter le serment ordinaire : il la congédia ; et afin de s'en faire un mérite auprès de l'Empereur, il lui céda deux mille chevaux ; ne conservant que deux cens maîtres et deux mille fantassins, qui formoient les régimens des gardes.

Il fut le premier Electeur, qui entretint à son service un corps d'armée, régulièrement discipliné. Les bataillons d'infanterie étoient composés de quatre compagnies, de cent cinquante hommes chacune. Un tiers du bataillon étoit armé de piques : le reste avoit des mousquets. Ils avoient des habits d'ordonnance et des manteaux. Les cavaliers se pourvoyoient eux-mêmes d'armes et de chevaux. Ils avoient la demi-armure. Ils combattoient par escadrons ; et souvent ils menoient avec eux du canon.

En 1653, il augmenta ses troupes, et leva cinquante-deux compagnies de cavalerie et quatre-vingt-deux compagnies d'infanterie. Le comte de Witgenstein passa à son service, avec les régimens de Witgenstein, de Storchau et d'Osten, et ceux d'infanterie de Pissart, de Henau et de

Maillard. Mais la brouillerie, qui s'étoit élevée entre lui et le palatin de Neubourg, ayant été arrangée, il licentia la plus grande partie de ses troupes.

En 1655, la guerre, qui s'alluma entre Charles-Gustave et la république de Pologne, l'obligea de faire une nouvelle augmentation; et soutenu des subsides suédois, il mit une armée sur pied. Sa cavalerie monta à quatorze mille, quatre-cens chevaux; et son infanterie, à dix-mille, six-cens hommes. Waldeck, en qualité de lieutenant-général, commanda ces troupes sous lui.

Après la paix d'Oliva, il fit encore une réduction dans ses troupes, mais peu considérable, puisqu'il entretint encore un nombre de généraux.

Le maréchal de Sparr est le premier, qui ait porté ce caractère dans le service électoral.

En 1672, il entretint vingt-trois mille, cinq-cens, soixante-deux hommes. L'armée, qu'il conduisit en Alsace, étoit de dix-huit-mille combattans.

Il porta ensuite ses troupes jusqu'au nombre de vingt-six-mille hommes, et s'en servit dans ses glorieuses campagnes de la Poméranie et de la Prusse.

En 1676, l'accise étant introduite dans les

villes; le prêt du fantassin alla à un écu et demi par mois : la paie des officiers étoit assez mince. Alors, toutes ces ressources bien administrées lui fournirent le moyen d'entretenir par lui-même un corps de troupes considérable.

A sa mort, son armée se trouva forte de trente-cinq bataillons d'infanterie, et de quarante escadrons de cavalerie. Il y avoit, de plus, dans les garnisons, dix-huit compagnies. Les bataillons étoient composés de quatre compagnies; et chaque compagnie étoit de cent-cinquante hommes.

Selon ce calcul, un bataillon faisoit six cens têtes; l'infanterie de campagne, vingt-un mille combattans; les troupes de garnison, deux mille sept cens; et la cavalerie, en comptant l'escadron à six-vingt maîtres, quatre mille huit cens chevaux. Ainsi, le total de l'armée montoit à vingt-huit mille, cinq-cens combattans.

L'infanterie, alors, combattoit sur cinq ou six files de hauteur. Les piquiers faisoient un tiers de bataillon. Le reste étoit armé de mousquets à l'allemande.

Cette infanterie, quoiqu'assez mal vêtue, avoit, outre ses habits d'ordonnance, de long manteaux roulés et repliés sur les épaules. Dans l'expédition, que l'Electeur fit en Prusse pendant l'hiver, il fit distribuer des bottines à tous les fantassins.

Sa cavalerie avoit encore l'ancienne armure.

Elle ne pouvoit guère être disciplinée ; chaque cavalier se pourvoyant lui-même de chevaux, d'habits et d'armes.

Il paroît, que Frédéric-Guillaume préféroit sa cavalerie à son infanterie. Cette prédilection n'étoit pas sans fondement, ses Etats étant plats pour la plupart, et ses voisins, principalement les Polonois, n'employant guères que des gens à cheval. La cavalerie lui étoit donc d'un usage plus universel.

De son tems, on ne formoit point de magasins. Le pays, où l'on faisoit la guerre, fournissoit à l'entretien des troupes, tant pour la paye que pour les vivres. On ne campoit, que lorsque l'ennemi s'approchoit de l'armée et qu'on vouloit en venir aux mains.

Le règne de Frédéric I est rempli de fréquentes réductions et augmentations de l'armée. Les subsides étrangers étoient le thermomètre, qui régloit leur nombre.

Après la mort du grand Electeur, on fit une augmentation dans les troupes. Les bataillons furent mis à cinq compagnies ; et on leva sept nouveaux bataillons. La cavalerie fut augmentée de même de dix-neuf escadrons.

En 1689, dix bataillons et six escadrons Brandebourgeois, passèrent au service de la Hollande.

En 1697, après la paix de Ryswick, les bataillons furent réduits à quatre compagnies, et la compagnie, à quatre-vingt hommes; de sorte que quatre-vingt compagnies, tant d'infanterie que de cavalerie, furent congédiées.

En 1699, les bataillons furent remis à cinq compagnies.

En 1702, les régimens d'Albert, de Varenne, du Schlabbrendorff, d'Anhalt-Zerbst et de Sidow, furent mis à douze compagnies, et passèrent au service des Holandais.

En 1704 et 1705, le roi mit tous les régimens de cuirassiers à trois escadrons, et ceux de dragons, à quatre.

A la mort de ce prince, en 1713, son armée étoit composée de trente-huit bataillons d'infanterie, et de cinquante-trois escadrons de cavalerie. Le total pouvoit faire trente mille combattans.

Lorsqu'il parvint au trône, ce prince augmenta le prêt du soldat, qu'il mit à deux écus par mois, outre six gros pour les chemises, guêtres, souliers, etc.

En 1714, sous Frédéric-Guillaume I, les compagnies d'infanterie furent mises à six vingts hommes.

En 1715, ce prince créa le régiment de Léopold, et le forma des prisonniers, faits sur Charles XII.

En 1718, il mit tous les régimens de cavalerie

sur cinq escadrons. Deux compagnies firent l'escadron, et soixante maîtres, la compagnie.

L'année d'auparavant, il avoit créé les dragons de Schulenbourg, forts de cinq escadrons; et troqué douze pots du Japon contre un régiment de dragons, que le roi de Pologne vouloit licencier.

En 1726, les grenadiers à cheval de Schulenbourg, Wenssen et Platen furent doublés; et chaque régiment forma ensuite dix escadrons.

De 1719 à 1734, il augmenta l'infanterie d'un officier par compagnie : il leva les régimens de Dossow, Thiele, Mosel, Barleben, et les bataillons de Raders et de Lilien. Il ajouta ensuite, à chaque bataillon, une compagnie de grenadiers de cent hommes.

L'artillerie fut partagée en deux bataillons, dont l'un fut destiné à servir en campagne, et l'autre, en garnison.

Il créa un corps de milice de cinq mille hommes, dont les officiers et les bas-officiers reçurent la demi-paye. Les milices se rassembloient, tous les ans, pendant quinze jours, pour faire l'exercice.

Après toutes ces augmentations, l'armée prussienne se trouva forte de 72,000 combattans : tel en étoit l'état, le 31 mai de l'année 1740.

Caractère du militaire prussien.

Lorsque les Autrichiens sont soutenus par la

prospérité, rien n'est plus dur, que le joug qu'ils imposent.

Des troupes de Hongrois effrénés et sans discipline, exercèrent (guerre de sept ans) des cruautés affreuses sur quelques malades et sur des femmes, qui étoient restées dans le camp prussien. De telles actions révoltent l'humanité, et couvrent d'infamie ceux, qui les font, et ceux, qui les tolèrent.

Il faut dire, à la louange du soldat prussien, qu'il est vaillant, sans être cruel, et qu'on l'a souvent vu donner des preuves d'une grandeur d'ame, qu'on ne doit pas attendre de gens de basse condition.

Si Turenne et Louvois ont mis le Palatinat en cendres, si le maréchal de Belle-Isle osa proposer de faire un désert de la Hesse, ces sortes d'excès sont l'opprobre éternel de la nation française, qui, quoique très-polie, s'est quelquefois emportée à des atrocités, dignes des nations les plus barbares.

Le fanatisme et la rage de l'ambition on ruiné des contrées florissantes dans mon pays. Que de dévastations ne s'y sont pas faites! J'ai fait rebâtir huit mille maisons en Silésie; six mille cinq cens en Poméranie et dans la nouvelle Marche; ce qui fait, selon Newton et d'Alembert, quatorze mille cinq cens habitations. La plus grande partie a été brûlée par les Russes.

Nous n'avons pas fait une guerre aussi abominable; et il n'y a eu de détruit de notre part, que quelques maisons dans les villes, que nous avons assiégées. Cela ne va pas certainement à mille maisons. Le mauvais exemple ne nous a pas séduits; et j'ai, de ce côté là, une conscience exempte de tout reproche.

Des Etats Brandebourgeois.

Les Etats, sous la régence de Jean-Sigismond, jouissoient d'une grande autorité.

Sous Georges-Guillaume, le comte de Schwarzenberg diminua le pouvoir de ces Etats, dont cependant il n'avoit jamais abusé.

Quand Frédéric Ier. soumit la haute noblesse de son pays, les Etats n'en restèrent pas moins maîtres du gouvernement. Ils accordoient les subsides, ils régloient les impôts : ils fixoient le nombre des troupes, qu'on ne levoit que dans les extrémités, et ils les payoient. On les consultoit sur les mesures à prendre pour la défense du pays; et c'étoit par leur avis, que s'administroient les lois et la police.

L'histoire nous fournit plus d'un exemple du pouvoir des Etats.

L'Electeur Albert-Achille devoit cent mille florins (en 1472). Il pria les Etats de se charger de ce paiement. Pour cet effet, ils imposèrent une taxe sur la bière, qu'ils n'accordèrent que pour sept ans. Ils la haussèrent dans la suite; et elle devint l'origine de ce qu'on appelle la *Landschafft*, ou la banque publique.

Sous l'Electeur Joachim II, le crédit des Etats étoit si puissant, qu'ils dégagèrent quelques baillages, sur lesquels ce prince avoit contracté des dettes, à condition que ni lui, ni ses successeurs ne pourroient dorénavant emprunter dessus, ni les aliéner.

L'Electeur les consultoit sur toutes les affaires, et leur promit même de ne rien entreprendre sans leur consentement.

Les Etats entrèrent en correspondance avec Charles V, et lui marquèrent, qu'ils ne trouvoient pas à-propos, que l'Electeur se rendît à la diète de l'Empire. Aussi Joachim II se dispensa-t-il de ce voyage.

Jean-Sigismond et Georges-Guillaume (en 1628), conférèrent avec eux sur le sujet de la succession de Juliers et de Berg; et les Etats nommèrent quatre députés, qui suivirent la cour, tant pour lui servir de conseil, que pour être employés à des négociations, et à l'usage, que les circonstances pourroient demander pour le service de ces princes.

Georges-Guillaume, en 1631, consulta les Etats pour la dernière fois, pour savoir, s'ils trouvoient bon, que l'Electeur fît alliance avec les Suédois, en leur remettant ses places, ou s'il devoit suivre le parti de l'Empereur.

Depuis, Schwartzenberg, ministre tout-puissant d'un prince foible, attira, à sa personne, toute l'autorité du souverain et des Etats. Il imposa des contributions de sa propre autorité; et il ne resta, aux Etats de cette puissance, dont ils n'avoient jamais abusé, que le mérite d'une soumission aveugle aux ordres de la cour.

Les Electeurs n'avoient eu d'autre conseil que les Etats, jusqu'au règne de Joachim-Frédéric.

Du conseil des Electeurs.

Joachim Frédéric forma un conseil, composé du ministre de la justice, du ministre des finances, de celui, qui avoit les affaires de l'Empire, et du maréchal de la cour. Un stadthalter y présidoit.

De ce conseil émanoient toutes les sentences en dernier ressort, les ordres, tant au civil qu'au militaire, les réglemens de la police; et c'étoit lui également, qui dressoit l'instruction des ministres, qui étoient employés à des cours étrangères.

Lorsqu'un voyage obligeoit l'Electeur à quitter ses Etats, ce conseil exerçoit les fonctions de la souveraineté. Il donnoit des audiences aux ministres étrangers. Il avoit, en un mot, le même pouvoir, que la régence d'une minorité pendant la tutelle du prince.

Frédéric-Guillaume, qui résida à Kônigsberg en Prusse pendant les premières années de sa régence, pourvut le conseil, qu'il laissa à Berlin, d'amples instructions, relatives au tems et aux circonstances où il se trouvoit. Les troupes recevoient leurs ordres des plus anciens généraux, qui se trouvoient dans la province; et les gouverneurs des places les recevoient immédiatement de sa personne.

La juridiction des officiers de la cour dépendoit du capitaine du château.

Le grand directoire fut établi par Frédéric-Guillaume I, en 1725.

Ce collége est divisé en quatre départemens; à la tête de chacun est un ministre d'Etat. La Prusse, la Poméranie et la nouvelle Marche, avec le commissariat de guerre, formèrent le premier département. L'Electorat de Brandebourg et le comté de Ruppin formèrent le second département. Les Etats du Rhin et du Weser, avec les salines et les postes, furent le partage du troisième; et le quatrième eut la direction de la principauté de Halberstadt, du comté de Mansfeld, des manufactures, du papier timbré et des monnoies.

Le roi combina le commissariat avec les finances. Autrefois, ces colléges occupoient quarante avocats, pour soutenir les procès qu'ils se faisoient, en négligeant les affaires, pour lesquelles ils étoient préposés. Depuis leur réunion, ils travaillent d'un commun accord au bien de l'Etat.

Sous ces départemens principaux, le roi établit dans chaque province un collège de justice et un collège de finances, subordonnés aux ministres.

Ministre pour chaque province et conseillers.

Frédéric-Guillaume, en 1651, publia des réglemens, par lesquels il distribua à chacun de ses ministres des départemens différens; et il établit dans chaque province deux conseillers, pour régler les affaires, qui la concernoient et en rendre compte.

Police des villes.

Sous Frédéric-Guillaume I, Berlin reçut une police nouvelle (en 1734), sur le pied, à-peu-près, de celle de Paris.

On établit, dans tous les quartiers de la ville, des officiers de police.

L'usage des fiacres fut institué, en même tems.

On purgea la ville de ces fainéans, qui se nourrissent à force d'importunités ; et ces malheureux objets de nos dégoûts et de notre compassion, envers lesquels la nature n'a été qu'une marâtre, trouvèrent un asyle dans les hôpitaux publics.

Le grand-Electeur mit six millions, pour rebâtir les villes de ses Etats, augmenter Berlin et fonder Potzdam; et il acheta pour cinq millions de terres, qu'il ajouta à ses domaines.

Régence du grand Electeur Frédéric Guillaume.

Frédéric Guillaume, à qui ses peuples et ses voisins ont donné, d'une commune voix, le surnom de Grand, naquit à Berlin en 1620; et il avoit à peine vingt ans, lorsqu'il parvint à la régence.

Ses provinces étoient, en partie, entre les mains des Suédois, qui avoient fait de l'électorat un désert affreux. Les duchés de la succession de Clèves étoient en proie aux Espagnols et aux Hollandais, qui en tiroient des contributions énormes, et les pilloient, sous prétexte de les défendre.

Dans des conjonctures aussi désespérées, Frédéric Guillaume donna des marques d'une sagesse consommée, et de toutes les vertus, qui rendent digne de commander aux hommes.

Il établit, d'abord, l'ordre dans ses finances; proportionna sa dépense à sa recette, et se défit des ministres, dont la mauvaise administration avoit le plus contribué aux malheurs de ses peuples.

En 1642, Ladislas, roi de Pologne, donna l'investiture de la Prusse à Frédéric Guillaume, qui la reçut en personne, et s'engagea à lui payer un tribut annuel de cent-vingt mille florins, et ne faire, ni trêve, ni paix, avec les ennemis de cette couronne.

L'Electeur ne pensa, ensuite, qu'aux moyens de retirer ses provinces d'entre les mains de ceux, qui les avoient usurpées. Il négocia; et sa politique le fit rentrer dans la possession de ses biens.

A la paix, qui fut publiée en 1648, sous le nom du traité de Westphalie, et dont Louis XIV fut le garant, il fut convenu, que Frédéric Guillaume céderoit aux Suédois la Poméranie Citérieure, les Isles de Rugen et de Wollin, les Isles de Stettin, de Garz, de Golno et les trois embouchures de l'Oder: mais en équivalent de cette cession, on sécularisa, en faveur de l'Electeur, les évêchés de Halberstadt, de Minden et de Camin, dont on le mit en possession, ainsi que du comté de Hohenstein et de Régenstein; et il reçut l'expectative de l'archevêché de Magdebourg, dont Auguste de Saxe étoit alors administrateur.

Après le traité, que Frédéric Guillaume conclut à Königsberg avec les Suédois, il entra en alliance avec Louis XIV, qui lui garantit ses provinces, situées le long du Rhin et du Weser.

Lorsque l'Electeur signa à Welau sa paix avec les Polonois, cette couronne reconnut la souveraineté de la Prusse. Elle lui céda le bailliage de Lauenbourg et de Butow, en dédommagement de l'évêché de Warmie. La ville d'Elbing lui fut engagée, moyennant une somme d'argent ; et la succession de Prusse fut étendue à ses cousins, les margraves de Franconie.

Dans les conférences d'Oliva en 1659, on garantit à Frédéric Guillaume le traité de Bromberg ; et l'on reconnut sa souveraineté sur la Prusse. L'année suivante, il reçut en personne l'hommage des Prussiens à Kœnisberg.

La tranquillité, qui régna ensuite dans toute l'Europe, lui permit de s'occuper tout entier du bien de ses peuples. S'il devenoit le défenseur de ses Etats en tems de guerre, il n'avoit pas moins la noble ambition de leur servir de père en tems de paix. Il soulageoit les familles, ruinées par les ennemis. Il relevoit les murailles des villes détruites. Les déserts devenoient des champs cultivés. Les forêts se changeoient en villages ; et des colonies de laboureurs nourrissoient leurs troupeaux dans des endroits, que les ravages de la guerre avoient rendus l'asyle des bêtes sauvages. L'économie rurale, cette industrie si négligée et si utile, étoit encouragée par ses soins.

On voyoit journellement quelques nouvelles créations ; et l'on parvint à former le cours d'une rivière artificielle, qui, joignant la Sprée à l'Oder, facilitoit le commerce des provinces, et abrégeoit le transport des marchandises, tant pour la Baltique que pour l'Océan.

En 1665, l'Electeur reçut l'hommage éventuel de l'archevêché de Magdebourg, et mit garnison dans cette capitale. Il réunit aussi, à ses domaines, la seigneurie de Régenstein, fief de la principauté de Halberstadt, et maintint ses droits contre les prétentions des ducs de Brunswick.

En 1666, il conclut, à La Haye, une quadruple alliance avec le roi de Danemarck, la république de Hollande, et le duc de Brunswick, à laquelle l'Empereur accéda.

En 1673, Frédéric-Guillaume fit son accommodement avec la France; et il obtint, qu'on lui rendît toutes ses provinces de Westphalie.

En 1674, il fit la merveilleuse campagne de Fehrbellin; et sa postérité date, de cette brillante époque, le point d'élévation, où la maison de Brandebourg est parvenue dans la suite.

Frédéric-Guillaume n'étoit pas moins admirable, à la tête de son conseil, où il administroit la justice à ses peuples, qu'à la tête de ses armées, où il se montroit comme le libérateur de sa patrie. Son équité lui avoit élevé une espèce de tribunal suprême, qui s'étendoit au-delà de ses frontières, et d'où il jugeoit ou concilioit des souverains et des rois.

En 1680, il entra en possession du duché de Magdebourg, qui fut incorporé, pour toujours, à l'Electorat de Brandebourg. Il établit, à Embden, une compagnie de négocians.

En 1685, l'Empereur Léopold lui accorda l'investiture du duché de Magdebourg : et vingt mille protestans, persécutés en France et forcés d'abandonner leur patrie par la révocation de l'Edit de Nantes, s'établirent dans ses Etats. Il les y reçut avec la compassion, qu'on doit aux malheureux, et avec la générosité d'un prince, qui encourage les possesseurs d'arts utiles à ses peuples. Cette colonie prospéra toujours, et récompensa son bienfaiteur de sa protection. L'Electorat de Brandebourg puisa, depuis, dans son propre sein, une infinité de marchandises, qu'auparavant il étoit obligé d'acheter de l'étranger.

Les Hollandois formèrent la première colonie, qui vint s'établir dans l'Electorat : ils renouvelèrent l'espèce des professionnaires et des artisans. Ils formèrent des projets pour la vente des bois de haute-futaie, qui se trouvoient en grande abondance, la guerre de trente ans ayant fait de tous le pays une vaste forêt.

L'Electeur Frédéric Guillaume permit même à quelques familles juives de se domicilier dans ses Etats. Le voisinage de la Pologne rendit leur ministère utile, pour débiter dans ce royaume les rebuts de nos friperies.

Il arriva, depuis, un évènement favorable, qui avança considérablement les projets du grand Electeur. Louis XIV, en 1685, révoqua l'édit de

Nantes; et quatre cents mille Français, pour le moins, sortirent de ce royaume. Les plus riches passèrent en Angleterre et en Hollande : les plus pauvres, mais les plus industrieux se réfugièrent dans le Brandebourg, au nombre de vingt mille ou environ. Ils aidèrent à repeupler nos villes désertes, et nous donnèrent toutes les manufactures, qui nous manquoient.

Le grand Electeur, pour encourager une colonie aussi utile, lui assigna une pension annuelle de quarante mille écus, dont elle jouit encore.

Toutes les nouvelles colonies, que ce prince établit, ne furent véritablement florissantes, que sous Frédéric Ier. Ce prince jouit des travaux de son père.

Frédéric Guillaume Ier. donna des immunités et des récompenses à tous ceux qui s'établiroient dans les villes de sa domination.

FIN.

TABLE
DES MATIÈRES
CONTENUES DANS CET OUVRAGE.

Préface. page 5

PREMIÈRE PARTIE. — Chapitre 1er. De la civilisation en général. 21

Intérêt, que doit inspirer l'étude de la civilisation des peuples. ibid.

Barbarie de toutes les nations dans leur origine : combien sont lents les progrès de la raison humaine. 22

Quels ont été les hommes, avant que d'être réunis en corps de société. 27

Ce qui détermina les hommes, sauvages, à se rassembler en corps de nation, et à se lier par un pacte social. 29

Obligations, qui résultent du pacte social. 30

Qualités, qui constituent le bon citoyen et le vrai patriote. 32

Réfutation de quelques écrivains encyclopédistes sur l'amour de la patrie. 36

Par quelle progression les Etats se civilisent et se policent. page 38

Caractère d'un peuple, qui se civilise, et de celui, qui est déjà civilisé. 41

CHAPITRE II. — De l'ancienne barbarie de l'Europe. 42

Idolâtrie générale chez tous les peuples. ibid.

Ce que l'histoire nous apprend sur les divers pays, qu'embrasse aujourd'hui la monarchie prussienne, et jusqu'au règne du Grand-Electeur. 43

Combien la superstition et l'erreur sont encore par-tout répandues : inutilité des efforts de la philosophie, pour les détruire, ou les empêcher de se reproduire. 51

Peu d'hommes raisonnent et sont capables de raisonner. 55

De la vérité et de l'erreur. 57

Des erreurs populaires. 65

Ce qui a perpétué et propagé les superstitions populaires, dans la plupart de nos Empires modernes. 66

CHAPITRE III. — Des premiers progrès de l'ordre social. 69

En Allemagne. ibid.

Dans les cours d'Allemagne. page 71
Dans les Etats prussiens. 72
Changemens opérés dans la manière de faire la guerre. 79
Dans l'art des fortifications. 82

Chapitre IV. — Des principales formes de gouvernement établies. 84

Du gouvernement Républicain. 85
Du gouvernement Monarchique. 88
Des Etats ecclésiastiques. 90
Caractère du gouvernement monarchique. 93
Liens indissolubles entre les souverains et leurs sujets. 96
Ce qui fait la force de l'Etat monarchique. 99
Inconvéniens du gouvernement monarchique. ibid.
Unité du gouvernement monarchique, et ses avantages inappréciables. 102
Ce qui fait que le gouvernement monarchique l'emporte sur le républicain. 104
Du gouvernement despotique et absolu. ibid.

Chapitre V. — Des différentes conditions sociales. 107

De l'homme en général. ibid.
De la sociabilité : caractère distinctif des différentes conditions sociales. 115

Des souverains. page 116
Des jugemens, que le vulgaire se permet
   de porter sur les souverains. 137
Des cours et des courtisans. 144
Des ministres. 148
De la haute magistrature. 150
De la noblesse et de la roture. 151

CHAPITRE VI. — De la force intrinsèque
   des Etats. 154

Ce qui fait la force et la puissance d'un
   Etat. ibid.
De l'agrandissement des Etats. 157
Des places fortes. 158
Du militaire. 161
Des changemens, qu'on a faits dans le
militaire; depuis le dix-septième siècle. 164
Du commandement des armées. 175
Des troupes alliées et auxiliaires. 178
Des troupes mercenaires. 179

CHAPITRE VII. — Des principes généraux
   d'administration. 181

De l'administration en général. ibid.
De la nécessité d'adapter les principes
   d'administration, au tempérament de
   l'Etat et du peuple. 182

De la législation des Etats; et des tribunaux de justice. page 189
De la police et des mœurs. 200
Du respect des cultes; et de la tolérance religieuse. 203
De l'abolition de tout servage. 209
De la subordination de la noblesse. 211
Des talens et des lumières en tout genre. 231

CHAPITRE VIII. — De l'administration intérieure. 231

De l'agriculture. ibid.
Des manufactures et du commerce. 234
Des importations et exportations. 240
Des finances. 241
Des impôts. 242
De l'économie dans l'emploi des revenus publics. 243
Des banques et des monnoies. 247
De l'instruction publique. 249

CHAPITRE IX. — De l'administration extérieure. 258

De la politique en général. ibid.
Des ambassades et des négociations. 268
Des ambassadeurs. 269
Des alliances. 271

Des traités. page 277
De la guerre. 281
Des trèves et traités de paix. 291

CHAPITRE X. — Des révolutions politiques. 294

Les révolutions, inévitables dans les gouvernemens. ibid.
Des causes et des résultats des révolutions, ainsi que des moyens, qu'on peut employer, pour les prévenir. 302
Les révolutions, moins fréquentes qu'autrefois. 306
Effets funestes de l'intolérance et des persécutions. 309

SECONDE PARTIE. — CHAPITRE 1er. De l'Allemagne. 313

Des causes, qui ont retardé les progrès des lumières et de la civilisation en Allemagne. ibid.
De la langue et de la littérature, allemandes. 317
Par quels moyens on pourroit perfectionner la langue et la littérature, allemandes. 331
Etat actuel des sciences en Allemagne. 332
Du corps Germanique. 338

Chapitre ii. — De l'Autriche, de la Saxe, de la Bavière et du Palatinat.   page 340
De l'Autriche.   ibid.
De la Saxe.   344
De la Bavière.   346
Du Palatinat.   ibid.

Chapitre iii. — De la Pologne; de la Suède; du Danemarck, de la Russie; et de la Turquie.   347
De la Pologne.   ibid.
De la Suède.   350
Du Danemarck.   354
De la Russie.   355
De la Turquie.   360

Chapitre iv. — De l'Italie; de l'Espagne; de la Suisse; de la Hollande; et de l'Angleterre.   364
De l'Italie.   ibid.
De l'Espagne.   371
De la Suisse.   372
De la Hollande.   374
De l'Angleterre.   377

Chapitre v. — De la France.   384
Grandeur, force et puissance de cette Monarchie.   ibid.

De la langue Française; et de la restauration des lettres jusqu'à Louis XIV. page 393
Du siècle de Louis XIV. 396
Du dix-huitième siècle. 398

CHAPITRE VI. — De la Prusse. 408

Quel étoit l'électorat de Brandebourg, lorsque la maison de Hohenzollern s'y établit. ibid.
De la Prusse royale. 409
Des Etats prussiens en 1740. ibid.
De l'accroissement progressif de l'armée, jusqu'en 1740. 412
Caractère du militaire prussien. 420
Des Etats brandebourgeois. 422
Du conseil des Electeurs. 425
Police des villes. 427
Régence du grand-Electeur Frédéric-Guillaume. 428

FIN DE LA TABLE.

OUVRAGES

Nouveaux qui viennent de paraître, chez LÉOPOLD COLLIN, Libraire, rue Git-le-Cœur, N°. 4.

MON SÉJOUR AUPRÈS DE VOLTAIRE et Lettres inédites que m'écrivit cet homme célèbre jusqu'à la dernière année de sa vie. Par Côme Alexandre Collini, historiographe et secrétaire intime de S. A. l'Electeur Bavaro-palatin et membre des académies de Berlin, de Mannheim, de l'institut de Bologne, etc. Ouvrage posthume contenant des anecdotes et des particularités peu connues sur la vie privée et sur les œuvres du plus célèbre écrivain du 18e. siècle, augmenté de plusieurs Lettres inédites de Voltaire à l'Electeur palatin, au comédien Lanoue, à mademoiselle Dumesnil, et de quelques Lettres de madame Denis, sa nièce. 1 vol. in 8°. Prix : 5 fr. et 6 fr. 50 cent. par la poste.

LA COUR DE CATHERINE DE MÉDICIS, DE CHARLES IX, DE HENRI III ET DE HENRI IV. 2 vol. in-8°. Prix : 10 fr. et 15 fr. par la poste.

MÉMOIRES, HISTORIQUES ET CRITIQUES sur la civilisation des différentes nations de l'Europe, aux dix-septième et dix-huitième siècles; par le grand Frédéric, roi de Prusse. 1 vol. in-8°. Prix : 5 fr. et 6 fr. 50 cent. par la poste.

Cet ouvrage, qui n'est pas moins instructif que curieux et piquant, est divisé en deux parties.

La première offre l'exposition des grandes vues d'administration et de politique de Frédéric, et comprend les dix chapitres suivans. I. De la civilisation en général. II. De l'ancienne barbarie de l'Europe. III. Des premiers progrès de l'ordre social. IV. Des principales formes de gouvernement établies. V. Des différentes conditions sociales. VI. De la force intrinsèque des états. VII. Des principes généraux d'administration. VIII. De l'administration intérieure. IX. De l'administration extérieure. X. Des révolutions politiques.

La seconde est l'aperçu rapide de ce que pensait ce grand homme, d'après ses principes, sur le caractère, les mœurs et les lumières. I. De l'Allemagne en général. II. De l'Autriche, de la Saxe, de la Bavière et du Palatinat. III. De la Pologne, de la Suède, du Danemarck, de la Russie et de la Turquie. IV. De l'Italie, de l'Espagne, de la Suisse, de la Hollande et de l'Angleterre. V. De la France. VI. Enfin, de la Prusse, article très-développé, où l'on voit, avec le sentiment de l'admiration et de l'enthousiasme, ce que Frédéric a fait, pendant tout son règne, pour affermir et faire prospérer sa monarchie.

Mélanges historiques, anecdotiques et critiques, sur la fin du règne de Louis XIV et le commencement de celui de Louis XV ; par la princesse Elisabeth Charlotte de Bavière, seconde femme de *Monsieur*, frère de Louis le Grand. 1 vol. in-8°., Prix : 5 fr. et 6 fr. 50 cent. par la poste.

Traité de la police de Londres, etc. ; par P. Colquhoun, édition faite sur la sixième édition de Londres, traduit de l'anglais, par M. L. C. D. B. 2 vol. in-8°. ; Prix : 10 fr.

Le but principal de cet ouvrage est de démontrer les vices de la police actuelle de Londres, et son inefficacité pour *prévenir* les crimes. L'auteur entre à ce sujet dans le détail des délits de tout genre qui se commettent journellement dans cette capitale, et indique les moyens de les réprimer. Il prouve également les vices de la jurisprudence criminelle. Il présente le tableau le plus frappant de l'état civil et commercial de Londres, et rapporte quantité d'anecdotes du plus grand intérêt. Ce traité écrit avec une impartialité remarquable est cité continuellement dans les débats du parlement, et ses éditions successives ont provoqué des changemens importans dans l'organisation de la police. Plusieurs journaux français, en faisant, de cet ouvrage, l'éloge qu'il mérite, ont exprimé le désir de le voir traduit dans notre langue.

DE LA VERTU, par Sylvain-Maréchal, auteur du voyage de Pythagore et du Dictionnaire des Athées, etc., précédé d'une notice sur la vie de Sylvain-Maréchal, et orné du portrait de l'auteur, 1 vol. in-8°. Prix : 5 fr.

LES AMOURS DE HENRI IV, roi de France, précédées de l'éloge de ce monarque, par M. de la Harpe, et suivie de sa correspondance avec ses maîtresses, de ses poésies, d'un grand nombre d'anecdotes sur Henri IV, d'un récit du premier accouchement de Marie de Médicis, et du Journal de la violation des Tombeaux de Saint-Denis ; 3 vol. in-18, beau papier, 4 fr.

JULIE, ou j'ai sauvé ma rose, avec cette épigraphe : *La mère en défendra la lecture à sa fille* ; par madame de C. ; 2 vol. in-12. Prix 4 fr.

L'épigraphe de ce livre annonce assez qu'il ne conviendrait pas d'en donner l'analyse. La rose est une si belle fleur, elle est si digne d'être conservée et se fane si facilement, qu'il faut faire compliment à celles qui sont assez heureuses pour la sauver. C'est une faveur rare qui n'est point accordée à tout le monde, et que peut-être toutes celles qui pourraient en être l'objet, ne rechercheraient pas avec autant de soin que Julie.

Cette Julie est une jeune personne, belle, vive, passionnée, aimant le plaisir, ne fuyant point les occasions, les recherchant même, mais attachant le plus haut prix à la conservation de la fleur précieuse dont la nature l'a fait dépositaire. Par quels moyens y réussit-elle ? C'est là ce que l'auteur du nouveau roman a exposé avec tout l'intérêt que le sujet paraît lui avoir inspiré. On dit que cet auteur est une femme. Si cela est, c'est une femme spirituelle et fort érudite dans son genre.

Son ouvrage ne sera point le code des femmes timorées ou sévères; mais celles que leur âge met à l'abri des impressions que peuvent faire certains tableaux trop bien dessinés peut-être, en trouveront la lecture piquante, le récit vif et rapide, le style facile et animé; les incidens offrent beaucoup de variétés; la chasteté de la langue y est ménagée plus que celle de l'héroïne principale. Beaucoup de femmes y reconnaîtront sans doute des situations où elles se sont trouvées; et sans prétendre médire du beau sexe, il est probable que plusieurs d'entr'elles se diront: Je n'ai pas été aussi heureuse que Julie.

(*Extrait du courrier des spectacles.*)

JOSEPH, poëme burlesque, en huit chants, par l'auteur de Berthe; 1 vol. in-18, grand papier vélin raisin. Prix: 2 fr. 50 c. et 3 fr. par la poste.

HISTOIRE de madame la comtesse des Barres, par M. l'abbé de Choisy, membre de l'Académie française ; précédé de l'éloge de M. de Choisi, par M. d'Alembert. 1 vol. in-18, papier fin. 1 fr. 50 c. et 1 fr. 80 c. par la poste.

LA NOCE PIÉMONTAISE, par César Auguste, in-18, grand papier vélin. Prix : 1 fr.

COURS DE LITTÉRATURE, extraits des meilleurs auteurs, par M. de Levizac; 4 gros vol. in-8°. de 600 pages chacun. Prix : 24 fr.

M. le Conseiller d'état, Fourcroy, directeur de l'instruction publique, vient d'écrire à l'éditeur la lettre suivante :

Paris, le 4 avril 1807.

« Je vous annonce, Monsieur, que j'ai fait inscrire le Cours de Littérature de M. *de Levizac* parmi les livres qui doivent composer les bibliothèques des Lycées. »

FOURCROY.

LE PARADIS PERDU DE MILTON, traduction nouvelle, par Jacques Barthélemy Salgues, ancien professeur d'éloquence ; 1 vol. in-8°. de près de 600 pages. 5 fr.

MÉMOIRES, ANECDOTES SECRÈTES, GALANTES, HISTORIQUES et INÉDITES sur mesdames de la Vallière, Montespan, Fontanges, Maintenon et autres personnages illustres du siècle de Louis XIV, publiés par madame Gacon Dufour; 2e. édition, revue et augmentée; 2 vol. in-8°., ornés de 4 portraits. Prix : 10 fr.

Coup-d'œil sur la Hollande, ou le Tableau de ce royaume en 1806; 2 vol. in-8°. Prix : 6 fr.

Mémoires historiques et inédits sur les révolutions arrivées en Danemarck et en Suède, pendant les années 1770, 1771, 1772, suivis d'anecdotes sur le pape Ganganelli et le conclave, qui a suivi sa mort; et sur l'abdication de Victor Amédée, roi de Savoie; par feu l'abbé Roman, témoin oculaire, et imprimé sur ses manuscrits autographes; 1 vol. in-8°., orné du portrait de Gustave III. Prix : 4 fr. 50 c.

Vie du grand Condé, par Louis-Joseph de Bourbon-Condé, ci-devant prince de Condé, avec cette épigraphe :

A travers mille feux, je vois Condé paraître,
Tour à tour la terreur et l'appui de son maître.

VOLTAIRE.

2e. édition, augmentée des portraits du grand Condé et de celui de Louis XIV;

1 vol. in-8°. Prix : 6 fr., et 12 fr. papier vélin.

Il peut paraître douteux d'abord que le ci-devant prince de Condé, qui n'a jamais donné de preuves d'un goût exercé en littérature, ait écrit la vie du grand Condé, son illustre aïeul ; et en admettant qu'il ait composé un tel ouvrage, il peut sembler extraordinaire qu'un libraire de Paris l'ait entre les mains pour le faire imprimer. Mais ce libraire assure qu'il en possède le manuscrit autographe, et il offre de le montrer à quiconque voudra le voir. Il y a, ce me semble, de quoi imposer silence aux plus incrédules. En effet, trop de gens, dans Paris, peuvent connaître l'écriture du ci-devant prince de Condé, et par conséquent s'assurer de l'authenticité du manuscrit, pour qu'un libraire ose provoquer une semblable épreuve, sans être sûr d'en sortir à son honneur. Il suffirait d'un démenti donné dans les journaux par une personne digne de foi, pour décréditer à la fois le livre et le libraire. Je tiens donc pour certain, jusqu'à la preuve du contraire, que le ci-devant prince de Condé est l'auteur de la *Vie du grand Condé* : je dis l'auteur ; car si le manuscrit est de sa main, l'ouvrage est de sa composition ; il ne se serait probablement pas amusé à copier l'écrit d'un autre. (*Extrait du compte rendu de cet ouvrage dans le Publiciste, le 30 octobre 1806*).

BERTHE ou le Pet mémorable, anecdote du IXe. siècle. Poëme, par L. D. L., ex-ambassadeur en Hollande ; 1 vol. in-18, grand raisin. Prix : 1 fr. 50 c.

Cette anecdote est vraie. Une jeune paysanne, pour avoir pété, devint reine de Pologne. Les vers de ce poëme sont charmans, et les anecdotes rapportées aux notes offrent la plus grande curiosité. Les Journaux en ont fait le plus grand éloge.

LE JEU DES ECHECS, poëme en 4 chants, par feu l'abbé Roman ; 1 vol. in-18, papier grand raisin. Prix : 1 fr. 80 c.

LE DÉPART DE LA PEYROUSE, poëme, par M. d'Avrigny, in-18, papier raisin, 1 fr. 50 c.

TABLEAU DES RÉVOLUTIONS du système politique de l'Europe, depuis la fin du 15e. siècle ; par M. Ancillon ; 7 vol. in-12. Prix : 20 fr.

MÉTHODE COMPARATIVE pour le français et le latin, ou exposition de la marche soit commune, soit particulière de ces deux langues, pour faciliter aux commençans la pratique des thèmes et des versions ; par C. F. J. Fontaine, ancien professeur de grammaire générale, à l'usage des lycées et des écoles secondaires ; 1 vol. in-12, relié en parchemin. Prix : 1 fr. 80 c.

CHANSONNIER (le) du Vaudeville, pour faire suite aux dîners du Vaudeville, 3e. année, par MM. Piis, Barré, Radet, Desfontaines, Armand Gouffé, Désaugiers, P. Lamagdeleine, Chazet, Leprévost-d'Iray, Demautort, Dupaty, Frédéric, Moreau, Ravrio, Tournay, Bouilly, Dumersan, Lafortelle, Raboteau, Vieillard, Laujon, etc. 1 vol. in-18. Prix: 1 fr. 80 c.

Le même, papier vélin, cartonné par Bradel, 4 fr.

Les volumes des années précédentes se vendent le même prix.

COLLECTION ÉPISTOLAIRE des femmes illustres du siècle de Louis XIV; 15 vol. in-12, brochés et étiquetés. Prix: 36 fr.

Les volumes se vendent séparément et dans l'ordre suivant:

LETTRES de mesdames de Villars, Coulanges, de Lafayette, de Ninon de l'Enclos, et de mademoiselle d'Aïssé; 3 vol. 8 fr. 50 c.

— de la duchesse du Maine et de la marquise de Simiane; 1 vol. 2 fr. 50 c.

— de mesdames de Montpensier, Motteville, de Montmorenci, Dupré et Lambert; 1 vol. 2 fr. 50 c.

LETTRES de mesdames Scudéry, de Salvan et de Mlle. Descartes; 1 vol. 2 fr. 50 c.

— de madame de Châteauroux; 2 vol. 5 fr.

— de madame de Maintenon, augmentées de près de 200 lettres inédites; 6 vol. 15 fr.

— inédites de madame la princesse des Ursins, précédées d'une notice biographique sur madame des Ursins, par Léopold Collin, et formant le tome quinzième et dernier de la collection épistolaire des femmes illustres; 1 vol. 2 fr. 50 c.

Cette collection a obtenu un succès très-complet. En effet, avec des noms célèbres comme ceux de mesdames de Villars, Ninon, Coulanges, Aïssé, Montmorenci, Lafayette, la duchesse du Maine, Simiane, Montpensier, Maintenon, etc., comment ne pas piquer la curiosité des lecteurs instruits? Cette collection doit être regardée comme un des plus beaux monumens élevés à la gloire des femmes illustres du beau siècle de Louis XIV. Elle a été présentée, par l'éditeur, à S. A. S. Monseigneur le Prince Archi-Chancelier de l'Empire.

Toutes ces lettres sont précédées d'une notice historique sur la vie des femmes célèbres qui les ont écrites.

On a imprimé séparément les lettres de

mademoiselle Aïssé en un vol. in-12, 4e. édit.
2 fr. 50c.

Les lettres de madame de Tencin ont été aussi imprimées séparément pour compléter la 2e. édition de madame de Villars, de Coulanges, etc., d'où elles avaient été retranchées après la première édition. Prix : 1 fr.

VOYAGE AU BRESIL, par le capitaine Lindeley, traduit de l'anglais par Soulès, traducteur de l'Histoire de l'Amérique, etc.; 1 vol. in-8º. Prix : 3 fr.

ŒUVRES complètes de Sénecé, 2e. édition, augmentée d'une notice sur Sénecé, par Auger; 1 vol. in-12. Prix : 2 fr. 50 c.

——— complètes de Malfilâtre; 1 vol. in-12. Prix : 2 fr. 50 c.

Les mêmes papier vélin, 5 fr.

DIRECTIONS POUR LA CONSCIENCE D'UN ROI, par Fénélon, nouvelle édition. Prix : 1 fr.

LE VOYAGE DU POÈTE, poëme, par M. Saint-Victor, auteur du poëme de l'Espérance; 2e. édition, imprimée par Didot l'aîné, papier vélin. Prix : 1 fr. 80 c.

CHANSONS CHOISIES DE M. PIIS, secrétaire

général de la préfecture de police, membre de la Légion d'honneur; 2 vol. in-18, papier vélin, et ornés du portrait de l'auteur. Prix: 3 fr. 60 c.

DES JEUX DE HASARD, au commencement du 19e. siècle, par l'Abbé; 1 vol. in-12, figures. Prix: 2 fr.

Sous presse,

Pour paraître au premier juillet prochain fixe.

LETTRES sur les arts imitateurs et sur la danse en particulier; par M. Noverre; 2 vol. in-8°. ornés du portrait de l'auteur, dessiné par Guérin, et gravé par Roger. Prix: 10 fr. et 20 fr. en papier vélin.

Cet ouvrage est attendu depuis bien long-tems avec la plus vive impatience.

MANUEL ABRÉGÉ DE SANTÉ, à l'usage des habitans des campagnes, par le docteur Marie de Saint-Ursin; 1 vol. in-8°.

CORRESPONDANCES DES SOUVERAINS DE L'EUROPE, depuis le 16e. siècle jusqu'à nos jours. 6 vol. in-12.

Mademoiselle Aïssé, roman historique ; par Madame G. 2 vol. in-12.

Mémoires inédits de Favart, publiés par son petit-fils, et imprimés sur les manuscrits autographes. 2 vol. in-8º.

La Rhétorique d'Aristote, traduite par M. de Salgues. 1 vol. in-12.

Praxède, ou les Amans comme il y en a peu. 2 vol in-12.

Dictionnaire rural, par madame Gacon du Four. 3 vol in-12 petit romain, pour compléter les ouvrages d'Agriculture publiés par le même Auteur.

Dictionnaire grec et français. 1 vol. in-8º. de 1500 pages.

Il n'y avait point encore de Dictionnaire grec et français.

Manuel Forestier, ouvrage ordonné par un arrêté du Ministre de l'intérieur ; par M. Brandrillart. 2 vol. in-8º., avec des planches.

COMÉDIES.

Anaximandre ou le Sacrifice aux Grâces; par M. Andrieux, comédie en un acte et en vers, représentée sur le théâtre français. Prix : 1 fr. 50 cent.

Le Jour de l'An, vaudeville en un acte, par M. Radet. Prix : 1 fr. 20 cent.

Le Jaloux malade, comédie en un acte et en prose, mêlée de vaudevilles; par M. Emmanuel Dupaty. Prix : 1 fr. 20 cent.

La Parisienne a Madrid, comédie en un acte et en prose, mêlée de vaudeville; par M. Maurice. Prix : 1 fr. 50 c.

La Métempsycose, comédie en un acte et en prose, mêlée de vaudeville; par M. Frédéric Bourguignon. Prix : 1 fr. 20 c.

Folie et Raison, vaudeville en un acte, de MM. Chazet et Sewrin. Prix : 1 fr. 20 c.

Théophile, vaudeville en un acte; par M. Pain. Prix : 1 fr. 20 c.

Les Deux n'en font qu'Un, vaudeville en un acte; par MM. Barré, Radet et Desfontaines. Prix : 1 fr. 20 c.

Les Écritaux ou Réné Lesage à la foire Germain, vaudeville en 3 actes; par les mêmes auteurs. Prix : 1 fr. 50 c.

Gallet ou le Chansonnier droguiste,

vaudeville en un acte; par MM. Moreau et Francis. Prix : 1 fr.

La Colonne de Rosbach; par MM. Barré, Radet et Desfontaines. Prix : 1 fr. 20 c.

La Mort de Henri IV; par Billard de Gourgenay, représentée devant Marie de Médicis, en 1610. Prix : 1 fr. 35 c.

Ouvrages qui se trouvent chez le même Libraire.

Rudiment de Lhomond. Prix : 75 c.

— de Tricot. Prix : 75 c.

Dictionnaire des Synonymes; par Girard et Beauzée. 2 vol. in-12, 1806. Prix : 6 fr.

Abrégé de la Grammaire de Lhomond. Prix : 50 c.

Tableaux comparatifs de l'histoire ancienne, ouvrage adopté pour l'usage des lycées et des écoles secondaires; par Leprevost-d'Iray, censeur des études au lycée impériale. 1 vol. in-fol. Prix : 2 fr.

— de l'histoire moderne; ouvrage adopté pour les lycées et les écoles secondaires, par le même auteur et du même format. Prix : 4 fr.

www.ingramcontent.com/pod-product-compliance
Lightning Source LLC
Chambersburg PA
CBHW070540230426
43665CB00014B/1764